성공을 위한 조건

입학사정관제의 이해

입학 사정관제의 이해

성공을 위한 조건

김 철 지음

教友社

존경과 감사를 담아
부모님께 올립니다.

들어가며

우리나라의 대학 입학전형은 2004년에 발표된 "2008학년도 이후 대학 입학제도 개선안"[1]에 의해 실시한 입학사정관제로 인해 큰 변화를 겪고 있다. 현 정부에서 교육개혁이 정부 정책의 최우선 순위[2] 중의 하나이며, 사교육 경감과 공교육 내실화라는 국민적 공감대를 바탕으로 제시되는 많은 정책목표들 또한 입학사정관제와 밀접한 연관성을 가지고 있는 실정이다. 지난 참여정부에 의해 추진되어온 사교육비 경감을 통한 계층 격차 해소가 현 정부에서도 경제 위기 등을 거치면서 지속적으로 심화되고 있다. 한편 국가 경쟁력 제고[3]와 성장동력 추진 인재 확보를 위한 일류 인력 양성을 목적으로 하는 경쟁·수월성 교육과 평등한 교육기회를 제공하는 공교육 강화를 통한 보편적 교육은 어느 하나 소홀히 할 수 없는 국가적 목표이다.

이런 딜레마 현상을 최대한 수용·해소할 수 있는 정책 대안으로서의 입학사정관 제도가 우리나라의 대학 입학전형의 중요한 요소로 부각되고 있는 것은 일면 타당하며, 따라서 지속적으로 전개되어야 할 필요성이 있다. 이는 대학 입학전형을 전 생애에 걸치는 배움, 교육, 학습 과정의 하나로 보기보다는 일생일대에서 가장 중요한 꼭짓점으로 보는 지금까지의 관

1 2004년 10월 28일 교육부 발표, "2008 대입정책의 기본 방향은 대입 전형에서 학교교육의 과정과 결과를 중시하고 대학 자율화·특성화와 연계한 전형을 다양화하며, 선발 경쟁에서 입학 후 교육 경쟁으로 전환하는 것이다." 노명순, 「제9장-대입정책에서 나타난 정책 비일관성의 원인 분석」, 『딜레마와 제도의 설계』(나남, 2008), p.319

2 2009년 교육과학기술부에서 발행한 정책 홍보책자 『모두를 배려하는 교육비 부담 없는 학교』에는 모두 15가지의 정책이 소개되고 있는데 입학사정관제는 그중 처음에 소개되었다. 물론 언론 등에서 가장 비중 있게 다루어지는 정책이기도 하다.

3 가네코 모토히사, 「대학에 요구되는 인재양성」, 『대학의 교육력, 무엇을 가르치고 배울 것인가』(서울 : 북코리아, 2008), p.108

점을 변화시키고자 함이다. 그렇게 함으로써 입학사정관제는 청소년들에게 보다 행복한 중학교, 고등학교 과정을 보낼 수 있고 자신이 스스로 즐거워하기 때문에 탁월하고 만족스러운 학습효과를 내어 각자가 가진 고유의 재능을 발휘할 수 있도록 돕는 계기가 될 수 있다. 또한 우리나라는 앞으로 다극화되는 세계 속에서의 경쟁과 도전을 더욱 주도적으로 대처해야 하는 상황이므로 우리나라 성장동력인 인재양성을 위한 교육개혁[4] 또한 지체할 수 없는 상황임에 입학사정관제가 우리나라에 꼭 정착하여 성공해야 하는 당위적이며 필연적 제도임은 말할 나위 없다.

대학교 혹은 특수목적 고등학교의 입학사정관제의 목적이 마치 '사교육 경감'과 '공교육의 내실화'라는 정책적인 면이 전부인 것처럼 오도되는 면이 없지 않으나, 무엇보다도 해당 대학의 건학이념과 인재상에 따라 대학 교육여건에서 효율적・효과적으로 교육을 받아 대학의 경쟁력을 높이고 나아가 국가와 사회에 기여할 수 있는 신입생을 선발하여 그들 자신에게도 유익하며, 대학과 나아가 사회에 공헌하도록 하는 데에 원래의 목적이 있다고 본다. 또한 대학 입학전형의 과정을 교육의 연장선이나 교육의 큰 흐름 안에서 보아야 함에도 불구하고[5] 대학 입학전형은 교육적 관점보다는 일회적, 정책적, 정치적 관점에서 더 많이 언급되고 있다.

본래의 목적을 염두에 둔다하더라도 입학사정관제의 시행에 대한 많은 우려들이 있음 또한 사실이다.[6] 그러나 우리나라 교육의 정점을 이루는 대

---

4 중국의 경우 21세기 중국의 100개 대학과 중점학과를 세계일류로 만든다는 이른바 「211공정」 교육개혁을 차근차근 진행하고 있다. 미국은 2007년 「미국의 과학 기술 공학 및 수학 교육 시스템의 주요 요구사항에 관한 국가 행동 전략」 보고서를 발표하고 시행하고 있으며, 영국은 2006년 창의성 교육을 위한 정부지침을 발표하고 시행하고 있다.

5 Lloyd Tacker, College Unranked: Affirming Educational Values in College Admissions, (The Education Conservancy, 2004) ISBN : 0976101300

6 입학사정관제 대한 우려와 비판은 우리나라 언론에서 많이 소개되었으며, 미국의 경우도 예외는 아니다. 미국의 입학사정관제의 부정적 현상을 사례를 들면서 기록한 자료. Daniel Golden,

학 입학전형[7]에 대한 제도적 변혁과 국민들의 인식 변화를 이끌어내기 위한 정책으로서도 입학사정관제는 추진할 만한 가치가 충분하다.

입학사정관제가 안정화되고 모든 직·간접 이해 당사자와 국민 일반으로부터 호응을 받으며, 지속 가능한 정책으로 확대 발전하기 위하여 무엇보다 필요한 것은 입학사정관제의 공공성[8]과 공정성 및 신뢰성 등이라 할 수 있다. 이 모든 특성을 보장할 수 있는 여러 제도적 장치 및 수단이 조속히 강구되어야 함은 주지의 사실이다. 우리나라 대학 입학전형 환경이 다른 나라의 제도를 그대로 모방 적용할 수도 없을 뿐더러, 개별 대학교에서조차 일괄적으로 적용하기 어려운 제도임에는 틀림없다. 이 개별화 특성을 용납한다고 하더라도 입학사정관제가 가지는 고유한 가치가 우리나라의 사회·문화적 환경에 정합하도록 발전하기 위하여 우리나라의 중등학교 및 대학교, 나아가 대학교 졸업 후 까지를 고려하는 종적 시선과 우리나라의 대학 입학전형과 연결된 제반 사회 문화적 요인들까지 일견하는 횡적 시야를 가지고 입학사정관제를 이해해야 하는 필요성이 있다.

입학사정관제에서 논란의 소지가 가장 많은 부분은 입학사정관이 행하는 평가이다. 점수화되어 나타나는 객관화된 평가와는 달리 입학사정관의 주관적 요소가 개입되며, 평가의 설계 단계부터 평가의 제반 과정과 결과의 분석 및 적용이 모두 입학사정관의 평가에 의존하며 진행되기 때문에 입학사정관의 평가는 입학사정관제 성공의 핵심 부분이라 할 수 있다. 특히 입학사정관이 행하는 평가가 공정하고 투명하게 진행된다는 신뢰를 이

『The Price of Admission: How America's Ruling Class Buys Its Way into Elite Colleges - and Who Gets Left Outside the Gates』(Crown Publishers : USA, 2006)

7 실상은 이러한 대학 입학전형도 더 거대하고 공고한 우리나라의 사회문화적 배경에 뿌리를 두고 있음 또한 사실이다. "학연주의는 입시전쟁의 주요 동력이라고 할 수 있다." 강준만, 『입시전쟁 잔혹사』(서울 : 인물과 사상사, 2009), p.204

8 사회적 책무라는 측면에서의 용어

해 관련 집단과 정책 결정자 및 일반 국민들로부터 받을 수 있어야만 제도의 의미가 있다고 판단된다.

이 책은[9] 입학사정관제의 핵심인 평가[10]의 공정성 및 객관성을 우리나라의 현실에서 확보할 수 있는 방안을 살펴보는 것을 주된 목적으로 한다. 이를 위하여 필요한 여러 요소들을 개괄적으로 살펴보는 우리나라의 입학사정관제 대한 이해를 모색하고자 한다. 이러한 요소들이 우리나라의 대학에 제대로 정착이 되고, 그러한 과정들이 누구에게나 투명하게 이해되어야만 비로소 우리나라의 입학사정관제의 공정성 및 신뢰성 확보가 그 기초를 갖춘다고 볼 수 있다. 따라서 이 책의 내용은 각 대학에서 나름대로 적용하여 구현할 수 있는 방법들을 제시하고 있으며, 관심 있는 모든 이들이 입학사정관제의 구현에 필수적인 요소들을 쉽게 이해할 수 있도록 하는 의미도 담고 있다.

또한 개별 대학들의 입학사정관 전형에도 모두 적용되는 기초적인 기반 방법론이므로 필자가 첫 입학사정관으로 재직하였던 KAIST한국과학기술원의 구체적 입학전형이나 KAIST 부설 한국과학영재학교와 몇몇 과학고등학교 입학전형 전형위원으로 참여하였던 실질적 경우나 과학고 발전 사업단, KAIST 과학영재교육연구원 활동 및 최근 기초교육학부 기초과학분야 책임교수로 재직하였던 광주과학기술원의 입학전형과는 전혀 관련이 없는

---

9 이미 수험생이나 학부모를 대상으로 입학사정관 전형을 준비하기 위한 안내서는 많이 있었다. 그러나 그 보다는 좀 더 전문적인, 그래서 수험생이나 학부모들에게도 입학사정관제의 여러 면들을 보여줄 수 있는 서적은 전무하다고 할 수 있다. 그러다 보니 제도에 대한 약간 더 많은 지식과 전형에 대한 조금 더 많은 정보를 가지고도 자기주도학습 전형 컨설팅, 입학사정관제 전형 컨설팅 시장이 형성되어 학부모에게 추가적인 경제적, 심리적 부담을 지우고 있는 현실이다. 또한 대학과 고등학교 입학전형의 참여자, 중・고등학교 교사, 입학사정관, 정책 입안자, 교육 행정가 등에게 전문적인 안내가 될 수 있는 입학사정관제를 전체적으로 소개하는 서적이 없었다.

10 입학사정관제 평가를 다루는 제4장이 이 책에서 가장 큰 비중을 차지한다.

저술임을 밝혀둔다.

이 책의 구성은 제1장 소개에서 기술하고 있으며, 우리나라 입학사정관제에 대하여 전반적 내용을 개략적으로 소개하고 있다. 또한 참고문헌과 자료를 찾아보기 쉽도록 각 쪽마다 각주로 처리하였고, 내용을 좀 더 쉽게 설명하기 위해 사용한 사례와 반례들은 대부분 입학사정관제 실행 현장에서 일어나는 실제 사례가 아님을 미리 밝혀둔다.

감사의 글

다가오는 세대뿐 아니라 현재도 학문과 기술의 융합, 그리고 그것의 창발적[11] 활용이 요구되는 시기이며, 따라서 자신의 전문 분야를 깊이 하는 한편, 그 고유한 분야에만 안주하지 않는 끊임없는 배움이 필요하다고 생각한다. 이 책은 지난 몇 년간 필자가 깊은 관심으로 알려고 노력하며 조사해왔던, 끊임없는 배움의 한 영역이라고 생각하는 고등교육정책 및 선발평가와 관련된 영역 중 우리나라의 입학사정관제에 관한 부분으로 그 성공적 정착을 염원하며 도출된 중도 결과물이라 할 수 있다.

필자는 광운대학교에서 11년 가까이 재직한 후 캐나다로 이주한 2001년부터 캐나다 Ryerson University 교수로 재직하는 동안 다년간 이공대학 입학전형에 참여했다. 그리고 2008~2009년 한국대학교육협의회의 입학사정관제 2차년도 사업 지원으로 KAIST에서 첫 계약직 입학사정관으로서 입학사정관 실무를 경험하고, KAIST 한국과학영재학교의 입학사정관제 전형 및 몇몇 과학고등학교들의 자기주도학습 전형에 전형위원으로 활동했다. 또한 과학고 발전 사업단과 KAIST 과학영재교육연구원에 참여하고, 2009년 12월부터 2011년 8월까지 학부 설립교수로 재직한 광주과학기술원에서 두 차례에 걸쳐 입학전형에 참가할 수 있는 기회를 가질 수 있어서 그동안 필자만의 이론적인 학습, 조사 및 관찰들에 사실성을 더 할 수 있어서 감사했다.

필자가 1996년 10월 출간한 정보통신 보안 분야의 첫 한글 서적인 『암호학의 이해』(영풍문고, ISBN 89-86354-50-0)라는 졸저는 이후 우리나라의 정보통신 보안 분야의 활성화라는 큰 흐름에서 선두에 있었다. 2008학년도에

---

11 創發的 emergence, 구성요소에 없는 특성이나 행동이 융합에서 나타나는 현상

입학사정관제가 대학 입학전형에 소규모로 적용된 이래 유용한 논의들과 훌륭한 저작[12]들이 많이 있어 졸저가 크게 새로울 것은 없지만, 좀 더 전문적이며 포괄적 시각을 가진 이 책이 우리나라 대학 입학전형은 물론 여러 경우의 학생 및 인재 선발 흐름의 커다란 변화 앞에 있기를 희망한다.

그동안 입학사정관제 전체에 대한 광범위한 논의들이 많았으나 이 책에서는 제도 자체에 대한 보다 각론적이고 세밀한 논의를 통합적 시야에서 제기하고 있다. 『암호학의 이해』에서처럼 전문가와 비전문가들의 접점으로 삼으려는 의도로 서술되었으므로 교사와 학부모 등 관심 있는 일반인들도 용이하게 이해할 수 있도록 기술되었고, 보다 깊은 전문성 확보를 위해 제시된 참고문헌 등을 활용하면 큰 도움이 될 것이다.

이 책은 입학사정관제가 우리나라에 잘 착근되기를 바라는 마음에서 필자가 그동안 우리나라, 미국, 그리고 사회・교육 복지가 강한 캐나다 문화권에서 교육하며 생각해온 필자의 부족한 소견에, 사실적 인과관계를 잘 살피면서 입학사정관제를 논하고자 함이다. 특정 기관이나 이해 집단을 염두에 두고 있지 않을 뿐더러 정부 정책이나 개별 대학의 대학 입학전형 정책에 누가 되고자 함이 아님을 밝힌다.

이 책이 나오기까지 큰 도움을 주신 많은 분들 중 몇 분만의 존함을 들어 감사를 드림이 오히려 누가 될까 거론함을 생략하고자 한다. 그리고

---

12 입학사정관제에 관한 서적들은 이미 출간되어 있으나 주로 지원자들을 위한 입학전형 안내의 성격을 가지고 있다. 몇몇의 예를 들면, 이향우 편저, 『입학사정관제로 대학 간다』 (서울 : 시대교육, 2008), 하영목, 『입학사정관제의 비밀 50』 (서울 : 아이비하우스, 2009). ISBN : 9788996237228) 또한 전문서로는 미국의 대학교육 전문가 19명이 집필한 Choosing Student를 번역한 서적이 있다. 번역은 학문 분야 구축의 기초 공사라 할 수 있을 만큼 중요한 학문적 작업으로 입학사정관제에 관련된 서적들이 좀더 많이 번역 소개될 필요가 있다. 최근 입학사정관들이 공동 저술한 『입학사정관, 그들의 생각을 듣는다』, 『시관, 성균관 유생을 이야기하다』 등이 출간되기도 했다.

편집을 위해 애써주신 교우사 편집진께 깊이 감사드린다.

현재 입학사정관으로 현장에서 활동하고 있는 많은 분들과 고등교육정책이나 입학전형을 전문적으로 연구하는 분들이 더욱 훌륭한 저서를 만들 수 있지만 시간적 여유가 있어 쓰게 된 필자의 졸필을 너그러이 이해하여 주길 바란다. 벌써 1년여 전에 출간되어야 했으나 게으름으로 늦어져 서두른 졸저의 모든 오류와 부족한 점 또는 지나친 점은 필자의 책임이며, 수정을 요하는 것과 다음 개정판을 위한 조언들을[13] 해주면 감사하겠다.

2011년 8월,

수락산 자락 구경당具慶堂에서[14]

著者 김 철

13 admission.kr@gmail.com, @ao_kr, 카카오톡 : aokr

14 父親 1930年 平南 平原 出生, 金化彬님, 母親 1934年 忠北 槐山 出生, 南順姫님.

차례

01

입학사정관제 이해의 개요

대학의 입학전형목적에 부합하는 대학 신입생을 선발하고, 그 신입생이 대학과정을 거친 후 국가와 사회에 핵심인재로서 봉사하도록 하는 대장정의 초석을 놓는 입학사정관의 역할은 매우 중차대하다고 할 수 있다. 그 선발과정에서 지원학생의 교과성적을 포함하는 모든 교과적 · 비교과적 역량과 그 배경변인, 성장맥락 등을 살피면서 잠재력을 평가하여 해당 대학과정[1]을 성공적으로 마치고, 바른 가치관으로 자신의 행복을 추구하며 국가 사회에 공헌할 수 있도록 선발하는 것이 입학사정관제의 목적이다. 이는 공교육의 내실화와 사교육비 부담을 최소화한다는 정책적 목적보다 더 근본적인 입학사정관제의 목적이기도 하다.

입학사정관제는 사실 대학교육의 수월성[2]과 평등성[3]을 동시에 충족시킬

---

1 학생들의 잠재력을 깨우고 사회의 인재로 키워내기 위한 노력은 입학전형 이후에도 지속적으로 이루어져야 한다. "대학에 진학한 후, 더 이상 공부하지 않는 기이한 속성은 대학의 정체를 혼란스럽게 만든다." 조명석, 『강릉대 아이들, 미국 명문 대학원을 점령하다』 (서울 : 김영사, 2007), p.64

2 여기서 수월성이라는 것은 대학교육의 특성을 말함이지 선행학습, 사교육에 의하여 양육된 학생을 별다른 노력을 들이지 않고 선발하여 쉽게 결과를 보는 그런 수월성 교육을 지칭하는 것은

수 있는 유일한 입학전형제도[4]이다. 즉, 엘리트 교육[5]을 위한 학생 선발에도 적용될 수 있는 동시에 폭넓은 배경의 다양한[6] 맥락을 가진 신입생 구성을 할 수 있는 제도이다. 이러한 다양성이 창의적 성취의 토양이 됨은 물론이고, 이런 창발적 인재가 이렇다 할 천연자원이 없는 우리나라의 발전에 유일한 희망임은 주지의 사실이다. 이러한 인적 자원을 발굴・선발하는 입학사정관제는 우리나라의 성장동력에 핵심적인 시스템일 수밖에 없다.

다행스러운 것은 이러한 입학사정관제가 고등학교 및 대학 입학전형에서 확대[7]되고 있으며, 그 긍정적인 파급효과도 확산되어 가고 있다는 것이다. 과학고등학교는 물론이고, 외국어고등학교 및 자립형 사립고등학교 등에서 자기주도학습 전형*Self-Directed Learning*[8]으로 구현되고 있으며, 대학

아니다.

3 새로운 제도가 도입되면 의당 사회・경제적 강자들은 더 빨리 적응하여 일견 제도의 불평등성이 부각될 수 있다. 그러나 입학사정관제가 국가의 정책적 지원과 감독을 받아 잘 안착되는 시간이 안정적으로 주어진다면 사회계층간 이동경로로서의 역할 등 긍정적 효과를 기대할 수 있다고 본다. 1969년 11월 처음 방영된 유아교육 TV 프로그램인 〈세서미 스트리트〉에 의한 교육효과 연구결과들에서도 유사성을 발견할 수 있다.

4 대학교육의 기회 평등성을 보장하는 국가로 알려진 프랑스의 경우도 철저한 수월성 교육 체계를 가지고 있다. 고교 졸업자 80%정도의 합격률을 가진 바칼로레아를 통하여 일반대학으로 진학하고, 그중 10분의 1은 프레파*Prépa*라 불리는 2년제 그랑제콜*Grandes écoles* 준비반에 들어간다. 프랑스 내 약 100여개의 그랑제콜이 있다.

5 사실 정량적 평가에 의한 경쟁적 선발과정을 거친 소수의 일류 대학들에서 교육 받은 사람들만이 우리나라를 이끌고 세계를 변화시키는 것은 아니다.

6 경쟁에서 이기는 방법만으로는 복잡한 세상을 살아가는 지혜를 터득할 수 없다. 다양한 이웃들과 만나는 기회를 통하여 스스로 세상을 알아가도록 하는 것이 훨씬 효율적인 방법이라 할 때 입학사정관제의 당위성은 더 확연해진다.

7 시도 교육청과 25개 대학 부설 영재교육원에서도 2011 혹은 2012학년도부터 부분적으로 입학사정관제의 취지를 살리는 관찰・추천 제도를 통하여 영재교육 대상자를 선발하고 있다. 한국장학재단의 2010년도 국가 장학생 심사에도 입학사정관제 취지의 평가방법이 활용되었으며, 2010년 국비 유학생 선발 시에도 입학사정관제 취지의 선발 방법을 사용하기 시작했다. 〈조선일보〉, 2010년 4월 2일, A14면 기사

8 예를 들어 민족사관고등학교는 2010학년도 입학전형에서 인성 면접 방식에만 입학사정관제를

에서도 한국대학교육협의회를 통한 교육과학기술부의 지원이 없이도 입학사정관 전형을 취하는 학교들이 매년 확대[9]되고 있다.

〈표 1-1〉 입학사정관제 전형실시대학 및 선발인원

연도	대학교수	모집인원	총모집 인원 대비 입학사정관제 전형 비율
2008학년도	10	350	
2009학년도	41	4,555	1.2%
2010학년도	90	24,622	6.5%
2011학년도	105	37,628	9.9%
2012학년도	125	38,169	10.8%

출처 : 〈시사저널〉 제1066호(2010.3.24), 2012년 자료는 〈한겨례〉 2011년 7월 25일

이 책의 목적은 외국에서 여러 가지 형식으로 시행되어 왔던 입학사정관제[10]가 우리나라의 특별한 사회·문화적 환경에 잘 착근着根[11]하기 위한 필수적인 요소들을 소개하는 데에 있다.

제1부에서는 미시적*micro* 관점을 가지고 입학사정관제가 개별 대학에서 구현되기 위한 요소들을 살펴보고, 제2장에서는 대학에서 실시하는 입학

적용하였으나, 2011학년도 입학전형부터 100% 입학사정관제로 신입생을 선발하고 있다. 〈조선일보〉, 2009년 11월 30일, D3면.

9 최근 교육과학기술부 장관이 입학사정관제에 의한 입학 정원을 10%로 제한하겠다는 취지의 보도가 있었다. 〈주간동아〉, 2011년 6월 21일, 45쪽. 공정성과 신뢰성 확보 및 한정된 가용재원을 고려할 때 일면 이해되나 입학사정관제는 전술한 바와 같이 앞으로 지속적으로 확대되어야 할 제도이다.

10 미국, 캐나다 등 외국 입학사정관제에 관해 부분적이나마 처음 소개한 국내 서적은 김선호, 김애란, 『국제경쟁력을 키우는 대학입시제도와 대학교육』 (서울 : 도서출판 장락, 1999), p.201 아울러 통일신라 788년에 탄생한 독서삼품과讀書三品科에서 입학사정관제 전형의 주요 요소가 발견된다는 언급도 있다. '유재석의 신역사속의 WHY', 〈조선일보〉 토일 섹션, 2010년 5월 8일.

11 미국의 입학사정관제가 우리나라의 여건에서 그대로 뿌리 내리기는 어렵다는 주장은 각종 언론을 통하여 많이 제기되어 왔으며, 기대 또한 많이 언급되어 왔다. 백성기, '입학사정관제와 사교육', 〈중앙일보〉 시론, 2009년 9월 4일.

사정관제가 전체 전형의 목적을 고려해야 한다는 논점을 제기하고, 이를 위한 기본적인 요소들을 살펴본다. 즉, 각각 대학이 추구하는 인재상에 정합整合하는 전형목적과 그 목적에 부합되는 세부적 인재상 등에 대하여 논한다. 제3장에서는 전형절차의 투명성을 확보해야 하는 필요성과 그 구현 방안에 대하여 논의하며, 제4장에서는 평가의 공정성을 보장하기 위한 기본적 요소들에 대하여 살펴본다. 또한 입학사정관제에 활용되는 여러 가지 평가의 방법들에 대하여 살펴본다. 3장과 4장의 내용이 바로 입학사정관제의 신뢰성[12]과 직결되는 것이라고 할 수 있다. 사실 입학사정관제의 핵심은 '평가'이므로 이 책의 핵심이라 할 수 있는 부분이다. 우리는 종종 수치로 표현되는 정량적[13] 평가만이 과학적이고 객관적이라는 선입견에 빠진다. 오히려 표현되는 숫자 자체보다는 어떤 근거에서 이러한 평가결과들이 도출되었는지를 이해하는 것이 더 필요하다.

제2부에서는 입학사정관에 대한 요소들을 다루고 있다. 제5장에서는 입학사정관의 자격 등에 관한 논점을 제기하고 입학사정관제 전체에 미치는 영향에 대하여 살펴본다. 모든 제도의 운영에 있어서 시작과 끝을 '사람'이라 할 때 입학사정관의 직무요건, 자격 등은 성공적인 제도의 가장 근본적인 구인이라 할 수 있다. 제6장에서는 입학사정관으로의 진입 요소 및 바람직한 직무교육훈련 등에 대하여 논의한다. 제7장에서는 이러한 구성원들이 속한 개별 대학의 입학사정관 조직에 대한 유형들을 제시함으로써 보다 효율적이고 효과적인 직무수행에 대한 필수적 요소들을 가늠해

12 신뢰성은 항상 입학사정관 제도의 핵심 성공요인으로 꼽힌다. 입학사정관제, '100년 실험 미국에서 배운다', 〈주간조선〉 2108호 (2010년 6월 7일), p.40
김철, '입학사정관제 성공을 위한 조건', 〈조선일보〉 편집자에게, 2010년 2월 25일, A29면.

13 경영학에서도 정량적 수치에 대한 비슷한 관점이 있다. 경영학의 창시자 드러커 교수는 '잘못된 구체성의 위험'*danger of false concreteness*를 언급하였는데 이는 구체적 수치로 특정하여 표현할 수 없는 것을 수치화하려는 것의 위험성을 말하고 있다.

보고자 한다. 제도의 공정성과 평가의 신뢰성은 사실 어떠한 조직과 조직문화를 가지고 있느냐라는 무형적 가치에 기반하고 있다.

제3부에서는 입학전형 후의 요소들로서 제8장에서는 대학 내의 여타 조직과의 연계성에 대하여 살펴보고, 제9장에서는 입학사정관이 종단연구 및 추적연구를 해야 하는 필요성과 그 방안에 대하여 논한다. 입학사정관제에 한정된 재원을 투입하여 효과적인 성취를 얻으려면 각 대학이 가진 고유의 특성을 살리고, 연계를 극대화하는 한편, 같은 종단연구라도 그 강조점이 상이함이 전제되는 것이어야 한다.

제4부에서는 거시적*macro* 시각에서 입학사정관제를 논하기 위하여 제10장에서는 주로 개별 대학에서 입학사정관제를 위하여 취할 수 있는 제반 정책을 전술한 요소들을 고려하면서 기술하고 있다.[14] 단순 적용*adaptive*, 혹은 혁신적*innovative* 입학사정관제 등으로 대별하여 취할 수 있으며 사회적 책무성과 공공성을 언급한다. 아울러 제11장에서는 대학 외부의 요인들로 입학사정관제의 정착을 위하여 필요한 요인들을 개입*intervene* 정도에 따라 밀착적인 요인들과 범주적 요인들로 나누어서 살펴본다. 제12장에서는 특수한 고등학교의 입학사정관제에 대한 몇몇 요소를 대학의 입학사정관제와 비교하면서 논한다. 대학의 입학사정관제가 성공적인 정착을 위하여 고등학교의 입학사정관제 또한 동반 착근해야 할 뿐 아니라 고등학교 수준의 입학사정관제가 미치는 영향은 오히려 대학의 영향보다 더욱 클 수 있기 때문이다.

맺음말에서는 이 책을 통하여 제기한 요소들을 정리하여 단계별로 구현

---

14 대학의 발전은 대학이 가진 총체적인 요소의 동반 진보에 있다. 입학전형을 포함한 모든 부속 메커니즘이 상호 선순환 궤도에 진입하여야만 발전을 이룰 수 있다. 사례연구로 참고할 자료로 다음의 도서를 참고하기 바란다. 조지 켈러, 『미국 최고의 대학은 어떻게 만들어지는가』, 박종서 옮김, (서울 : 뜨인돌, 2006).

하는 절차적 계획*roadmap*에 필요한 조건들을 제시한다. 결론적으로 입학사정관제가 우리나라에서 성공적 정착을 위하여 필수적 요소들인 신뢰성, 타당성, 공정성 등은 3장 혹은 4장에서 언급된 평가 관련 요소 뿐 아니라 이 책에서 논의된 모든 요소들이 잘 결합하여 운영되어야 비로소 획득할 수 있는 것이라는 점이다.

앞으로 확산되는 각 대학의 입학사정관제 전형에 대하여 자체평가, 혹은 한국대학교육협의회로부터의 지원평가, 대학평가와 같은 평가들을 위한 가늠자가 되며, 전형 지원자들이나 진로 상담자들이 대학을 선택할 때 해당 대학이 어느 정도로 공정하고 신뢰성 있는 입학사정관제를 실시하고 있는지에 대한 돋보기의 역할을 조금이라도 담당하고자 하는 기대효과를 가지고 있다. 아울러 입학사정관제를 개선하고 확산하는데 미력하나 이바지하여 대학 입학전형과 대학교육의 발전에 미흡하나 일조하고, 고등학교 및 중학교 교육의 의미 있는 변화 유도에 조금이라도 도움이 되도록 하는 의도를 가지고 있다. 이 책의 내용을 각 부별로 도식화하면 다음과 같다.

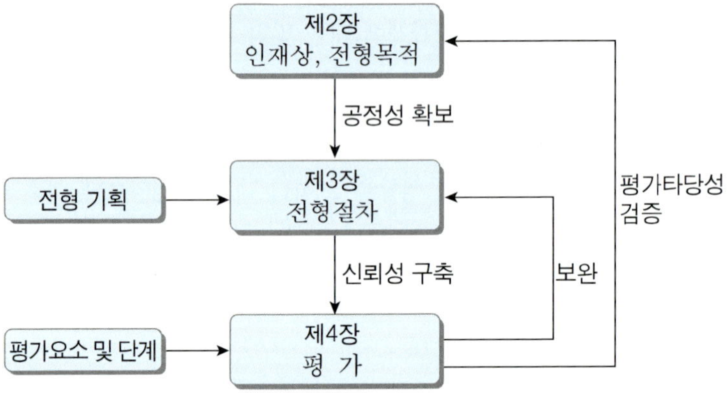

[그림 1-1] 제1부 입학사정관제의 기반

[그림 1－1]은 입학사정관제가 대학의 건학이념, 인재상을 기초로 하여 뚜렷한 목적을 가지고 설계된 전형이 그 절차와 평가가 신뢰성과 공정성을 확보하는 것에 기반하고 있음을 표현한 것이다. 즉 전형목적과 절차, 그리고 평가과정이 일관성 있게 잘 갖추어지는 것이 바로 입학사정관제의 기반이다.

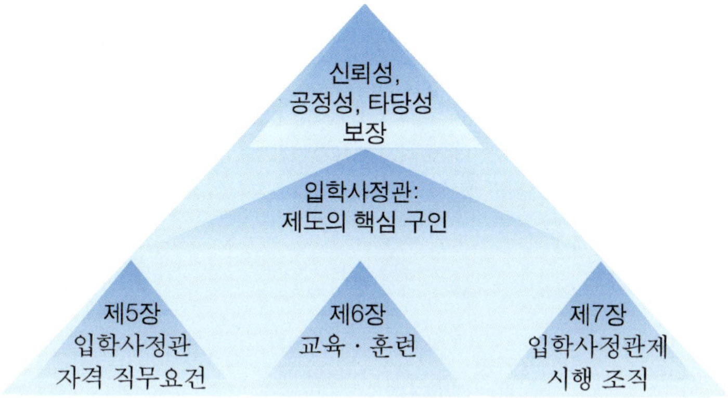

[그림 1－2] 제2부 입학사정관

[그림 1－2]는 입학사정관들이 전체 전형의 구성에서 담당해야 할 직무 분장과 조직, 입학사정관 진입자격, 교육훈련 등을 도식화한 그림이다.

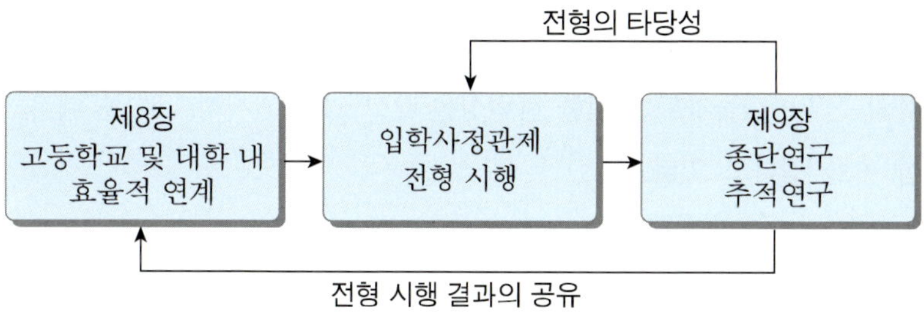

[그림 1－3] 제3부 입학사정관 전형 시행 전후

[그림 1－3]은 입학전형 후에도 지속되어야 하는 입학사정관제의 관련 요소들로 전형수행에 필수적인 연계들과 전형 후의 종단연구 등이 전체 입학사정관제와 깊은 관련이 있음을 나타낸다.

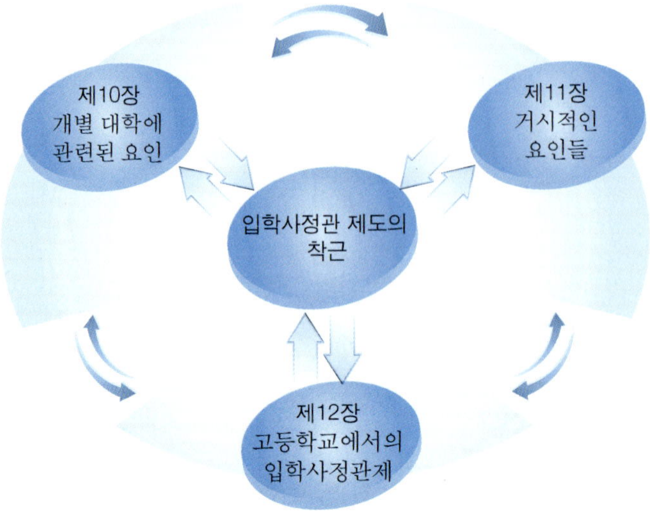

[그림 1－4] 제4부 입학사정관제를 위한 거시적 관점

[그림 1－4]는 입학사정관제를 견인하는 축이라 할 수 있는 대학 내의 요소들과 대학 외적인 요인들의 관련성을 나타낸다. 대학 입학사정관제는 고등학교 입학사정관제를 비롯한 청소년 발달단계 초기에 발생하는 여러 종류의 선발방식들과도 밀접한 관련성을 갖고 있어 거시적으로 볼 때 중요한 축을 점하고 있다.

02

전체적 전형목적의 수립

이 장에서는 입학사정관제의 첫 단계라 할 수 있는 전체적 전형목적의 수립에 대한 필요성에 대하여 논한다. 일반적으로 해당 대학의 인재상으로 표현되는 전형의 목적에 대하여 보다 명확한 정의가 필요하다. 인재상이 결정되어 전형의 목적이 확립되어야만 전형설계가 가능하고, 그에 따른 평가방법 등이 뒤따르게 된다. 여기에서는 먼저 미국의 경우에 대하여 살펴보고, 우리나라 대학들이 이러한 인재상을 고려하는 전형의 목적을 가지고 있는지에 대하여 언급하며, 이 인재상을 뒷받침하고 전형의 목적이 설득력을 얻기 위하여 수반되는 사항들에 대하여 살펴보기로 한다.

대학의 인재상은 시대에 따라 변하고 있으며, 특히 선발된 학생이 해당 대학에서 수학한 후 대면하는 세계의 향후 시대상을 반영해야 하므로 인재상은 충분히 미래지향적[1]이어야 한다. 비록 건학이념이라는 과거 시점

---

1 글로벌 기업, 한국기업에서 추구하는 인재상이 취업 5종 세트와 같은 스펙만을 준비한 인재는 아니다. 대인관계, 창의성, 도전정신을 중요하게 생각한다(〈동아일보〉, 2009년 7월 24일, B3면). 또한 대학교육이 졸업 후 취업 준비만을 위한 것이 아니므로, 대학의 인재상은 좀 더 근원적인 것을 추구해야 한다.

의 인재상이 있더라도 보통은 큰 틀로 정의되어 있으므로 그 틀 안에서 중·단기적인 인재상은 항상 유연하게 변하고 표현되어야 한다. 예를 들어 요즈음은 당연히 창의인재 육성[2]이 화두인바 어떤 형태로든 창의적인 인재상을 지향하는 많은 대학교와 고등학교[3]가 있다. 이럴 경우 전형목적을 영재선발에 두는 경우가 많은데, 여기서 영재의 정의가 과연 무엇인가에 대한 논의가 선행되어야 한다. 어릴수록 더 영재성이 있는가?, 어린 영재[4]가 창의적 인재와 같다고 할 수 있는가? 등의 전형목적을 위하여 학교 구성원 전체가 공감하는 보다 세부적인 전형목적이 기술되어야 한다. 또 다른 최근의 추세로 '창의'와도 연결될 수 있는 융합적[5]인 인재상이 있을 수 있다. 이외에도 잠재력, 리더십, 내적 역량, 글로벌 인재[6], 실행력, 대인관계 역량, 기업가 정신[7], 상상력[8], 협업 지성, 다양성 등 많은 주제어[9]들

2 언론에서도 다양하게 다루어지며('창의인재 육성의 원천 시리즈', 〈서울경제신문〉, 2009년 12월 24일, A30면) 관련 학회활동도 활발하다(창의공학연구원*www.cei.or.kr*, 한국문화예술교육진흥원*www.arte.or.kr*, 한국과학창의재단*www.kpfac.or.kr*, 경기창조학교*www.k-changeo.org* 등) '2009 개정 교육과정'은 창의적 체험활동의 강화에 주안점을 두고 있다.

3 대학교와 고등학교뿐 아니라 대기업 입사를 위한 전형에서도 직무 분야를 가리지 않고 대부분 제시하는 인재상이기도 하다. 어떤 금융기관이 표방한 인재상은 ① 창의적 사고 및 행동으로 변화를 선도하는 인재, ② 고객 가치를 향상시킬 수 있는 프로페셔널 금융인이다.

4 장대익, '영재는 어릴 때 반짝하는 게 아니다', 〈중앙일보〉, 2011년 6월 25일, 15면.

5 핀란드 헬싱키의 알토대의 경우 핀란드 최대 공대인 헬싱키 공대*TKK*, 헬싱키 예술디자인대*TaiK*, 헬싱키 경제대*HSE* 등이 통합하여 2010년부터 출범한 대학이다, 서로 다른 분야의 생산적 충돌을 통해 창의적 인재를 육성하겠다는 핀란드의 융합교육*Convergence Education* 의지를 읽을 수 있다. 〈조선일보〉, 2010년 1월 11일, A10면.

6 학생 구성에 있어서 외국인 학생의 비율을 높이는 것도 중요하다. 2009년 아시아 대학평가에서 1위를 한 홍콩대는 학부생의 10%, 대학원생의 50%가 비홍콩인이며, 외국인 교수가 전체 교수의 절반에 이른다. 물론 홍콩의 역사, 국제화, 지리적 위치에 기인한바 있으나 입학사정관제를 통하여 구성하는 신입생 구성의 다양성에서 외국인 학생은 중요한 부분을 차지하고 있다.

7 조지프 알로이스 슘페터*Joseph Alois Schumpeter(1883~1950)*가 정의한 것으로 창업자가 새로운 것을 소개하는 정신인데 여기서 새로운 것이란 연구개발, 기술, 생산, 유통, 시장과 같은 사업 필수 부분에서의 혁신을 가리키며, 이러한 혁신의 동력이 바로 기업가 정신*Innovative Entrepreneurship*이라고 했다.

8 21세기를 감성시대感性時代로 정의하고 이를 위한 핵심 역량으로 상상력을 들기도 한다. 상상력과

을 사용하여 인재상을 표현할[10] 수 있다.

이 장에서는 1절에서 인재상과 그에 따른 전형목적을 항상 중시하는 미국의 경우를 살펴본 후, 2절에서 우리나라 대학의 경우 인재상과 전형목적을 연결하는 현황을 살펴보며 몇몇 가상적 사례를 들고자 한다. 3절에서는 인재상에서 비롯하는 전형목적을 결정하는 몇 가지 방법론들에 대하여 살펴보기로 한다.

제1절 미국 입학사정관제의 경우[11]

미국 대학들의 입학사정관제는 당해 연도 신입생 전체의 구성을 매우 중요하게 고려한다. 미국의 입학사정관제는 개개 지원자의 입학 결정에 초점을 맞추어 진행되지만 전체의 입학전형절차가 시작되기 전에 항상 그 해 선발하고자 하는 신입생 전체의 특징[12]들에 관하여 논의하고 그 관점을 입학사정관들 사이에서 공유하는 절차를 매우 중요하게 여긴다. 이러한

더불어 호기심이 강조되어 앞으로는 IQ, EQ를 넘어서 CQ(호기심 지수*Curiosity Quotient*)가 더욱 중요할 것으로 예상한다.

9 이런 몇몇 주제어들을 결합한 예로, 상상력이 풍부한 창조적 리더십 추구라는 인재상을 표방하기도 한다.

10 중소기업 재직자들을 대상으로 한 대학 입학 정원외 특별전형이 2010학년도 모집정원의 2%에서 2013학년도는 4%로 확대될 예정이다. 이러한 계획처럼 각 대학의 인재상과 전형목적에 정합하면서 입학생 구성의 다양화를 꾀할 수 있는 것이 바로 입학사정관제의 장점이라 할 수 있다.

11 그동안 국내에서 발표된 자료와 보도들에서 미국 입학사정관제에 관한 많은 사항들이 이미 소개되었다. 그 측면들을 살펴보면

▷ 미국 입학사정관제의 유래 및 발달 과정
▷ 미국 주요 대학 입학사정관제 조직, 평가자료, 선발절차 등
▷ 미국 대학의 입학 지원자 사례*case* 분석

등이다. 이는 또한 입학사정관제 교육훈련 등에서도 흔하게 제시되는 측면들이다. 본 저에서는 위와 같은 사항에 대한 중복 기술은 피한다.

12 building the class라 표현한다.

회의[13]에서는 지난 몇 년 동안의 신입생들의 구성을 정확한 자료에 의하여 제시하며, 대학이 그 시대에 맞도록 추구하는 인재상에 대한 논의와 이전 선발의 과정, 입학생들의 대학 내에서의 교과적 · 비교과적 적응 등을 검토한다. 이 과정에서 제시되는 신입생 전체의 구성은 대략 다음과 같은 관점으로 이전 3년 혹은 5년간의 자료들이 일목요연하게 제시된다.

▷ 신입생의 개인자료 *personal data*[14] : 기본적인 정보 외에 수학연도, 희망 전공, 출신지역 등

▷ 신입생들의 평가요소 : 지원자 · 합격자 · 등록자의 표준점수, 교과성취도 *academic index*, 비교과 활동 참여도 *extra curricular index* 등

▷ 대학 내에서의 적응 : 대학성적[15], 대학에서의 활동[16], 탈락률, 적응도, 만족도, 및 특별한 기여 등

이런 종류의 회의는 주로 대학의 입학사정관 직무그룹*working group*별로 이루어지기도 하는데, 회의 후에는 주립대학과 사립대학들의 선발경로*selecting path*가 확연히 달라진다.

주립대학의 경우 재원이 공적 재원임으로 인하여 각각 주에서 정책적으로 요구하는 기본적인 지침에 따라 많은 수의 학생들을 선발한다.[17] 이는

---

13 on site meeting, conference, workshop 등 혹은 off site retreat 등으로 불린다.

14 2011년 9월 30일부터 시행된 개인정보보호법에 의하여 철저하게 관리되어야 할 자료들이다.

15 개개인의 교과성적*GPA*만이 아닌 필요한 그룹 형태로도 제시되며, 단편적 GPA가 아닌 학생들의 자유로운 학과목 선택양태 등과 더불어 제시된다.

16 재학생의 대학 내외 활동에 대한 정보들이 매우 유용하게 활용된다.

17 1997년 텍사스 주 의회는 출신 고등학교에 상관없이 졸업성적이 상위 10%에 속하는 학생들은 자동적으로 그 지역 주립대학교의 입학허가를 받을 수 있도록 하는 법안을 통과시켰다. 즉, 교육적인 기회가 상대적으로 적은 마을의 작은 고등학교를 졸업한 학생이라도 미국의 우수한 공립대학 중 하나인 텍사스 대학을 포함하는 텍사스 주의 주립대학에 입학할 수 있는 제도이다. 이런 학생들의 학업성취도는 높은 SAT 성적 등으로 입학한 학생들보다 높게 나타났다고 알려져 있다.

기계적 선발과정이라 할 수 있으나 역시 입학사정관의 개입은 필요하다.

사립대학의 경우 보다 광범위하고 보다 정밀한 입학사정관 직무가 요구되는 것은 사실이나, 당해 연도 신입생 구성의 다양성과 구성비율 등은 모든 입학사정관 활동의 큰 전제가 되고 있다. 입학사정관 평가에 있어 자의적・주관적 요인은 배제되고 모든 결정은 다수의 논의와 반복적 토론에 의하여 결정되는데, 그 평가의 저변에는 인재상, 전형목적, 신입생 구성이라는 큰 원칙들이 입학사정관들에게 공유되고 있다.

이렇듯, 당해 연도 신입생 구성의 다양성[18]은 그 대학이 추구하는 인재상과 대학 전통의 고려 하에 미국 입학사정관제 전체 절차에서 첫 번째 단계가 된다. 성적 우수 지원자에서부터 다양한 경험을 가진 지원자, 특별한 배경을 가진 지원자, 다른 문화권을 경험하여 신입생 집단 내에서 상이한 문화권의 학생들 사이에서 가교 역할을 할 수 있는 지원자, 예체능 우수 지원자 등을 모두 고려하여 구성한다. 이는 함께 입학하는 학생들 사이에서 서로 많은 영향력을 주고받으므로 대학생활 동안 의미 있는 성장을 도모할 수 있다는 매우 중요한 관점에서 비롯하는 미국 대학 입학사정관제의 특징이다. 사실 미국 입학사정관제는 전체 고등학교 및 대학교 교육 흐름의 맥락에서 보면 동떨어진 것이 아니다. 미국식 교육시스템 속의 하나의 제도일 뿐이다. 즉, 학생이 잠재력과 능력을 극대화하도록 뒷받침하는 교육, 자유로운 질의응답으로 학습에 대한 몰입과 재미를 극대화하는 교육, 개인의 창의력과 사고력을 북돋아주는 교육, 개인의 다양한 관심사와 욕구를 충족해주는 교육시스템[19]과도 불가분의 관계를 갖는 제도임을 이해해야 한다.

---

18 미국 유명 대학이 교과성적 우수를 가장 주된 요인*hook*으로 학생을 선발하는 비율은 10~20%뿐일 정도로 신입생 구성의 다양성을 강조하고 있다.

19 황상진, '우리 교실에서 잡스가 나오려면', 〈한국일보〉 데스크 칼럼, 2011년 4월 27일

제2절 우리나라 대학 전형의 목적

우리나라 대학의 입학전형 형태는 광복 후 약 11번 정도의 큰 변화를 겪어오고 있다. 1954년 8월 3일부터 5일 사이에 치러진 대학입학자격고사[20]가 최초의 국가 단위 입학전형 형태이며, 1969년 대입 예비고사, 1973년에는 예비고사 성적을 대학별 전형에 30% 반영하게 되었고, 1982년 학력고사, 1994년 수학능력시험을 거쳐서 지금에 이르고 있다. 국가 단위 대학 입학전형 형태들은 사회・정치적 요구에 따라 변모하였으며, 대학들은 국가가 정하는 형태 안에서 고유의 건학 특징이나 특색적인 전형목적 없이 수동적으로 입학전형을 실시하여 왔다.

기업의 인재상과도 일맥상통하는 대학 인재상의 큰 틀은 그동안 종종 언급되어 왔다. 도형학적으로 깊이 있는 전문지식을 추구하는 I 자형 인재, I 자형 인재에 더하여 다양한 분야의 소양을 갖고 있는 T 자형 인재, 더하여 신뢰, 도덕성 등이 이를 떠받치고 있는 工 자형 인재 등이 그것들이다. 근래에는 대학마다 추구하는 인재상[21]에 대하여 잘 설명하고 있다. 현재 실시되고 있는 전형의 목적이 해당 대학의 인재상과 신입생 구성이라는 큰 맥락에서 비롯된 것인지는 검토해야 하나, 다음의 사례에서 볼 수 있는 것과 같이 많은 대학에서는 고유의 인재상에서 비롯한 다양한 신입생 구성을 위하여 나름 노력하고 있다고 판단된다.

20 처음에는 한번만 시행되었으나 이마저도 실효성이 없이 대학별 본고사에 의존하게 되었다.

21 한국대학교육협의회의 지원사업으로 많은 대학들에서 해당 대학의 인재상에 대한 연구를 수행하였으며, 이 결과들은 전형목적 수립에 활발히 활용되고 있다.

A 대학 사례

〈표 2-1〉 A 대학의 전형유형

모집시기	전형유형		선발인원	구분	학생부	논술고사	수능	심층면접	서류평가	기타	비고
수시 1차	일반전형	전체	294	1단계	100%						10배수 내외
				2단계	50%	50%					
		의학부	3	1단계	100%						6배수 이내
				2단계	60%	30%		10%			
		금융공학부	18	일괄	50%	50%					수리논술
	학생부우수자		85	일괄	100%						
	이공계핵심인재전형		61	1단계	100%						10배수 내외
				2단계	50%	50%					
	외국어우수자		54	일괄				20%		80%(외국어성적)	
	원석		20	1단계					100%		3~4배수
				2단계				100%			
	리더십		85	1단계	100%						8배수 이내
				2단계					100%		3배수 이내
				3단계				100%			
	의학과학영재	공대,정통대, 자연대, 금융공학	41	일괄				100%(구술면접)			
		의과대학	2	1단계	20%	80%					6배수 이내
				2단계	90%			10%			
	우수인재		91	일괄	50%	50%					
	지역우수인재		48	1단계	100%						10배수 이내
				2단계	50%	50%					
	국가유공자 및 사회기여자		38	일괄	80%(교과) 20%(비교과)						
	체육특기자		11	일괄							
	특수교육대상자		10	일괄				50%		50%(실적평가)	
수시 2차	일반전형	우선선발	399	일괄	100%						30% 이내
		일반선발		1단계	100%						10배수 내외
				2단계	50%	50%					전체
					50%	40%		10%			인문학부
정시 가군	일반전형		308	일괄			100%				
	기회균형선발		47	1단계			100%				3~4배수
				2단계			80%	20%			
정시 다군	일반전형	전체	396	일괄			100%				
		의학부	14	1단계			100%				10배수 이내
				2단계			90%	10%			
	농어촌학생	전체	77	일괄			80%		20%		
		의학부	1	1단계			100%				10배수 이내
				2단계			90%	10%			
	전문계고교		51	일괄			80%		20%		

※ 수능최저학력기준은 홈페이지 참조

A 대학의 경우 전공별 모집으로 각 모집단위에서 해당 대학이 가진 인재상을 실현하기 위한 다양한 전공유형을 택하고 있는 것으로 보인다. 20여 개의 모집단위 및 모집정원 약 2000명 규모에서 200여 명 남짓의 인원을 입학사정관제로 선발하고 있다. 이와 같은 대학에서 모집단위별로 혹은 몇몇 모집단위 묶음별로 대학의 인재상에 바탕을 둔 각각의 전형목적이 구체적으로 적시되어 있는지는 웹이나 소개책자 등 공개된 자료에서는 알 수 없다. 다만 전형유형 중 입학사정관제에 의한 두 가지 전형유형은 그 명칭에서도 알 수 있듯이 뚜렷한 전형목적을 가지고 있다. 문제는 이러한 전형목적에 의하여 선발한 지원자가 합격하여 수학하는 모집단위에서 이 전형목적과 교육과정이 어떻게 조화되는지에 대한 점이 명확하지 않다는 것이다. 즉 모집단위별 신입생 구성에서 앞 절의 경우에서 살펴본 바와 같은 신입생 구성의 시너지 효과를 볼 수 있느냐는 것이다. 사실 가용할 수 있는 전형유형은 대부분 도입하고 있는 실정이기는 하나 대학의 인재상을 구현하기 위한 새로운 전형유형의 개발이 더욱 요구되고 있다.

많은 대학들에서 대학의 인재상과 결부된 전형의 목적에 대한 합의를 이루고 그것을 잘 기술하는 것에 대한 중요성을 잘 파악하고 있지 못하다. 종래의 방법으로, 즉 점수 위주로 학생들을 선발할 때는 이와 같은 점을 중시할 이유가 없었다. 그러나 입학사정관제에서는 인재상 및 그와 결부된 전형목적을 대학 내의 모든 이해 당사자 및 전형 참여자가 많은 토론을 거쳐 합의를 이루고 그것을 공유하며 명확한 기술을 해야 하는 이유가 바로 해당 대학에서 실시하는 입학사정관제의 근본을 이루는 것이기 때문이다. 또한 이것이 대학에서 입학사정관제를 통하여 신입생을 선발하는 정책적 근거가 되는 동시에 지원자 및 전형 이해 당사자들이 해당 대학의 입학사정관제의 객관성을 납득하는 데 첫 주춧돌이 되는 것이다. 이러한 인재상과 연계된 전형의 목적, 모집단위 내에서 학생들의 구성이 시너지 효과를 내도록 하는 다양한 방법들에 대해서도 입학사정관제는 보다 많은 자원을 투여해야 한다.

B 대학 사례

B 대학에서는 입학사정관제로 전형유형의 하나를 시행하였는데 그것은 학교의 인재상에도 부합하는 "다양한 구성원을 가진 집단을 이끌 수 있는 인재"를 선발하기 위한 리더십 전형이었다. 입학사정관이 C 지원자가 지역사회 배경의 다양한 연령층과 배경을 바탕으로 한 리더십이 있다고 평가하여 선발하였으나 탈락한 D 지원자는 C 지원자와 다른 영역, 즉 지역 내 학교 연합체 등 균일한 동류집단 내에서 리더십을 가지고 있는데 탈락한 이유를 납득할 수 없다고 항의했다. 이때 전술한 인재상과 결부된 전형목적을 명확히 기술하여 놓지 않고 단순히 리더십을 평가요소로만 했다면 그와 같은 항의에 적절히 대응할 수 없을 뿐더러 전형 전체의 평가의 공정성에 대한 불신으로 확대될 수도 있다.

제3절 대학 인재상에서 비롯하는 전형목적을 위한 방법들

전술한 전형목적의 중요성이 납득되었다고 할 때 그것을 확보하는 방법들과 관련된 요소들에 대하여 살펴보자.

1. 입학사정관은 해당 대학의 최고 리더십과 구성원들의 합의 바탕으로 도출된 대학의 인재상[22]을 입학사정관제의 근간으로 삼아야 한다. 대학이

22 2007년 12월 말에 열린 한국대학교육협의회 주최로 열린 '대학 입학사정관제 워크숍'에서는 1차년도 사업지원을 받은 대학들의 사례가 발표되었으나 인재상에 대한 사항들을 해당 대학의 입학

설정한 인재상이 추상적이고 건학이념과 밀접한 관련이 있어 불변적이라면 그 인재상에 수반하는 하위 구성요소들은 시대의 변화와 사회의 요구에 유연하게 대응할 수 있는 것이라야 한다. 따라서 입학사정관제는 해당 대학의 인재상을 전형의 목적에 접목하는 것에 대하여 항상 열린 자세여야 한다. 뿐만 아니라 전형을 통하여 파악한 세대의 변화와 흐름을 대학의 인재상을 설정하는데 기여하도록 해야 하는 피드백*feedback* 채널을 가지고 있어야 한다.

E 대학 사례

E 대학은 대학이 가지는 조직의 수월성을 나타내지 못한 채 마치 낙후된 공기업처럼 권위적이고 고착화된 의사소통 구조를 가지고 있다. 관료화되고 자리유지에 급급한 소수의 고참 직원들이 단지 오래 재직했다는 이유로 중간관리자 역할을 하면서 시대의 변화나 입학사정관제와 같은 새로운 제도의 혁신적 적용이나 창조적 운영을 도외시하고 있다. 조직에 사명감을 가지고 처음 합류한 입학사정관들의 의사를 대학의 리더십에 전달하지도 않거나, 주체적으로 수행할 의지도 없는 조직에 불과했다. 또한 간선제에 의하여 취임한 총장도 해당 대학의 인재상 정립에 대한 구성원의 의견을 수합하는 데에 관심이 없다보니 입학사정관제에 의한 인재상의 새로운 정립이나 이를 위한 소통이 전무한 실정이다.

사정관제의 직무로 정의한 대학은 극소수였으며, 신입생의 전체 구성에 대하여 언급한 경우는 전무했다. 한국대학교육협의회, 「대학입학사정관제 워크숍」, (2007) ISP－2007－4－29

F 대학 사례

F 대학의 총장은 기회가 있을 때마다 학교의 인재상을 항상 첫 머리에 두고 발표를 시작하며, 인재상의 구현을 위한 학교의 조직화된 정책들과 계획들을 뒤따라 발표한다. 이런 경우가 항상 반복되다 보니 구성원들 모두 인재상에 대한 확고한 상을 정립하고 있다. 아울러 입학사정관들과 첫 대면 때에도 인재상에 바탕을 둔 입학전형의 목적에 대하여 지침을 간단 명료하게 제시한 이래, 계속되는 회의에서 반복적으로 전달하고 인재상에 관한 관련 구성원, 일반 학생, 고등학생들의 반응들을 수합하는 데에 열심이다 보니 입학사정관들 또한 자연스럽게 인재상과 전형의 목적을 완전히 습득하여 입학전형을 수행할 수 있었다. 그리고 활발한 내부 토론을 통하여 인재상의 하위 개념들에 대한 혁신을 지속하고 있다.

2. 입학사정관제는 전형 모집단위 및 대학의 인재상이 전형 모집단위에서 구현되도록 하는 모집단위별 전형목적에 관하여 모집단위와 항상 소통해야 한다. 모집단위가 학과든, 학부든 입학사정관제는 체계적으로 이들 모집단위 조직과 소통하여 전형목적에 대한 합의를 유지하고 있어야 한다. 이는 입학사정관들이 담당하는 모집단위와의 접점이 되어서 공식・비공식 소통을 통하여 명확히 서술된 인재상 구현 및 전형의 목적을 공유하고 있어야 한다. 입학사정관들이 입학전형에 참여하는 것 못지않게 중요한 역할 중의 하나가 바로 학교구성원과의 활발한 교류를 통하여 모집단위의 요구나 입학전형에 있어 필요한 학교구성원의 도움을 확보하는 것이라 하겠다.

3. 인재상과 전형목적이 타당성을 얻기 위해서는 대학의 기본적 교육철학이 이들 인재상을 구현하기 위한 개념들을 담고 있어야 하며, 교과과정, 교육전달체계 등에 관한 구체적 방법론[23]들에 대하여 지원자, 입학사정관

등 전형 참가자가 잘 알 수 있도록 투명하게 공표되어야 한다. 또한 시대가 급속도로 변화함에 따라 대학에서 지향하는 인재상에 대한 보다 유연한 대응이 요구되고 있다. 이는 교과과정의 변화[24], 세부전공 분야의 내용의 변화 등으로 유연하고 신속하게 뒷받침되어야 하며, 이것이 입학사정관들이 전형을 홍보하고 객관성을 유지하면서 입학사정관제 절차를 진행하는 데 중요한 근거가 되는 것이다.

case G 대학 사례

G 대학은 건학이념에서 비롯된 인재상으로 "융합학문을 통하여 세계에 기여하는 인재"를 천명하고 구인 부속사항으로 "융합학문을 도모하도록 교육한다" 등을 가지고 있다. 그러나 이 대학의 모집단위는 전공별로 세분화되어 있으며, 3, 4학년 교과과정에서도 학과 간의 정원 확보 등을 이유로 융합 전공을 하기 어려운 실정이라면 이러한 인재상과 교육철학은 공허한 것일 뿐 아니라 입학사정관제가 이러한 인재상과 전형목적을 고려하여 전형을 설계하고 학생을 선발하였으나 그 전형의 타당성은 심각히 손상되었다. 이러한 인재상을 위한 전형이라면 평가요소에서 지원자의 다양한 지식, 경험 등에 부가요인이 있다고 판단하여 지원자를 선발할 수 있겠으나 정작 선발된 학생이 융합 전공을 제대로 할 수 없는 상황이라면 오히려 전문적 지식, 경험을 가진 지원자에게 더 부가요인을 주어야 했다.

대학의 인재상에 근거하여 교육철학을 고려하고 교육방법 등을 고민하면서 대학 교과과정에 변화를 주는 일이 단순해 보이지는 않는다. 그러나

23 대학이 추구하는 인재상을 실현하기 위한 교양과목, 학부교육, 대학원에 이르기까지의 전반적·총체적인 고려는 필수적이다. 일본의 사례를 기술한 참고자료, 시라이 카츠히코, 『와세다 대학은 어떻게 인재를 키우는가』, 설근수 역, (서울 : 신아사, 2009).

24 일례로 교과과정에서도 해당 대학이나 국가에 국한된 것이 아니라 최대한 세계적인 흐름을 수용하는 방향으로 설정하는 것이 중요하다.

모집단위별, 즉 학과별, 학부별로 이러한 관점에서 변화를 선도하고 이러한 변화가 대학의 입학사정관제와 잘 소통이 되도록 하여 전형의 목적을 구체화할 수만 있다면 대학이 원하는 인재를 선발하는 것에 보다 효율적일 수 있다.

4. 대학 전체적인 인재상과 모집단위별 인재상을 모두 고려하여 전형목적이 설계될 때, 당해 연도 신입생의 구성에 대한 대학 입학사정관제 차원의 명확한 정의가 표현되어야 한다. 추상적인 구성 정의부터, '%'를 표시하는 구체적 구성비율 등에 이르기까지 표현하는 당해 학년도 신입생 전체 구성에 대한 해당 대학 입학사정관제의 관점은 명확히 기술될 필요가 있으며 이는 당해 연도에 전개될 입학전형에 대한 중요한 기반 문서가 되는 것이다. 여기에는 여러 전형유형을 통하여 모집단위를 구성한 국소적 신입생 집단, 혹은 당해 연도 전체 신입생 집단이 상호작용을 통하여 얻을 수 있는 교과적 · 비교과적, 시너지 효과에 대한 기대를 포함하고 있어야 한다.[25] 물론 이러한 기대효과를 얻기 위하여 해당 대학은 다양한 정책들, 방법들에 관하여서도 시행할 구체적 계획을 가지고 있어야 한다.

25 "지역 배경 신입생, 성적우수 신입생, 다문화 배경의 신입생이 같이 학습하고 활동함으로 상호보완 · 발전할 수 있는 계기를 마련한다"와 같은 비록 판에 박힌 표현일지라도 그러한 기대효과가 있음을 명시해야 한다.

H 대학 사례

H 대학은 '과학기술 인재양성'이라는 특수한 목적을 가진 소규모 대학이며, 그동안의 신입생 구성의 대부분은 특수목적 고등학교 졸업생들이었다. 그러나 대학의 글로벌*global*화와 신입생 구성의 다양화를 위하여 일반계 고등학교[26] 졸업생들만을 위한 전형을 개발하였으며, 다양한 국가 출신 지원자 선발을 확대하고, 우리나라 국적을 가진 외국소재 고등학교 졸업생을 적극적으로 선발했다. 재학생들의 인성 개발에 자극을 주고, 폭넓은 안목으로 각자의 학문 분야를 학습할 수 있도록 하고, 세계 수준의 경쟁력에 대하여 늘 생각하도록 하는 기대효과를 가지고 있다. 아울러 이 대학은 이러한 기대효과를 위하여 기숙사의 배정, 신입생들이 수행하는 연구의 팀 구성, 수강지도 등을 적극 활용하고 있다.

I 대학 사례

I 대학의 모집단위들 중 가장 다양한 모집단위의 신입생 구성을 표로 보면 다음과 같다.

〈표 2-2〉 I 대학의 한 모집단위의 신입생 구성

모집단위		ㅇㅇ학부	
정원		200명	
전형 유형	일반전형	122	61%
	학생부우수자	11	5.5%
	이공계 핵심인재	12	6%
	잠재력	3	1.5%
	리더십	10	5%
	의학영재	3	1.5%

26 2008학년도에 서울대학교는 전국 2200여 개 고등학교 중 약 930여 개 고등학교의 졸업생을 선발하였다.

전형 유형	지방우수인재	10	5%
	지역우수인재	6	3%
	국가유공자	3	1.5%
	기회균등	3	1.5%
	전문계 졸업자	9	4.5%
	농산어촌	8	4%

〈표 2－2〉에서와 같이 I 대학의 사례 모집단위에서는 수시 1, 2차 및 정시 가·다군에 걸쳐서 200명을 선발하는데, 약 61%를 교과와 수능에 의하여 선발하는 일반전형을 택하고 있으며, 나머지 39%에 대하여 해당 대학의 인재상을 고려하는 11개의 다양한 전형유형을 도입하고 있다. 이 분포에서 볼 수 있듯이 다양한 배경을 가진 신입생들이 다양한 전형유형을 통하여 선발되고 있음을 알 수 있다.

이 모집단위의 교과과정과 학생활동 여건과 학교의 지원이 적절하다면 이들 신입생 집단은 학습과 학생활동에 있어서 상호 시너지 효과와 또래집단*peer group* 학습 및 활동을 통하여 매우 효과적인 대학생활을 시작할 것으로 보인다. 입학 후에도 모집단위 내에서 학생들 사이의 적극적인 상호활동이 이루어질 수 있도록 해당 모집단위 및 대학이 적절한 정책을 펼치고 동기를 유발한다면 소기의 성과를 거둘 수 있는 신입생 구성이라 할 수 있겠다.

이 장에서는 입학전형의 목적 수립에 근거가 되는 대학 인재상과 관련된 논점들을 제시했다. 입학사정관들은 해당 대학의 인재상[27]에 맞추어 전

27 논외의 대상이지만 이러한 인재상의 설정과 이에 근거한 전형목적, 그 전형목적에 따른 입학사정관제의 평가는 우리나라의 교육평가의 주된 방식인 상대평가방식과는 대척점對蹠點에 있다.

형의 목표*targetting*, 그리고 전형을 위한 적절한 자리매김*positioning*과 평가를 위한 연구개발에 노력함으로 해당 대학의 발전에 기여해야 한다. 해당 대학의 여건에 부합하는 인재를 선발하고 교육[28]시켜서 국가와 사회에 기여하도록 하는 것이 대학의 중요한 목적의 하나라고 할 때 초기 설정을 담당하는 입학사정관제의 가치는 결코 과소평가될 수 없다.

즉, 학업성취의 절대 기준을 정해 성취 정도에 따라 평가하고 유급과 조기진급 등을 적극적으로 활용하는 절대평가를 많은 논란이 있음에도 불구하고 고등학교 교육평가에 활용해야 한다. 교육생태계에서 상대평가방식이 사교육 시장에 자양분을 제공하는 요인들 중의 하나이다. 한승희, '상대평가의 원죄설', 〈매일경제〉 인사이드 칼럼, 2008년 10월 15일

28 그동안 우리나라의 대부분의 대학들이 대학원 과정을 만들고, 많은 대학들이 무리한 연구중심을 표방하였으나 근래에는 대학의 기능이 연구 못지않게 교육에도 있다는 자각을 하는 징후들이 많이 있다. 대학이 지향하는 바에 따라 상이하겠지만 현재 시행되고 있는 대학평가 및 교수평가 등에 있어서 교육부분의 평가비중이 지금보다는 획기적으로 확대되어야 한다.

03

입학사정관제의 전형절차

앞서 언급한대로 입학사정관제 전체의 공정성과 신뢰성은 절차적인 면과 평가적인 면으로 나누어 볼 수 있다. 공정성과 신뢰성 확보를 위한 전제조건은 입학전형 전체의 절차에서 불확실성*uncertainty* 및 의구심*doubt*을 제거해야 한다. 물론 실질적평가가 입학전형 절차에 속한 것이며 평가의 공정성과 신뢰성[1]은 전형절차의 다른 요소들에 비하여 비중이 큰 것도 사실이나 다른 절차적 요소들 또한 입학사정관제 전체의 공정성 및 신뢰성에 필수적이다.

이 장에서는 입학사정관제의 핵심요소라고 할 수 있는 평가 전체의 객관성을 확보하는 데에 필수적인 입학전형 전체적 절차의 투명성[2]에 대하여 논한다. 아울러 투명성을 확보하기 위한 필수적 요소들을 조망한다. 여기서 말하는 투명성은 모든 것을 공개하는 무제한적*relentless* 투명성을 의

1 그 중요성에 비추어 다음 장에서 평가의 유형 및 공정성 신뢰성을 별도로 다룬다.

2 마시는 물은 우선 투명한 유리잔에 담겨 있을 때 그 물이 깨끗함을 보여준다. 보통은 그 식수를 그냥 마시게 된다. 그러나 불투명한 컵에 담긴 물은 한번이라도 더 들여다보게 되고, 마시면서도 그 수질에 대하여 의심할 수도 있다.

미하는 것은 물론 아니다. 이미 많은 대학의 입학사정관제 안내정보에는 평가요소, 전형일정, 제출서류 등을 잘 적시摘示하고 있어 일정부분 절차의 투명성이 확보되어 있다. 그 투명함의 정도는 미국의 경우와도 별 다르지 않고, 전형의 세부일정 등이 확실하여 미국 전형절차의 모호함을 극복하기까지 하다. 그러나 입학전형에 관한 우리나라의 특별한 사회·문화적 상황을 고려할 때 이보다 더욱 투명성을 보장해야 하는 필요성이 있음 또한 사실이다.[3]

입학사정관제의 전형절차는 해당 대학이 가진 특성을 충분히 고려해야 한다. 즉 대학이 경쟁적인*competitive* 대학인 경우와 그렇지 않은 경우, 전형절차에 따른 대학 가용 자원의 투입은 전혀 달라져야 한다. 경쟁적인 대학에서는 홍보 등이 중시되는 전형절차 개시 부분에 많은 자원이 투여되기보다는 평가 자체와 종단연구 등 후속 절차들에 많은 시간과 자원을 투입해야 하고, 그렇지 않은 대학의 입학사정관제에서는 홍보 등에 전형절차의 시작부분에 더더욱 많은 시간과 자원을 분배해야 한다.

먼저 1절에서는 미국 대학의 입학전형절차를 간략히 살펴보고, 2절에서는 현재 국내 대학들의 입학사정관제에 관한 전형절차를 비판적 시각으로 조망해보며, 3절에서는 입학사정관제의 절차적 공정성과 신뢰성을 확보하기 위한 요소들을 제시한다. 어떤 입학전형절차든지 절차의 단계마다 실질적 혹은 가상적 체크포인트를 설정할 필요가 있다. 이렇듯 전형절차의 안정성과 신뢰성을 확보하기 위하여 필요한 다양한 창의적 메커니즘을 도입해야 한다.

---

3 어느 '정도'까지 투명하게 해야 하는가에 대한 논의가 있을 수 있다. 「암호학」의 예를 들어보면 현대 암호기술은 그 알고리즘(절차)들은 명명백백히 공개하여 검증을 받으며, 단지 절대비밀로 유지하는 것은 그 암호 알고리즘에 적용되는 키(key)이다. 입학사정관제 또한 절차의 투명성은 최대한 확보한 가운데 지원자 정보와 구체적 평가결과들만을 최소한으로 비공개하는 것이 그 '정도'의 최대라 할 수 있다.

제1절 미국의 입학전형절차 개괄

미국의 입학사정관제는 개개 지원자의 입학사정에 초점을 맞추어 진행되지만 전체의 입학사정절차가 시작되기 전에 언제나 그해에 선발하고자 하는 신입생 전체의 특징들에 관하여 논의하고 그 관점을 공유하는 절차를 매우 중요하게 여긴다. 이런 회의*on site, 혹은 off site retreat*에서는 지난 몇 년 동안의 신입생들의 구성을 정확한 자료에 의하여 제시하며, 대학이 그 시대를 이끌어 나가도록 추구하는 인재상에 대한 논의와 이전 선발의 과정, 입학생들의 대학 내에서의 교과적 · 비교과적 적응 등을 전반적으로 검토한다.

이런 종류의 회의는 주로 대학의 입학사정관 직무집단별로 이루어지기도 하는데, 회의 후에는 주립대학교와 사립대학교들의 선발경로*path*가 확연히 달라진다. 주립대학교의 경우 재원이 공적 재원임으로 인하여 각각 주에서 정책적으로 요구하는 기본적인 지침에 따라 많은 수의 학생들을 선발한다. 이는 기계적 선발과정이라 할 수 있으나 역시 입학사정관의 개입이 필요하다. 신입생 전체의 자원 중에서 대부분을 차지하는 이러한 지원자를 담당하는 입학사정관 그룹은 그 지원자들 중 많은 시간을 들여서 검토해야 할 지원자의 크기를 입학사정관 그룹의 인력, 소요시간, 예산과 같은 자원에 의하여 판단한다. 이 판단이 대기자 명부*waiting list*, 합격 · 불합격 미확정 지원자들*grey portion*의 크기, 특별한 분야의 우수성 등을 나타내는 표식*flag list*을 가진 특정 지원자 집단의 크기를 결정한다. 또 주립대학교지만 신입생 구성의 특성을 위한 지원자들을 담당하는 입학사정관 몇몇 그룹도 있어 이들은 대학에서 당해의 신입생 구성으로 필요로 하는 특징적인 지원자들을 가려내게 된다. 대부분 그 주 출신의 학생들은 합격률[4]

4 University of North Carolina, Chapel Hill의 경우 NC 주 출신 지원자들의 합격률은 약 50%인데

에서 우대를 받게 된다.

사립대학의 경우, 보다 광범위하고 보다 정밀한 입학사정관 직무가 요구되는 것은 사실이다. 초임의 입학사정관들'리더reader'라고 말하기도 함이 지원서의 사실만을 정해진 형식으로 기술하여 신입생 구성의 다양성 측면에서 분류한다. 이때는 지원자가 주장하는 자신의 특징을 입학사정관들은 판단하여 분류하며, 1차원적 분류가 아닌 최소 2차원, 3차원의 분류표식*indexing*을 한다.[5] 그렇게 분류된 지원자 집단에 대하여 전임급 입학사정관들은 추천[6], 긍정적 유보, 대기, 거부와 같은 잠정적인 결정을 하게 되며, 또 경험 있는 다른 전임 입학사정관 혹은 책임급 입학사정관이 또 하나의 평가를 연결하든지, 앞의 평가에 대한 재평가*override* 혹은 확인*confirm*하게 된다. 그 다음으로는 입학사정관 직무 그룹 내 집담회*conference* 혹은 전체 회의에서 최종적으로 결정을 하게 된다.

이와 같이 자의적, 주관적 요인은 배제되고 모든 결정은 다수의 논의와 반복적 토론에 의하여 결정되는데 그 저변에 흐르는 신입생 구성 및 선발의 큰 원칙은 모든 평가자와 전형 참여자의 공유와 확신 속에서 자리 잡고 있다.

입학전형절차에 관련한 규약*protocol* 등 절차적 자료들은 완전히 공개되며, 단지 평가에 관련된 개인정보들만이 철저히 보호될 뿐이다. 예를 들어 동문들이 인터뷰를 할 때 대학교에서 제공되는 지침서에는 지원자를 위한 공정한 평가와 평가자의 독립적 평가를 위한 많은 지침들이 자세히 담겨져 있으며 필요한 사람들에게 투명하게 공개된다. 평가요소들도 미리 공

비하여 타주 지원자, 외국인 합격률은 약 20% 정도이다.

5 많게는 30여 개의 표식을 붙인다.

6 이 등급은 단순한 합격 결정뿐만 아니라 반드시 등록시켜야 할 지원자까지도 언급하는 평가를 포함함을 말한다.

개되지는 않지만 추후 정리되고 발표되어서 예측 가능한 절차 속에서 진행되는 평가임을 투명하게 밝히고 있다. 또한 지원자들과의 시의적절하고 적극적인 대화로 절차에 관한 자신감을 보이며, 지원자의 필요를 파악하는 적극적인 의견 수집을 함으로써 입학사정관제 전반의 투명성을 꾀하고 있다.

이러한 투명성을 바탕으로 미국대학들은 공정성의 문턱을 넘고 있다.[7] 사실 객관적이라는 SAT 결과나 고등학교의 성적들도 투입된 사회・경제적 환경자원들에 영향을 받음을 잘 알고 있는 미국[8] 대학들[9]은 투명성을 고양함으로 절차적 신뢰성과 공정성 확보에 주력하여 입학사정관제에 대한 미국사회의 신뢰를 구축해왔다.

제2절 우리나라 대학의 입학전형절차

오랫동안 시행되어 온 미국 입학사정관제는 이해 당사자들, 또는 일반인들이 학생 선발 절차에 관하여 암묵적으로 받아들이는 투명한 흐름이 있으며, 이러한 사회적 합의들 또한 미국 입학사정관제의 근간을 이룬다. 한 대학에서도 여러 가지 입학사정관제 전형을 실시하는 우리나라의 경우는 특히 그 절차의 투명성을 나타내야 한다. '원서접수'와 '발표', 그리고

---

7 "미국 대학들은 공정하다고 생각되는 공통의 기준을 만들기보다는 저마다 다른 전통과 환경가치에 맞는 학생을 뽑는 데 집중합니다." 〈조선일보〉 2009년 7월 1일

8 미국과 캐나다는 같은 북아메리카 대륙에 있으나 차이가 있다. 대학교육을 받은 부모가 자녀 교육을 위하여 사용한 시간은 1985년에서 2005년까지 미국의 경우 주당 8시간이 증가하였으나, 캐나다의 경우는 1시간이 증가하는데 그쳤다. 〈The Vancouver Sun〉 2009년 8월 14일

9 이는 우리나라의 경우도 다름없다. 사회・경제적인 배경의 평균이 높은 고등학교의 상위권 대학 진학률과 학생 배경 평균이 낮은 고등학교의 상위권 대학진학률은 각각 12.4%와 0.2%로 62배 차이가 있다. 류방란・김성식, '고등학교별 대학진학률 차이와 그 의미' (한국교육개발원, 2009년 9월 29일) 〈매일경제〉 — 기사는 연구결과를 다른 각도에서 조명하고 있다.

평가에 관한 대략의 설명 정도만이 외부적으로 드러나 보이는 우리나라 전형의 현실은 입학사정관제가 어떤 절차로 진행되는가에 대한 의구심과 우려를 낳을 수 있고, 이는 신뢰성에 대한 의문으로도 연결될 수도 있기 때문이다. 입학사정관제에 의한 입학전형절차에 대한 한국대학교육협의회의 설명은 다음과 같다.

「사전공지 ⇨ 서류심사 ⇨ 심층면접 ⇨ 토론 · 최종선발」의 4단계가 공통 평가절차로 발표[10]되었다. 서류심사 단계에서는 자격심사와 학생부, 자기소개서, 추천서, 수능성적 등에 대한 심사를 병행한다. 심층면접 및 토론 단계에서는 잠재력, 창의성, 소질, 사고력 등을 파악하고 가정환경, 교육여건, 고교 특성, 교육환경 조사 등을 실시한다.

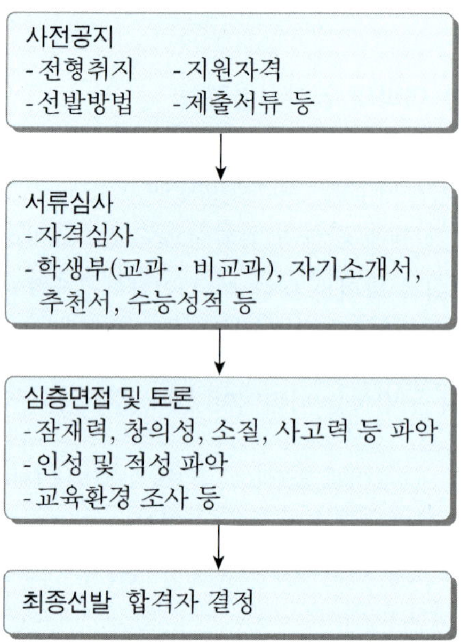

[그림 3-1] 한국대학교육협의회가 제시하는 전형절차

10 2009년 5월 한국대학교육협의회 발표

물론 한국대학교육협의회는 일반적 전형절차를 기술하는 바이나, 이 전형절차에 부가하여 각각의 대학들이 투명하게 공개해야 하는 요소들을 적시하여 입학사정관제 전형절차의 투명성을 높이는 노력을 촉구해야 한다. 그렇지 않고 최소의 기준만 제시하면 오히려 대학들에게 투명성에 관한 면책을 부여하는 결과를 가져오게 된다.

A 대학 사례

다음은 A 대학의 입학전형을 소개하는 안내책자에서 전형의 절차에 관하여 소개된 내용을 인용한 것이다.

1단계	2단계	3단계	4단계	5단계	6단계
온라인 원서접수	방문 대상교 발표	입학사정관 방문	면접대상자 발표	역량 면접	최종합격자 발표
8.11~13	8.29	9.1~9.31	10.7	10.14	10.21

A 대학의 경우뿐 아니라 대부분의 대학들은 일정에 따른 시간의 흐름만이 표시되어 있을 뿐 정작 절차와 형태로서의 전형이 어떻게 진행되는지에 대한 보다 상세한 기술이 진행되고 있지 않다.

국내 대학들 중 입학사정관제와 관련하여 과연 어떤 경력과 자격을 갖춘 입학사정관들이 있는지, 교수들로 구성된 입학사정관들을 평가에 활용한다면 평가에 관한 사전교육이 어떤 정도로 이루어지는지, 평가과정은 구체적으로 어떻게 진행되는지, 전년도 전형의 결과는 어떤지, 이전에 입학한 재학생들을 조사·연구하여 전형에 대한 타당성은 있는지 등에 대한 설명이 포함된 학교들은 손으로 꼽을 정도이다. 또한 전형의 전체적 결과와 의미를 제시하기보다는 오히려 몇몇 특정 사례만을 홍보함으로 입학사정관제의 중요하고 기본적인 철학을 왜곡하는 역작용을 낳기도 한다.

제3절 전형절차의 투명성 요소

대학 입학전형에 대한 우리나라의 사회·문화적 관심도를 고려할 때 절차의 투명성은 중요한 요소이다. 그 절차의 내용*contents*(지원자 정보, 개별적 평가결과 등)을 투명하게 하는 것이 아닌 절차의 틀*frame*과 흐름*flow*을, 그리고 전형의 종합적 결과 등을 전형 이해당사자가 용이하게 관찰할 수 있도록 하는 요소를 말하는 것이다.

입학사정관제에 대한 우려 중 가장 큰 부분을 차지하는 것이 지원서류를 어느 정도 성실하게 검토하는가이다. 지원자의 지원서를 해당 대학에서 충분히 검토하고 공정한 평가가 이루어지는 것이 투명하게 보인다면 그 결과에 대한 수용도와 전형 자체에 대한 공정성 및 신뢰성은 동반 상승하게 된다. 예를 들어 입학사정관 혼자서 수백 장의 지원서를 검토하는 것이라면 그 평가에 대한 타당성[11]을 확보하기 어렵다. 여기에서는 전형의 절차를 따라 투명성 제고에 필요한 요소들을 논의하도록 하겠다.

(1) 입학전형 전*prior*

지원서접수[12]로 시작되는 전형의 시작 전에 절차적으로 다음과 같은 요소를 갖춤으로써 절차의 투명성을 확보할 수 있다.

1. 전형계획의 수립 및 준비에 대한 백서 : 일반적으로 당해 연도 전형이 진행 중일 때 다음 연도 전형계획을 세워야 하는 시간상의 급박함은

11 그러한 우려는 언론에 많이 나타나고 있다. '입학사정, 걱정됩니다', 〈조선일보〉 편집자에게, 2009년 8월 1일.

12 전형의 시작인 전형료 산정에 대한 것부터 많은 논란이 있어왔다. 2010학년도의 한 지방의 고등학교 수시지원자의 전체 수시전형료가 8,400만원이었다는 예가 있다. 전형절차가 명확히 규정될 때 보다 합리적인 전형료 산출근거가 마련될 수 있으며, 전형료 부담을 덜기위한 공동원서 양식 사용 방안에 대한 실질적 고려가 필요하다.

있으나 어떤 과정을 거쳐서 전형이 계획되고 대학 내의 논의와 공식적인 절차를 거쳤는지에 대한 기술이 필요하다. 그리고는 전형을 준비하기 위하여 입학사정관들이 기울인 노력과 결과물들, 그리고 입학사정관들의 전문성 함양을 위한 노력들 및 평가에 참여하는 교수 입학사정관들을 위한 교육 및 의견수렴을 비롯한 전형 준비를 위하여 전형 전까지 기울이고 있는 준비에 관한 사항들이 기술되는 백서 등을 항상 준비하는 것이 필요하다. 전형이 반복 시행될수록 내용이 더 견실해지고, 더욱 효과적인 방법들이 축적되리라는 것은 자명하다. 물론 지원자 등, 이해 당사자들에게 공개되는 것은 단순한 형태가 되겠으나 충분히 충실한 백서로 보관되는 것이 다음 전형의 준비를 위하여서도 효과적이다.

2. 전년도 전형결과에 대한 과학적 자료 : 입학사정관제에 의한 특별전형과 일반전형을 망라하고 전년도 전형의 결과에 대한 종합적인 정량적 분석 및 정성적 분석과 내부 감독위원회, 외부평가위원회의 평가와 보고 등을 수록한 자료가 전형 시작 전에 구체적으로 준비되어야 한다. 몇 년 동안 지속적으로 진행한 전형이라면 그 전형의 타당성 등이 조사되어 분석한 자료들도 이 범주에 포함시킬 수 있다.

3. 공정성 및 신뢰성 홍보 및 홍보를 통해 수합된 지원자 측의 의견 등 : 입학사정관제가 활발히 시행되는 경우 홍보에 빠져서는 안 되는 부분이 해당 대학의 입학사정관제의 공정성과 신뢰성일 것이다. 해당 대학에 응시하는 경우 공정한 평가와 신뢰성 있는 결과를 보장한다는 홍보는 입학사정관제에서는 절대적으로 필요한 것이며, 오래지 않아 대학에서 시행하는 입학사정관제에 대한 보다 확실한 평가가

사회로부터 요구될 것이다. 이런 경우 이 장에서 논의하는 절차적 공정성 및 신뢰성, 다음 장에서 살펴볼 평가의 공정성 및 신뢰성 요소들과 그 구현 노력이 홍보되어야 함은 물론이다. 즉, 공정한 평가를 위하여 실시한 워크숍에 관한 것에서부터 참여하는 입학사정관들의 경력 등을 적극적으로 홍보함으로 투명성을 높이기 위하여 행하는 대학의 노력을 적극적으로 알릴 필요가 있다. 아울러 홍보 때마다 평소 대학에 접수되는 전형과 관련 질문들을 중심으로 다양한 형태의 질의응답*Q&A*, 자주하는 질문들*FAQ*로 의견을 공유할 필요가 있다.

4. 전형을 대비하는 학교의 준비 : 입학사정관제 전형을 위한 학교의 예산과 예상 지출, 전형에 참여하는 전체적 인력, 활용하는 공간, 정보통신기술을 활용한 전용 시스템,[13] 에세이나 자기소개서 모사 방지시스템의 사용 여부 등에 대한 계획들이 잘 정리되어 나타나야 한다. 물론 이러한 사항들은 그동안도 입학전형의 준비를 위하여 당연히 진행한 행정적 절차였으나 정리된 형태로 준비되어 해당 대학 전형에 관심 있는 누구나에게 공개되도록 할 필요가 있다. 이런 자료들을 통하여 해당대학이 입학사정관제 전형에 기울이는 노력을 전파할 수 있다.

5. 입학전형에 대한 윤리적 결함의 제거 : 전형에 참여하는 입학사정관들이 해당 대학 윤리강령을 충실히 따르고 있음을 선언할 필요가 있으며, 엄중한 서약을 하는 것이 일면 피상적일 수도 있으나 꼭 필요한 절차이다. 아울러 전형에 직·간접적인 이해관계가 맺어지게 되는 경우*conflict of interest*를 철저하게 배제해야 한다. 최근에 불거진 정보

13 기존의 학사 운영시스템과는 분리한 입학전형목적만을 위한 시스템을 이른다. 상용시스템일 수 있고 자체 개발된 인하우스 시스템일 수 있다.

보안사고나 금융사고에서도 보듯이 제도 및 조직의 가장 위험한 인자는 내부에 있는 경우가 많음은 입학사정관제에서도 주의 깊게 살펴야 할 것이라 본다. 특히 전형일정 중 아무리 경미한 사안이라도 접촉한 이해 당사자들을 적시하여 보고하게 하고 이를 공개하는 절차 등을 마련함으로써 입학사정관들의 평가에 영향을 미치지 않도록 보호하는 조치 등도 필요하다.

(2) 입학전형 자체에 대하여 *on-going*

확실한 정량적 수치가 요구되는 것은 전형의 지원이 끝난 이후에나 가능하겠지만 접수가 종료되면 다음과 같은 구체적인 투명성 요소들이 준비되어야 한다.

1. 입학전형 구체적 공개 : 각 전형[14]의 단계에 소요되는 일정 · 참여 인력 등을 구체적으로 공개하여 지원자들이나 학내 구성원들이 전형 크기를 납득해야 하며, 외부적으로도 전형이 졸속으로 진행되지 않음을 공지할 필요가 있다. 특히 입학사정관들이 전적으로 평가를 수행하는 평가단계가 있는 경우 입학사정관들의 경험과 자격, 학력 등을 공개하여 입학사정관에 대한 신뢰성을 도모해야 하며, 참여 예정인 다수의 학내 교수들에 관한 정보라도 최소 전체적인 통계 등을

14 수시와 정시의 구분, 그리고 각각에 수많은 종류의 전형이 있다. 2010년 8월 12일 중앙일보 기사에 의하면 2011학년도 대학 입학전형에서 4년제 대학 225곳(캠퍼스 구분)의 수시에는 2,484개 정시에는 1,179개 등 모두 3,663개의 전형 종류가 있는 것으로 보도되었다. 이는 한 대학당 평균 16개인 셈이며 서울대학교는 6개의 전형 종류가 있다. 다양한 인재를 뽑기 위해 전형을 세분화하는 측면도 있으나 전형 진행의 효율화를 위한 면도 있었다. 개별 대학 인재상에 부합하는 신입생 전체 구성을 고려하면서 다양성을 추구하는 입학사정관제에서는 전형의 종류가 많을 필요는 없다. 2012학년도 전형의 종류는 모두 3,298개로 감소되며, 전형을 통합한 대학은 모두 84개교이다. 한국대학교육협의회에서는 2010년 8월 19일 '2014 수학능력시험 개편안' 발표시 2013학년도부터는 전형의 수가 대폭 줄어들 것으로 예상했다.

공개함은 당연하다. 특히 전형단계의 평가에 투입되는 인력과 시간을 자세히 기술함으로 각 전형단계의 평가에 대한 신뢰성을 확보해야 한다.

2. **평가요소 목적항목의 공개** : 현재는 '서류평가', 혹은 '심층면접' 정도로만 공개되는 평가요소를 목적별로 세분화하여 공개할 필요가 있다.[15] 즉 자기소개서와 추천서를 통하여 '자기주도적 학습력'을 평가하는 경우, '학업성취도에 의하여 교차확인한다'는 것과 같은 보다 세밀한 공개가 필요하다. 여기서의 공개는 평가도구의 양식을 통해서 나타날 수도 있고 부가적 설명으로 제시될 수도 있다. 나아가 전형 전에 공개하기가 어렵다면 전형 후에라도 사용된 평가서를 공개하여 평가의 투명성을 높여야 한다. 입학사정관들은 지속적으로 당해 연도 전형이 목적하는 바에 따라 평가요소 및 도구를 개발해야 하는 부담이 있으나 선제적으로*initiative* 전형에 임하는 것이 무엇보다 중요하다. 이렇게 인재상 및 전형목적과 더불어 평가요소까지 투명하게 공개할 경우 적정한 크기만이 전형에 지원함으로 전형을 더욱 효율적으로 진행할 수 있다. 이는 홍보 단계에서부터도 공개될 수 있다.

case B 대학 사례

B 대학이 평가요소에 관한 언론의 취재에 대하여 답변한 내용은 "기존 방식과 다르지 않을 예정이나, 다소 바뀔 수도 있다."이다. 물론 이 대학은 '기존의 방식'도 공개적으로 발표하지는 않았다. 모호한 답변으로 사교육

15 대학마다 다르나, 몇몇 대학은 서류 전형에서 학생부 교과 영역의 반영비율을 20% 혹은 30%로 밝힌 경우도 있고, 교과 영역에 의하여 1단계 평가를 한다고 밝힌 대학도 있다. 또한 면접에서 교과 전문성 지식 평가 여부를 명확히 밝히고 있는 대학도 있다.

시장의 준비를 막겠다는 입장이나 평가요소의 공개를 통하여 얻을 수 있는 투명성과 그로 인한 객관성 확보에는 미흡한 경우이다.

사실 입학사정관제의 핵심이라 할 수 있는 평가요소들을 정하는 것에 많은 논의와 사전연구 등이 필요하다. 더하여 한국대학교육협의회를 통한 국가의 감독[16] 등이 있고, 고등학교에서 작성하는 학생부 기재사항에 대한 교육과학기술부의 지침 등이 있어서 평가요소를 설정하는 것이 용이하지는 않다. 그러나 전체 전형절차에서 평가요소가 차지하는 비중은 절대적인 만큼 이에 대한 많은 준비가 필요한 것은 자명한 사실이다.

〈표 3-1〉 한국대학교육협의회가 권고하는 평가요소에 대한 공통 기준

주요 요소로 반영하지 않는 것들	전형요소	• 토익·토플·텝스·JLPT·HSK 등 공인어학시험 성적 • 교과관련 교외 수상 실적 • 구술영어면접 • 해외봉사실적 등 사교육 의존 가능성이 높은 체험활동
	제출서류	자기소개서·증빙서류 등을 반드시 영어로 기술하게 하는 것
지원자격으로 제한할 수 없는 요소	• 토익·토플·텝스·JLPT·HSK 등 공인어학시험 성적 • 특목고 졸업(예정)자 또는 해외고교 졸업(예정)자 • 수학·물리·과학 등 교과관련 올림피아드 입상 성적 • 논술대회·음악콩쿠르·미술대회 등 교외 입상 성적 • 일반계 고교에 개설되기 어려운 전문교과 이수 또는 이수단위 • 해당 대학이 개설한 교과관련 특별 교육프로그램 이수	

16 예를 들어, 한국대학교육협의회는 2010년 4월, '2011학년도 대입 입학사정관제 운영 공통 기준'을 발표하여 평가요소에 대한 공통 지침을 마련했다. 또한 2011년 3월에는 공교육 강화를 위하여 논술 100%로만 치르던 전형을 일정 비율 이상의 학생부를 반영하도록 했다.

2011학년도 입학전형에서 위의 권고를 간과한 몇몇 대학들은 입학사정관제 지원 사업에서 불이익을 받기도 했다. 그러나 사교육 방지 등의 차원에서 제시되는 이러한 공통 기준들이 과연 그 효과가 있는지와 이런 지침들이 대학 자율화에 어떤 영향을 주는지는 다투어 볼 여지가 있다.

3. 학내 감독 위원회 활동 계획 : 전형 중에 활동하게 되는 학내 구성원들의 감독기구의 역할과 구성 등을 적시하여 공개할 필요가 있다. 이 전형 중에 위원회는 학내의 구성원들로만 구성하여 전형 지원자의 정보나 평가결과가 외부인에게 누출되지 않도록 해야 한다. 이는 자체 감사위원회 등으로 불릴 수 있다. 전형 진행 중에도 체크포인트[17]를 많이 두어서 전형절차 진행의 결함을 조기에 파악하는 노력이 필요하다.

C 대학 사례

C 대학은 전형의 공정성을 높인다는 취지로 평가의 단계마다 외부인이 참여하는 위원회에서 지원자의 평가결과 등을 공개하고 심의를 받았다. 그러나 외부 참여인사는 서약을 하고 참여하였음에도 전형의 중간 결과를 외부의 세미나 등에서 자료로 활용하는 경우가 발생했다.

4. 평가 및 최종 선발 권한의 명시 : 입학사정관들이 평가를 진행하는 경우에도 많은 대학들은 학내 교수로 구성된 위원회에서 전형의 결론

17 세포 분열시 암세포 공격에도 유전정보의 안전성을 유지하는 메커니즘을 갖추고 있는데 세포주기 체크 포인트가 바로 그것이다. 이 체크포인트는 진화 단계가 높은 생명체에서 그렇지 않은 생명체보다 더 정교하게 발달되었다고 한다. 이현숙, '세포에서 배우는 사회학', 〈한국일보〉 사이언스 에세이, 2009년 8월 24일

을 내리게 되는 경우가 대부분이다. 이러한 경우 어떤 절차로 예비 명부가 부의附議되며 결의되는지를 명시하는 것이 필요하고, 전형 후에는 이러한 최종 결정 권한이 어떻게 행사되었는지를 결과보고서, 백서 등에 상세히 기술해야 한다.

case **D 대학 사례**

D 대학은 서류와 면접 전형의 복합 전형으로 종합적인 전형결과를 입학부서 구성원이 정리하여 최종위원회에 부의했다. 그러나 이 최종위원회는 준비된 자료에 대한 형식적인 검토만을 하여왔기에 D 대학의 합격·불합격 결정에 있어 가장 민감한 경계선상의 합격·불합격 결정을 이 구성원이 독단적으로 행한 결과를 낳았다. 결국 이 대학의 경우 그동안 지원자 집단 합격·불합격의 가장 예민한 부분을 이 구성원이 독단적으로 결정한 것으로 되었다. 이 구성원은 수년 동안 자신이 어떻게 회의자료를 정리하였는가에 따라 합격·불합격이 결정되었음을 자랑으로 생각하고 있었다.

5. 전형 중의 이해 당사자들과의 적극적 소통 : 미국 입학사정관제는 이해 당사자들과의 교류를 위한 적극적인 통로를 열어놓고 있는데 이 역시 사회 · 문화적 배경에 기인한 바가 크다. 이러한 개방적 소통은 입학사정관제 제도 자체에 대한 신뢰성을, 나아가 평가에 대한 객관성과 공정성을 고양하는 데 필수적인 역할을 해오고 있다. 우리나라의 경우 전형의 과정 중에는 보안, 공정성 등을 이유로 그러한 의사소통로를 닫아놓고 있는데 이는 일면 타당하기도 하다. 그러나 평가와 관련된 개인정보에 대한 충분한 거리를 두고도 소통을 도모할 수 있다.[18] 오히려 적극적인 홍보와 의견수렴의 기회로 삼아 활용할 때

18 지원자 개인의 전형결과에 대한 것도 무작위 표본 등을 제시하고, 개인정보 등을 해쉬 알고리즘

입학사정관 제도의 신뢰성을 높이는 데 긍정적으로 기여할 것으로 본다. 한국대학교육협의회의 입학사정관제 현장점검시스템, 컨설팅 등도 적극적인 소통의 통로로 활용될 수 있다. 입학전형 관련자와의 대화채널뿐 아니라 사회적 소통 또한 적극적으로 추구하여 전형절차에 대한 신뢰성을 더욱 공고히 할 수 있다. 이런 경우 활용할 수 있는 편의한 기술적 수단들을 잘 구비해야 한다. 예를 들면 web, E-mail, blog, text messaging, 전화 등 가용한 수단들을 모두 활용할 수 있다. 최근 미국에서는 이런 기술적 수단들이 입학전형에 있어서 어느 정도의 투자회수율*ROI, Return On Investment*을 가지는지를 살펴본 바 있다.[19]

(3) 전형 후 *post*

1. **외부인사 참여의 사후평가위원회 활동** : 전형 종료와 동시에 학내・외 구성원이 참여하는 입학전형 사후평가는 투명성에 꼭 필요한 절차이다. 전형에 참여하였던 당사자, 고등학교 교사 등이 참여하는 위원회를 구성하여 입학전형절차 전반에 대한 평가를 하는 것이 꼭 필요하다. 이 경우 실질적 결과 도출을 위하여 전문성과 성실성을 갖춘 인사들로 구성함을 적시하고 그 활동 결과에 대한 것들도 공개가 되어야 한다. 이는 입학전형 공정관리위원회 등으로 불릴 수 있다. 이 사후평가와 활동은 꼭 당해 연도 결과에 대한 사후적 조치*post mortem* 뿐

등을 통해 관리번호로 변환하여 사용함으로 개인정보를 안전하게 보호하면서 전형 진행 중의 투명성을 높일 수 있다.

19 Robin Lindbeck and Brian Fodrey, Using Technology in Undergraduate Admission: Current Practices and Future Plans. *The journal of College Admission, Number 204*, Summer 2009, pp.25－30

만 아니라 다음 전형을 위한 사전 준비*pre mortem*로도 여겨질 수 있도록 당해 전형과 차년도 전형을 잇는 전향적*transitional* 관점의 활동이 필요함은 물론이다.

E 대학 사례

E 대학은 지역사회에서 명성이 높은 인사를 포함하여 위원회를 구성하였으나 위원회 활동의 실질적 결과를 얻을 수는 없었다. 학교가 제공하는 전형에 대한 결론들을 식사하는 자리에서 보고를 받고 추인追認하였을 뿐이었다.

2. **전형결과에 대한 분석** : 평가에 투입된 대학의 자원에 대한 정량적*quantitative* 분석에서부터 전형단계별 평가결과에 대한 분석 및 평가자나 전형 참여자의 정성적*qualitative* 평가결과 등에 이르기까지 당해 연도 전형에 대한 구체적 분석[20]이 있어야 한다. 일견 지금까지 각 대학의 입학부서에서 행하여 오던 것이며 단지 학교의 판단에 의하여 공개하는 정도를 정한 후 이해 당사자들이 용이하게 파악하도록 공개함으로써 전형에 대한 신뢰성을 높여야 한다.

3. **지속적인 종단연구결과** : 전형이 반복되는 경우 전형을 통하여 해당 대학에서 수학하고 있는 재학생들에 관한 지속적 조사가 축적·보고되어야 한다. 조사 변인 등 종단연구에 관한 구체적인 사항들에 관하여 후에 살펴본다. 단순한 학업성취도 조사나 만족도 조사[21]보다는

20 전형의 타당성을 주장하는 것 못지않게 반증가능성反證可能性 *Falsifiability*도 찾는 노력이 필요하다. 반증가능성은 전형의 절차와 평가가 전형목적에 부합하지 못하는 가능성이 있음을 의미한다. 이러한 반증을 통해 전형절차와 평가에 오류가 있음을 밝힐 수 있고 잘못된 부분은 제거될 수 있어, 이러한 과정이 반복되고 누적되면 입학전형은 오류가 없는 상태로 진보하게 된다.

더욱 심화된 종단연구가 필요하다.

F 대학 사례

F 대학은 오랜 기간에 걸쳐 합격생을 배출한 고등학교로부터 다음과 같은 요청을 받았다. 졸업생들이 모교에 들러서 인사를 하며 대학생활에 관해 전하는 정보로는 과연 졸업생들이 해당 대학에서 어떤 발전과 성취를 이루고 있는지 파악하는 데 한계가 있으므로 입학생들에 관한 종단연구 자료를 제공해 달라는 것이었다. F 대학은 지금까지 그런 조사를 한 경우가 없어 평량 평균과 졸업 전공 및 진로 등만을 알려줄 수밖에 없었다.

4. 결과에 대한 공식적인 이의신청*appeal* 처리 제도 : 지금까지는 결과에 대한 불복은 주로 전화·방문 항의 등으로 이루어져 왔으며, 출신 고등학교 등에 돌아갈 불이익 등을 고려하여 대부분 결과에 대한 항의를 심하게 표출하지 않아왔던 것이 사실이다. 아울러 소수점 자리까지 사용하는 정량적 평가에 의한 결과이어서 0.1점 차이라도 수긍할 수밖에 없었다. 그러나 입학사정관제에서는 결과에 대한 자유로운 의견 개진을 허용할 필요가 있으며 사안의 경중에 따라 처리하는 절차 등을 공개할 필요가 있다. 단순한 경우 입학부서에서 처리할 수 있으며, 중대한 경우에 처리하는 학내외 인사 구성의 처리 위원회를 설치하며, 특히 청원자에 이런 제도를 이용하기 위한 적절한 비용을 부담하게 하는 등으로 보다 합리적인 제도적 장치를 마련해 놓을 필요가 있다.

21 만족도를 넘어서는 충성도*Net Promotion Score* 조사 등 여러 측정이 동원될 필요가 있다.

5. 전형결과에 대한 적극적 홍보 : 홍보는 소통과 더불어 전형의 절차적 투명성을 높일 수 있는 유효한 수단이다. 전체적 입학전형의 종료 후 전형결과에 대한 보다 깊이 있는 분석과 사례를 홍보해야 한다. 전형의 특이한 사례만을 홍보하는 것은 입학사정관제에 대한 오해를 가져올 여지도 많다. 그것보다는 입학사정관제와 일반전형 등을 통하여 구성된 신입생 집단의 특징을 전년도와 비교하여 분석한다든지, 입학사정관제를 통하여 선발된 학생들의 구성을 밝힌다든지 하여 지엽적 사례보다는 전체 전형결과와 선발된 학생들의 전체적인 특징과 해당 대학이 예견하는 기대효과 등을 적시함으로 전형의 타당성을 높이는 홍보가 필요하다.

G 대학 사례

G 대학은 최근 입학사정관제에 의한 합격생들의 자료를 분석하여 발표하고 이를 입학전형의 홍보에 적극적으로 활용하고 있다. 3년간의 통계를 이용, 특목고 우대가 없었다는 점을 지원자 대비 합격자의 자료를 제시하고, 입학생의 특성별로 대학교 2년간의 성적, 설문조사 결과와 같은 종단연구결과를 같이 제시하여 입학전형 전체의 타당성을 확보하고 있다. 이는 전형의 공정성과 신뢰성을 적극적으로 보장해주는 역할을 하고 있다.

이 장에서 살펴본 요소들을 망라하여 정리하면 [그림 3－2]와 같다. 결국 절차적 투명성[22]을 통한 공정한 전형의 진행과 사회 및 이해 당사자의 신뢰 획득이 입학사정관제의 성공에 중요한 기반이 되는 것이다. 축

22 현재 진행되고 있는 한국대학교육협의회의 입학사정관제 대학 지원을 위한 평가관점도 투명성을 고려하는 것을 포함하는 방향으로 변화되어야 하는 시점에 있다.

적된 절차적 투명성은 예측 가능한 입학전형을 나타내며 이는 고등학교 내 교육을 강화시켜 사교육 의존도 등을 감소시키는 선순환적 고리가 된다. 수능 성적도 2007년도부터 부분적으로 공개되기 시작하는 추이 등에 비추어 각 대학의 전형결과[23]에 대한 공개 요구도 증가할 것으로 보인다. 선제적인 절차적 투명성 확보가 오히려 더 전형의 흐름을 효율적으로 만들 수 있다.

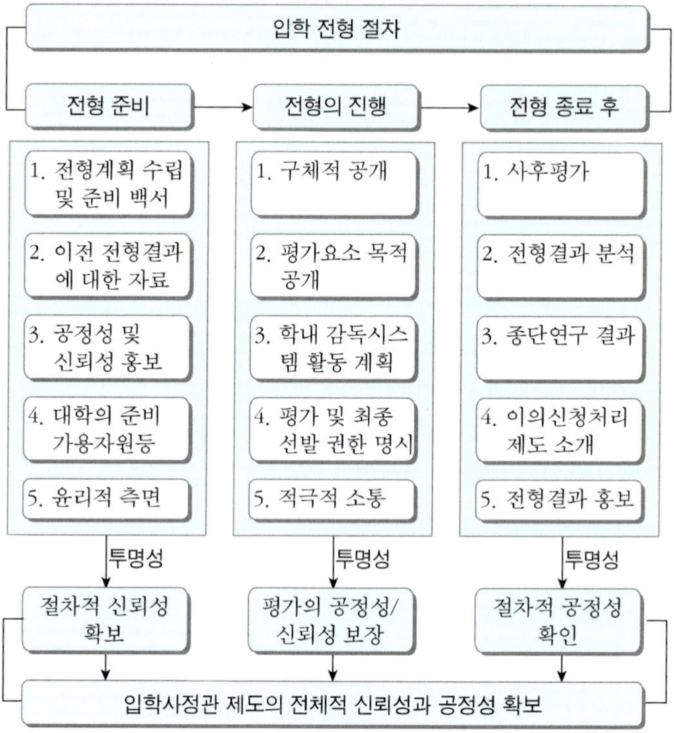

[그림 3-2] 입학사정관제의 절차적 투명성 요소들과 제도 전체의 공정성 및 신뢰성

23 현재 정보보호에 관한 법률에 의하면 입학전형에 관한 정보 공개는 학교장이 거부할 수도 있도록 하고 있다.

또한 제2장에서 살펴본 대학의 인재상과 전형목적, 그리고 이 장의 전형절차 모두에서 중요한 것은 해당 대학만의 철학과 관점이 녹아들어 있어야 한다는 것이다. 한국대학교육협의회의 권고나 교육과학기술부의 감독 등이 있겠으나 대학의 권한과 자율성을 신장하려는 노력은 대학 스스로가 시작해야 하기 때문이다.

끝으로 이 장에서 살펴본 전형절차들을 폭넓게 고려하는 구체적인 전형기획의 틀을 살펴보기로 한다. 이 틀은 2010년 KAIST 부설 과학영재교육연구원, 과학고등학교 입학사정관 전문연수에서 사용했던 자료를 전재로 한다.

2011학년도

과학고등학교 입학전형 기획(안) 골격*frame*

과학고등학교 입학사정관 전문 연수

(김 철, 광주과학기술원 기초교육학부)

2010. 1. 5.

K A I S T
과학영재교육연구원

본 골격의 목적 및 주요 내용

<table>
<tr><td>목 적</td><td colspan="2">본 골격frame은 연수에 참여하고 있는 각 과학고등학교 입학사정관들이 각 과학고등학교에서 2011학년도 입학전형 준비를 위하여 2010학년도 중에 준비해야 하는 제반 사항과 일정 등에 대하여 기획안을 준비하는 데 필요한 기본적 구조를 제시하고 있다. 따라서 각 과학고등학교의 제반 여건에 비추어 개별화 및 추후 연수의 진행에 따른 내용의 구체화가 전제되어 있다.</td></tr>
<tr><th>구 분</th><th>내용</th><th>세부 내용</th></tr>
<tr><td>입학
전형
목적</td><td>• 2011학년도 입학전형의 목적</td><td>• 과학고등학교의 일반적 인재상
• 당 과학고등학교가 특별히 추구하는 인재상
• 2011학년도 입학전형의 특수성</td></tr>
<tr><td>기반
준비</td><td>• 이전 자료 가공
• 자료관리시스템
• 홍보</td><td>• 기존의 자료를 수합 가공
– 관련 통계 자료의 축적
– 중학교별 기명 자료의 축적
– 재학생 자료의 분석
• 지속 가능한 자료관리시스템의 설계
• 홍보 계획의 전향적 수립 및 선제적 실행</td></tr>
<tr><td>전형
기획 및
결정</td><td>• 중요 사항의 조속 결정
• 전형 일정의 계획
• 주요 업무 및 직무의 분장/협조</td><td>• 입학사정관제 실시에 따른 평가구조 등 기본적 사항의 결정이 필요
• 홍보, 전형요강, 평가준비, 전형운영, 선발 결정, 전형종료 등에 따른 직무 정의</td></tr>
<tr><td>전형
요강
확정</td><td>• 입학사정관제 전형 요강
– 3대 요소 조속한 확정
– 특히 공동의 평가가 있는 경우</td><td>입학사정관제 평가구조, 평가요소, 전형 운영 주무 등에 대한 교내 선先 결정 및 그에 따른 입학사정관들의 요강, 지침서, 평가서, workflow 후後 개발</td></tr>
<tr><td>전형의
실시</td><td>• 입학사정관제 평가
• 평가의 실시
• 평가의 취합 및 최종 평가</td><td>• 입학사정관제 평가를 위한 제반 필요 자료의 개발
• 평가결과의 다각적 분석
• 전형목적과의 정합성 분석–타당성 입증</td></tr>
<tr><td>발표 및
등록</td><td>• 입학사정관제 목적에 부합하는 결과의 발표 및 홍보
• 평가 후 등록, 혹은 입학에 이르기까지의 홍보 및 care 방안</td><td>• Bridge Program, Mentoring 등 Care 방안
• 입학사정관제의 적용에 대한 홍보</td></tr>
<tr><td>당해
전형
실시 후</td><td>• 당해 전형의 wrapping
– 백서 발간
– 개선사항의 이행 계획
• 종단연구 계획 수립 및 횡적 연대 연구 및 홍보</td><td>• 설문조사들의 정성적 평가자료 확보
㉮ 평가요소별 평가자, 피평가자 설문조사의 실시
㉯ 입학사정관제 전체 전형에 대한 평가</td></tr>
</table>

입학전형목적

[과학고등학교의 인재상]

1. 관련 법, 설립 취지 등에 의한 인재상 및 그에 따른 입학전형의 목적
2. 간 학문간 교류 심화, 융합, 통섭과 같은 학문, 기술 발전 추이에 따른 인재상의 변화 및 입학전형의 목적의 변화를 적시할 필요가 있음
3. 창의성 등을 정의하고 평가하는 시대적 변화를 반영해야 할 필요성 또한 있음

[해당 과학고등학교의 인재상]

1. 해당 과학고등학교가 지향하는 특정한 인재상 및 입학전형의 목적
2. 지역 지향 목적, 과학 분야 중 특성 영역 등을 명시하는 입학전형목적이 필요함
3. 해당 과학고등학교가 창출하는 가치를 나타내는 입학전형의 목적이 필요함

[당해 연도 입학전형의 특별한 전형목적]

1. 상기 인재상 및 전형목적 내에서 보다 구체적인 당해 연도의 전형목적을 적시

Comments

- 인재상의 필요성 등에 대한 전개
- 학교교육목표를 기초로 설문조사 및 문헌조사를 통한 근거 마련
- 발표 입학전형 요강에의 적시 필요
- 추후 전형기획의 지속성을 고려, 최소 존속기간 3~5년 설정

기반 준비

[1. 이전 자료의 가공]–입시관리부 등 해당 부서에 업무 협조 요청

[개인별 무기명 *de–indentfication* **자료]**

졸업 후 진로의 자료가 포함된 최소 최근 3년의 자료를 대상으로

- 입학전형 자료 – 출신 중학교 교과성취도 및 입학전형결과
- 재학 교과성취도 자료
- 재학 중 활동 자료
- 가정환경 등 배경변인과 성장맥락 자료
- 조기졸업 및 졸업자의 경우 진로 자료

⇨ 일반화하여 몇몇 개별 프로파일을 구축

Comments • 평가요소 설정 자료로 활용

[중학교별 기명 *indentified* **자료]**

유의한 수의 신입생을 배출한 중학교의 최소 최근 3년간 자료를 대상으로

- 진학률의 변화 추이
- 학교 배경변인과 일반 통계
- 자체평가 혹은 외부 평가자료 활용
- 중학교의 지역 내 경쟁력 평가 – 교과적, 비교과적, 행정적
- 정량적 자료 등과 더불어 재직 교사들을 대상으로 설문조사 등을 활용

⇨ 중학교별 DB의 구축

Comments • 평가기준 설정 자료로 활용

[2. 자료관리시스템 구축] – 예산 확보 및 기존 시스템의 활용

입학사정관 제도의 기본적 시스템이므로 장기적으로 지속 가능한 자료관리시스템을 설정할 필요가 있음

- Raw Data ⇨ Excel ⇨ Access 등 ⇨ User Interface 고려
- 입학사정관 협의회를 통한 공동 시스템 구축 방안 등
- 역내 통계 등 추가되는 자료를 위한 시스템 확장성 등을 고려

Comments • 과거 지원자 크기와 진학 연령대 인구를 고려하여 설정

[3. 홍보 계획] – 기존의 홍보 Track의 조사

[전형 전] 전형 요강의 확정 후 입학설명회, 중학교 방문과 같은 홍보에 필요한

- 참여인원 및 예산
- 일정 및 홍보 대상, 횟수 계획

구 분	일 정	대 상	참 석	주무 및 예산
단독 입학설명회	2010년 5월, 9월		교장, 부장	사정관 1, 2 / 원
합동 입학설명회	2010년 7월		부장	사정관 1, 2 / 원
중학교 방문	×× 회			사정관 1, 2 / 원
기타				사정관 1, 2 / 원

[전형 후] 전형 진행 중 홍보, 선발결과 홍보, 전형 종료 후의 홍보 계획 수립

- 기존 기획부 등과의 업무 협조

Comments • 예산 확보

전형 기획 및 결정

[1. 전형 주요 사항 대강의 결정] – 최대한 조속한 시일에 결정

1. 교무위원회, 운영위원회 등 교내 의사결정 기구를 거치는 주요 결정 사항

- 다양성과 균형성을 추구하는 입학사정관제 전형 및 창의성과 전문성을 추구하는 창의성 전형의 비율 – 대상 중학교가 적은 수거나 입학 정원이 적은 경우 입학사정관제 정원을 확대할 필요 있음.
- 두 전형을 순차적으로 진행할 것인지, 동시에 진행할 것인지에 대한 결정 – 입학사정관제 고유의 목적에 비추어는 동시에 원서접수를 하여 동시에 결과를 발표하는 것이며, 내부적으로 순차적 평가를 할 수는 있음, 별도로 진행하여 기존의 입학관리부에서 창의성 전형을 담당하는 경우 조직, 예산, 인력동원에 있어 부조화, 비효율성이 있을 수 있음, 즉 교내 입학사정관의 직무 영역, 조직과 의사결정, 및 실행체계 정비가 우선 결정되어야 함.
- 대강의 평가요소 및 반영비율 유무 등에 관한 교내 의견수렴

  ⇨ 연수 및 기 조사된 과학적 자료를 바탕으로 입학사정관이 주도적으로 제안

  ⇨ 입학요강에 반영할 기본적 평가모델의 결정

  ① (요소, 비율, 운영 등)

  ② (KAIST 혹은 미국 영재고등학교 대 기존의 방식 등)

Comments • 두 전형의 통합을 추구하여야 함

2. 전형 일정 계획의 결정

주요 진행사항	이전	업무영역별 구분					
	예정일	홍보	전형요강	평가준비	전형운영	선발 결정	전형종료
	이후	A1	B1x	C1			
입학설명회	x월 x일						
		A1	B1x	C2x			
전형요강발표	x월 x일						
				C2x			
평가 실시	x월 x일	A2			Dx		
				C3		Ex	
선발	x월 x일						
		A3					
전형 완료	x월 x일	A4	B2				Fx

• 위 표는 업무 영역별 상호 진척 정도를 나타내며, 대강 업무 및 직무분할은 하기함

• 입학사정관 주 업무 대부분은 전형 일정에 무관, 전형 개시 이전에 종료 승인 필요

Comments • 선택에 대한 확고한 논점이 필요

[2. 주요 업무 및 직무 분장] – 전형 요강 확정 이전

• 세부 직무 분장은 개별 학교의 기존 운영 관습 및 직무 분할과 밀접한 관련 있음

구분	코드	내용	비고
A 홍보	A1	입학설명회 – 전형 요강, 교과과정, 교과, 비교과 활동, 학교가 창출하는 고유의 가치 등	기존의 홍보 업무와 협조
	A2	전형 진행 중의 홍보	
	A3	선발결과에 대한 홍보	
	A4	전형 종료 후 전형 전반에 대한 홍보	

구분	코드	내용	비고
B 전형 요강	B11	전형 요강 주요 내용 – 지원서접수, 평가, 일정 등	입학사정관 주무
	B12	전형 서류 작성 – 원서, 추천서 양식 등	
	B13	전형 요강의 배부 및 홍보	
	B2	전형 요강에 대한 평가 수합 반영	

<table>
<tr><td rowspan="5">C
평가</td><td>C1</td><td>－평가에 대한 교내 의사결정
－교내·외 인사로 구성된 전형/평가(감독, 자문)위 등 구성</td><td rowspan="5">입학사정관 주무,
－재직 선생님들의 평가단 구성 협조</td></tr>
<tr><td>C21</td><td>평가요소별 세부사항에 대한 지침서 작성</td></tr>
<tr><td>C22</td><td>평가요소별 평가서 작성
－이론적 근거 혹은 모의실험 등을 통한 타당성 확보</td></tr>
<tr><td>C24</td><td>평가단에 대한 다회 워크숍 실시</td></tr>
<tr><td>C3</td><td>평가결과 수합 및 처리</td></tr>
</table>

<table>
<tr><td rowspan="3">D
전형 운영</td><td>D1</td><td>전형 준비 A부터 Z까지－기존의 노하우 활용 필요</td><td rowspan="3">입학사정관 주무－창의성 전형과의 관계</td></tr>
<tr><td>D2</td><td>전형 운영</td></tr>
<tr><td>B3</td><td>전형 운영에 대한 사후평가</td></tr>
</table>

<table>
<tr><td rowspan="3">E
선발 결정</td><td>E1</td><td>평가결과의 취합 및 분석</td><td rowspan="3">입학사정관 주무－학교 내규에 의한 결정</td></tr>
<tr><td>E2</td><td>교내선발위원회 등에 부의, 심의</td></tr>
<tr><td>B3</td><td>선발결과에 대한 분석 및 홍보</td></tr>
</table>

<table>
<tr><td rowspan="3">F
전형 종료</td><td>F1</td><td>전형 전반에 대한 평가 및 참여자 평가조사</td><td rowspan="3">입학사정관 주무</td></tr>
<tr><td>E2</td><td>전형결과에 대한 홍보</td></tr>
<tr><td>B3</td><td>입학사정관제 전형에 대한 종단적, 횡적 분석</td></tr>
</table>

Comments

- 입학사정관의 교내 입지에 대한 관련 규정 및 합의가 전제되어야 함

전형 요강 확정

[1. 입학전형 요강 3대 요소]

■ 일정

1. 입학사정관제 전형 일정
   - 창의성 전형과 순차적, 병렬적, 내재적 진행 여부 결정
   - 학사 일정과의 비교를 통하여 학교 가용 자원의 효율적 이용 도모
2. 불변적 일정(공동의 평가, 공개적으로 발표하는 일정 등)과 가변적 일정(내부 진행 일정 등)으로 분리하여 전형계획의 수립

■ 입학사정관제 평가방법

1. 평가의 큰 틀 결정
   - 주루형, 비중형 혹은 통섭형 결정이 필요
   - 기획안을 1안, 2안 등으로 비교해야 할 경우 (일반적인 것이 아닌) 해당학교 배경의 개별화된 장·단점의 비교 필요
2. 평가의 세부사항
   - 평가단계별 평가단 구성, 평가지침서 및 평가서 개발과 타당성 검증
   - 평가를 위한 워크숍

■ 전형 운영

1. 관리 위원회의 구성
   - 외부인의 경우 전문성, 성실성 등에 의한 실질적 참여 유도
   - 절차, 틀 등만을 외부인에게 공개, 평가정보의 접근에 대한 보안 확보

2. 지원서의 흐름(접수에서부터 최종발표까지)에 따른 직무 부하*workload*, 참여자 *participant*, 주도자*stage leader*, 대상자*object*, 장소*location* 등을 일정/시간 계획과 함께 설계
3. 기존의 운영 기반을 최대 활용해야 함

[2. 입학전형 요강의 수립]

- 전문 연수의 진행에 따른 입학전형 요강의 수립이 계획되어 있을 것으로 사료됨.
- 각 과학고등학교 개별 또는 전체 혹은 부분적 연대에서 입학전형요강의 3대 요소 등 필수사항이 사전결정되는 것이 필요함.

Comments

- 발표되는 입학전형요강의 구체 정도, 투명 정도의 결정

전형의 실시

[1. 입학사정관제 평가]

1. 평가구조 및 평가요소의 확립 후
   - 평가단 구성, 관련(최종 선발, 감독 등) 위원회 구성
   - 평가지침서 및 평가서의 개발과 타당성 검증
   - 평가단 워크숍 실시
2. 입학사정관제 평가에 대한 보다 전문적인 사전 홍보 등으로 명분의 선점*positioning* 필요

[2. 평가의 실시]

1. 전형 운영 관점에서의 평가실시
2. 평가실시에 중요한 요소의 확보－보안, 안전, 비상계획 등

[3. 결과의 분석 및 최종 선발을 위한 부의 자료 생산]

1. 평가결과 수집 및 다각적 분석－전형목적과의 정합성 입증
2. 입학사정관제 연석회의 최종 평가자료 혹은 선발위원회 부의 자료 생산

[평가 관련 자료의 개발]

- 전문 연수의 진행에 따른 평가지침서, 평가서 개발이 계획되어 있을 것으로 사료됨.

Comments • 평가지침서 및 평가서의 개발 실습

발표 및 등록

[발표]

1. 방법, 결과의 홍보방안 수립

[등록]

1. 경쟁학교가 있는 경우 등 사례별 등록 종용방안 수립
2. Bridge Program, Mentoring 등과 같은 다양한 합격 후 care 방안의 가동

Comments • 발표 과정의 보안과 등록

당해 전형 실시 후

[1. 당해 전형]

1. 전형 전체에 대한 백서 발간
2. 전형에 대한 참여자에 의한 정성적 평가
   – 평가요소별, 평가자, 피평가자 설문조사 실시
3. 개선사항에 대한 이행계획 승인

[2. 지속 업무]

1. 입학사정관제 전형에 대한 종단적 연구
2. 입학사정관제 전형에 대한 역내 혹은 전체 과학고등학교의 횡적 연대 연구
3. 입학사정관제 기본 자료의 지속

Comments • 입학사정관제 평가요소 및 평가기준의 지속가능 여부 결정

04

입학사정관제의 평가

입학사정관제[1] 평가[2]뿐 아니라 모든 평가[3]에서도 그 목적과 방법은 명확히 기술되어야 한다. 즉 상세한 이미지를 그려낼 수 있을 만큼 구체적이고, 통계 등과 같은 과학적 방법을 사용하여 믿을 수 있게 기술되어야 한다. 목적대로 입학사정관제의 평가가 진행되어 평가하고자 하는 바를 제대로 평가하고 있는가를 중시하는 것이 앞의 표현이며, 개별 지원자의 능력을 얼마나 사실성 있게 평가하고 있는가를 중시하는 것이 뒤의 표현이다. 즉 앞의 것이 공정성*equity*[4]과 관련이 있고, 뒤의 것이 신뢰성*reliability*[5]

---

1 입학사정관제 전형은 앞서 전술한 대로 확대되고 있다. 2012학년도 대학입학 수시모집 전형에서는 125개 대학, 수시모집 정원의 16.1%로 늘어났다.

2 입학사정관제 평가방식은 이제는 많은 분야에서 원용되고 있다. 미국 버지니아텍 의과대학에서는 성적 외에 인성 중심의 다중 미니 면접*Multiple Mini Interview* 등을 활용하고 있다. New for Aspiring Doctors, the People Skill Test, 〈The New York Times〉, 2011년 7월 11일, http://www. nytimes.com/2011/07/11/health/policy/11docts.html 캐나다의 의과대학 등에서는 이미 사용되고 있었다.

3 평가*evaluation*는 시험, 측정, 사정 등 용어와 엄밀히 구별하여 사용하는 경우도 있다. 영어로는 test, measurement, observation, assessment, evaluation, appraisal 등 차이를 두어서 사용한다.

4 물론 공정성은 전형목적과의 관련성*relevancy*, 형평성*equilibrium*, 정합성*conformality*과 더불어 생각할 수 있다.

과 관련이 있다고 할 수 있다.

입학사정관제의 핵심 중의 핵심은 입학사정관, 즉 평가자[6]가 수행하는 평가이다. 입학사정관제의 평가가 추구해야 하는 두 가지 특징으로 공정성과 신뢰성을 들 수 있다. 이 두 요인이 상호 독립적이지 않고, 포함 관계에 있지도 않다. 중복되기도 하지만 공정성 지향과 신뢰성 지향은 상이하다. 이 장에서는 입학사정관평가자이 행하는 면면을 논의한다. 사실 평가에 대한 내용은 하나의 장에 모두 다루기는 광범위하지만 이 책의 목적[7]상 하나의 장[8]으로 서술했다. 입학사정관제의 전체, 즉 전형의 전체, 그중에서도 평가는 한 부분이지만 입학사정관제의 공정성과 신뢰성을 언급하는 경우 많은 부분이 평가의 공정성과 신뢰성을 말한다 하여도 과장되지 않을 정도로 평가가 차지하는 비중은 크다. 여기에서는 입학사정관제 평가의 일반적 사항들에 대하여 기술하며, 신뢰성 및 공정성의 하위요소를 정의한 후 이들이 다양한 평가요소에서 어떻게 확보되어야 하는지를 살펴본다.

먼저 평가의 일반적인 사항들을 1절에서 살펴보고, 2절에서는 평가구조, 그리고 평가요소에 관한 사항들을 3절, 그리고 평가의 공정성과 신뢰성에 대하여 4절에서 살펴본다. 마지막으로 종합평가와 그 경우 나타날 수 있는 오류에 대하여 살펴본다. 또한 평가모형은 단순할수록 좋은 것이라 할 수 있다. 복잡한 모형은 비록 그것이 원하는 평가의 목적을 달성할 수 있다 하여도 전형절차 속에서의 유효성을 보장하기 어렵다. 즉 절약원칙*principle of parsimony*이 이러한 평가모형에서도 적용되어야 한다.

---

5 물론 신뢰성은 객관성*objectivity*, 분별성(혹은 변별력)*discrimination*과 더불어 생각할 수 있다.

6 현재 모호하게 통용되고 있는 입학사정관에 대한 새로운 정의를 다음 장에서 논할 예정이어서 이 장에서는 '평가자'라는 용어를 사용한다.

7 이 책의 목적대로 입학사정관제 전반의 공정성, 신뢰성을 위해서는 평가 외에도 많은 입학사정관제 제반 요소들의 신뢰성, 공정성, 투명성, 객관성 등이 동반하여 제고되어야 한다.

8 그 비중으로 인하여 다른 장보다는 내용이 많다.

제1절 입학사정관제 전형의 평가 일반

다양한 평가자료들을 활용하여 해당 대학의 인재상에서 추출된 평가요소들에 의거, 지원학생들을 구분하고 선발하는 핵심차원*core dimension*을 설정해야 하는 입학사정관제 평가에 있어서 무엇보다 중요한 것은 평가의 공정성과 신뢰성이다.

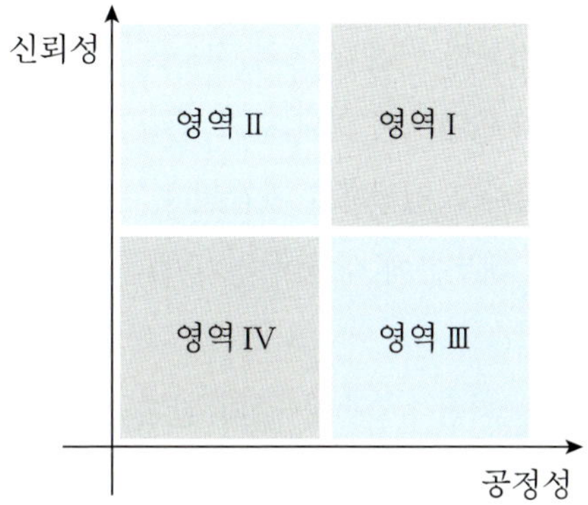

[그림 4-1] 공정성 및 신뢰성 4 상한*quadrant*

위 [그림 4-1]에서 영역 I이 가장 바람직한 평가목적이 되겠고, 입학사정관제의 평가가 지향해야 하는 영역이다. 본 그림이 제시하는 바는 공정성, 혹은 신뢰성이 수준에 이르지 못한다면 평가는 그 목적을 이룰 수 없다는 것이다. 신뢰성은 보장되더라도 공정성이 좀 미흡하거나(영역 II), 공정성은 있으나 신뢰성이 약간 조각阻却되는 경우(영역 III) 그것은 입학사정관제 평가 전체의 불신으로 이어질 수밖에 없음을 나타낸다. 즉 신뢰성, 공정성은 모두 입학사정관제 평가에서 최대한 보장되어야 하는 필수적 요소이며, 어느 것 하나 그 비중을 조금이라도 경시할 수 없다. 즉 공정성 ·

신뢰성은 입학사정관제에서는 조금도 손상이 되어서는 안 되는 최고의 수준을 요구하는 가치*value*라고 할 수 있다.

평가자의 평가를 대변하는 표제어는 '주관적' 평가라는 것이다. 그러나 이 '주관적'이라는 단어에는 약간의 오해를 불러일으킬 수 있다. 입학사정관 제도가 활발히 논의되기 이전부터 몇몇 대학들에서는 이미 입학사정관 제도의 정신을 살린 입학전형을 실시해오고 있었으나, 대부분의 입학전형에서는 주관적 관점의 개입이 미미했다고 본다. 비록 면접의 경우 평가자가 주관적 판단에 근거하여 면접 전형의 점수를 부여하는 과정이 있었으나 면접의 비중이 높지 않았으며, 면접관의 주관적 판단이 합격의 당락에 많은 영향을 미치지 못하고 있었다고 관찰된다.[9] 그러나 입학사정관 제도의 경우는 평가요소의 대부분에 대하여 평가자의 주관적 평가[10]가 절대적 영향을 미치게 된다.

기존[11]의 입학전형은 다음 [그림 4-2]와 같은 개요로 표현할 수 있다. 사실 객관적 평가라는 것은 기계적 평가를 통하여 확보할 수 있다. 따라서 이를 예측하기 위한 사교육 시장의 배치표가 가치를 가질 수 있는 토양이 되는 것이다.

---

9 예외적인 경우도 물론 있다. 2009년 3월 19일, 미디어 다음의〈시사인〉 기사에 의하면 KAIST는 고유의 심층면접을 통해 2008년 입학전형에서는 21%, 2009년은 29%가 당락이 뒤바뀌었다. 즉 서류심사만이었다면 합격할 수 있었던 학생의 21~29%가 심층면접을 통하여 뒤바뀐 것이다. (http://zine.media.daum.net/sisain/view.html?cateid=3000&newsid=20090319100232324&p=sisain)

10 자의적, 임의적과는 구별되는 것으로 평가자의 경험, 인생관, 교육철학, 전문성, 입학전형에의 정합성 등을 바탕으로 하는 평가를 말한다. 즉 평가자가 입학사정관제의 핵심이라 할 수 있다. 평가자의 평가에 대한 평가도 필요한 것으로 이를 위한 메타평가방법론은 입학사정관에 관한 것을 다루는 제5장에서 살펴본다.

11 그동안 대부분의 대학에서 대부분의 전형방식으로 채택되어 왔던 것을 가리킨다. 전통적인 재래의 전형방법이라 할 수 있다.

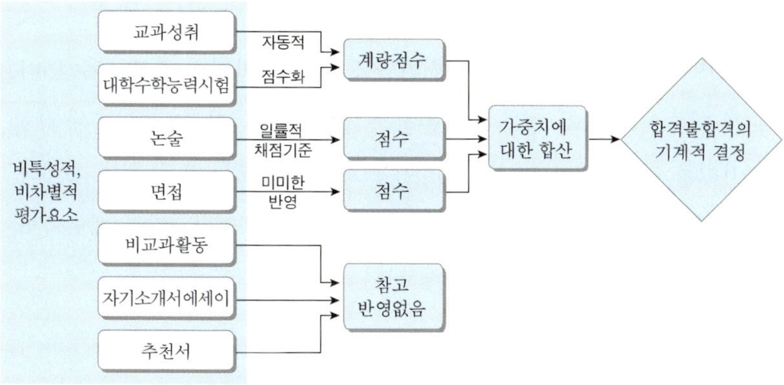

[그림 4-2] 기존의 입학전형 평가과정

즉 기계적 점수화에 의한 방식으로 소수점 이하 한두 자리에서의 미세한 차이가 지원자의 당락을 결정하고, 나아가서 그 지원자의 삶의 경로에 큰 영향을 미치는 카오스*chaos* 적인 변화를 초래하기도 한다. 그 경쟁이 심한 경우는 그 미세한 차이에 몰려있어 해당되는 지원자들의 수가 많기 마련이다.

입학사정관 제도의 평가과정을 살펴보면 다음 [그림 4-3]에서와 같이 각각의 평가요소별로 평가자의 주관적 판단이 개입된다고 할 수 있다.

지원자의 교과성적이나 수학능력시험 점수조차도 지원자의 전체적 교과 수행결과나 교과목과 사이의 연계성을 고려하여 조정될 수 있는 여지가 있다. 기계적인 판단에 의하여 합격/불합격이 결정되는 기존의 방식과는 달리 입학사정관 제도에서의 최종 결정방식은 대부분의 경우 평가자 다수가 입학전형 책임자와 함께 결정위원회에서 토론을 거쳐 결정하게 된다.[12] 이 최종 단계에서도 평가자가 가지는 주관성에 대하여 검증이 이루

12 이런 위원회의 모습을 엿볼 수 있는 미국 Vandebilt 대학의 블로그.
(2009년 3월 23일, http://www.vanderbilt.edu/Admissions/vandybloggers).

어지며, 아울러 공정성을 높일 수 있다. 또한 한 지원자에 대하여 다수의, 최소 2인 이상의 평가자가 주관적 판단을 하여 신뢰성을 제고할 수 있다. 단순히 다수의 평가자 평가에 의존하는 것뿐만 아니라 그 결과들에 대한 자료처리를 하고, 평가 전 모의실험들을 하면서 신뢰성을 높이는 것이다. 아울러 합격 지원자에 대한 종단조사를 계속함으로 입학사정관 제도의 타당성을 제고하는 노력을 계속해야 한다.

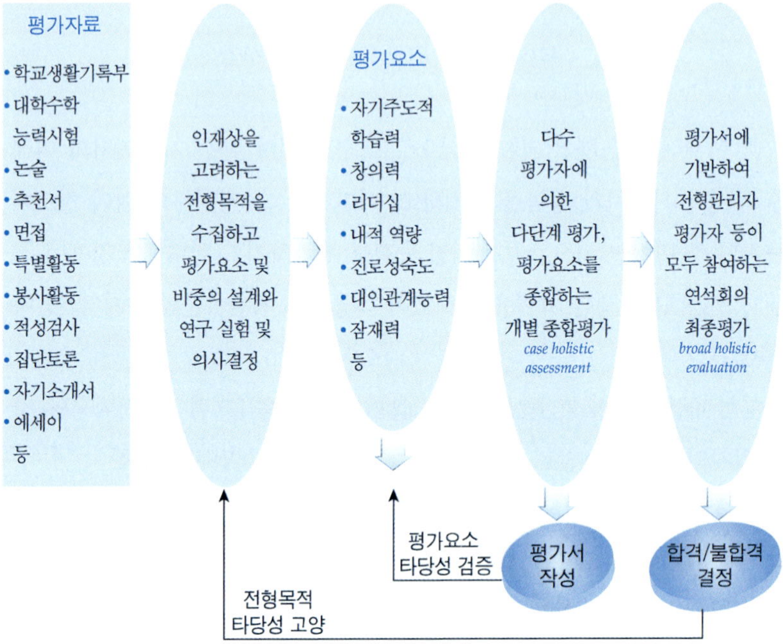

[그림 4-3] 입학사정관제의 평가과정

이외에도 입학사정관의 활동을 엿볼 수 있는 블로그 등을 많이 공개하고 있다. (2009년 3월 23일, http://thetuftscommittee.wordpress.com/2009/01/20 등)

제2절 입학사정관이 개발하는 평가요소 및 평가구조

입학사정관제의 평가는 일반적인 교육평가와는 구별된다. 일정기간의 교육을 통해 변화하는 특성을 측정하려는 일반적 평가와는 달리 입학사정관제의 평가는 짧은 시간 동안 이미 가지고 있는 개인적 수학능력, 특성을 측정하는 것과 전인적 평가를 주된 목적으로 하고 있다. 따라서 신뢰도가 가장 중요시되며, 해당 대학에서의 교과적 · 비교과적 적응과 나아가서 사회에서의 기여를 가늠하는 예언 타당도 및 평가요소들 사이의 유사성에 기초하는 공인타당도가 중시된다. 아울러 입학사정관제에서는 지원자의 특성에 대한 의사결정을 하기 위해 전인적 평가의 목적 또한 있으므로, 지원자와 성장맥락, 환경 변인 간의 관계를 파악하여 판단해야 한다. 이러한 목적의 평가요소를 위한 평가도구에 있어서 구인 타당도 등을 고려해야 한다.

입학사정관제에서 사용하는 이미 잘 알려진 평가요소, 즉 학교생활기록부, 대학수학능력시험 결과, 추천서, 자기소개서, 학업계획서, 다양한 면접 및 논술들이 있다. 이들 요소에 대한 것들은 3절의 평가의 신뢰성 및 공정성과 더불어 4절에서 살펴보기로 한다.

다음 사례는 평가자들이 신뢰성 있고 공정한 평가요소의 지속적 개발을 위한 노력을 해야 하는 필요성을 시사하고 있다.

case A 대학 사례

입학사정관들은 계속되는 전형 일정 중에도 새로운 평가요소의 개발을 위하여 지속적으로 학습 세미나를 개최해왔다. 그중 하나는 다음과 같다. 우리나라 사람들은 우뇌적 성향이 강하여 빠른 일처리와 사고 특성을 나타낸다고 한다. 이와 더불어 순차적 사고와 논리의 전개를 도모할 수 있는 좌뇌적 발달이 있으면 대학 입학 후의 학습 역량을 강화시킬 수 있다고 보고 면접 질문지에 좌뇌적 특성을 묻는 질문을 포함시키고 가점 요인으로 설정했다. 그 후 몇 번의 모의실험*simulation*[13]과 현장실험*field test*를 거쳐서 평가요소의 하나로 확정지었다. 이러한 평가요소를 면접에 도입할 때 면접을 평가요소로 하지 않는 모집단위에서는 가점 요인이 없는 것이 되어 전체 전형의 관점에서 공정성이 훼손될 수 있다는 논란이 있었다. 그러나 면접을 행하는 모집단위의 전형목적과 그렇지 않은 모집단위의 전형목적을 고려할 때 평가요소의 도입 여부에 관계없이 각각의 전형목적에 부합한다는 결론에 이르렀다. 또한 신뢰성의 확보를 위해 모의실험과 현장실험의 자료를 적극적으로 활용하여 면접 질문에서의 가변성을 배제하고 좀 더 상세한 평정 지침을 마련했다. 아울러 전형 후에도 지속적인 종단연구 등을 통하여 도입한 평가요소의 상관관계 분석 등을 계획하고 있다.

이렇듯 크기가 큰 평가요소의 개선이나 개발에서부터 작은 크기의 하위구인 개발과 정련*refinement*에 이르기까지 입학사정관들[14]이 평가의 신뢰성과 공정성을 확보하고 평가의 소기 목적을 달성하기 위하여 활동할 수 있는 여지는 많이 있다.

기존의 평가요소를 활용하든지 위에서 언급한 것처럼 새로운 평가요소를 도입하든지 이 모든 평가요소들은 평가구조 모형 속에 내재하게 된다. 평가구조 모형을 대별하는 그림은 다음과 같다.

13 평가의 유효성과 변별력 등을 위하여 모의실험은 과거의 입학원서 및 자료를 바탕으로 실험하는 것이며, 현장 실험은 실제로 고등학생들을 대상으로 가상적 평가를 행하는 실험을 말한다.

14 단순히 평가를 하는 역할을 뛰어넘는 것이므로 입학사정관이라는 용어를 사용한다.

1. 주루형

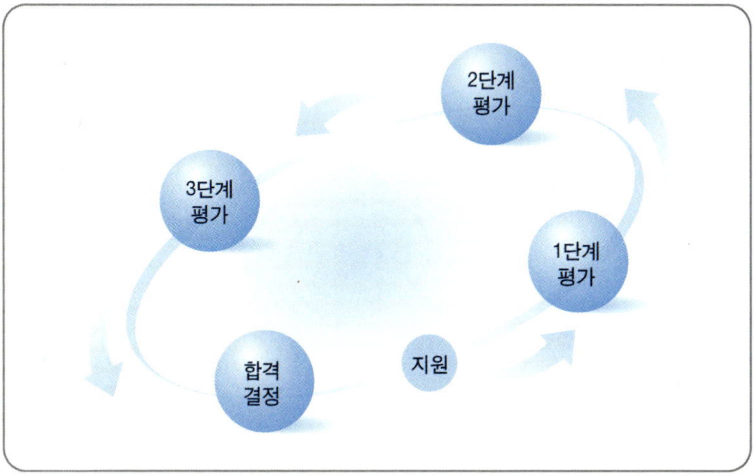

2. 동심원형

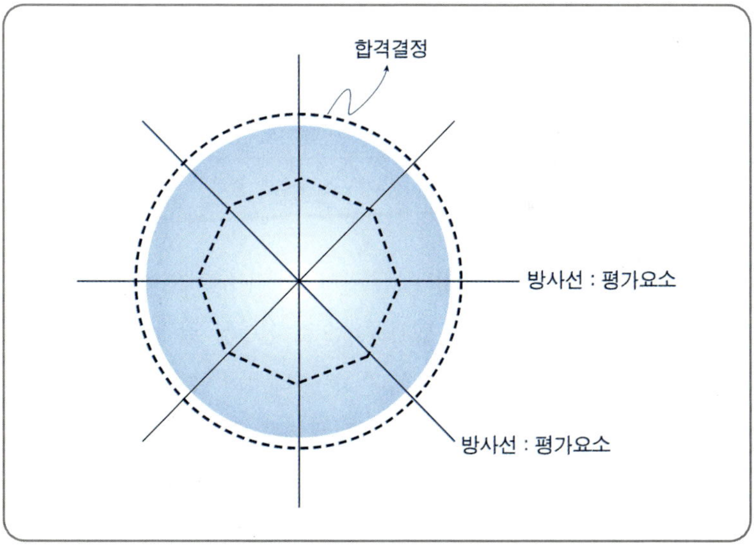

3. 가변비중형

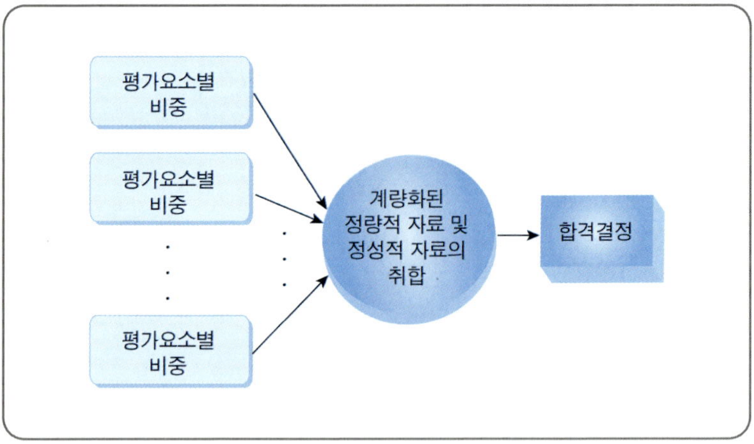

4. 통섭형

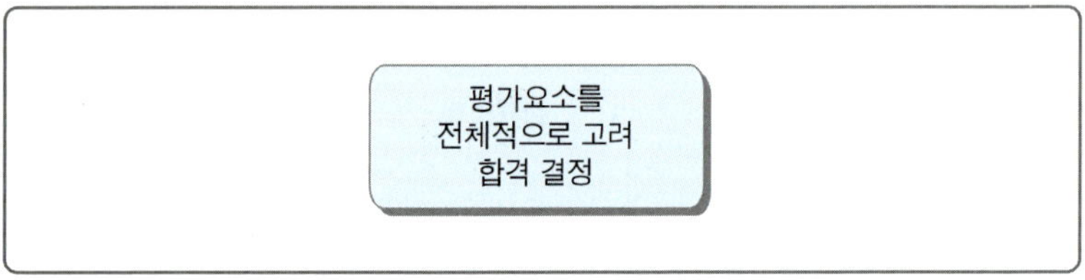

[그림 4-4] 평가구조 모형의 종류

처음 평가구조는 주루형 평가구조로서 1루까지를 입학사정관 전형의 지원자격이라 하면 2루까지는 교과성적으로 진루를 결정하고, 3루까지는 비교과 등과 같은 다른 평가요소, 혹은 전형 대학의 특성에 적합한 요소로 진루를 결정하며, 마지막 홈(합격)에 이르기까지 또 다른 평가요소들로 평가하는 방식으로 전형이 진행될수록 다음 단계로의 진루에 평가자의 평가가 결정적 역할을 하게 되는 것이다. 지원자 중에서 적정한 크기의 평가대상자를 가릴 수 있는 장점이 있다.

두 번째 평가구조는 동심원형 평가구조로서 각 평가요소들이 균형을 이루고 있는가를 보는 평가구조로서 합격선이 되는 동심원 안에 대다수의 평가요소가 위치한 경우 합격으로 결정되는 것이다. 이 경우 각 평가요소의 비중이 항상 균일해야 하는 것만은 아니다. 몇 개의 평가요소를 모아 한 방사선*ray*으로 삼거나 비중을 크게 잡은 한 평가요소를 세분하여 몇몇의 방사선으로 삼아서 평가자들이 평점을 부여함으로 평가하게 된다.

세 번째 평가구조는 가변 비중형으로 각 평가요소에 전형목적에 부합하는 비중을 부여한 후 합격선을 결정하는 것이다.

네 번째 평가구조는 총평형으로 각각의 평가요소에 대한 구별이나 비중을 고려함이 없이 지원자 평가요소를 전체적으로 조망하여 최종적 평가를 행하는 것이다. 이는 평가요소를 세분화하거나 입학지수*UAI, university admission index* 등을 사용하지 않는 평가로서 주로 평가요소의 구별이 여의치 않은 경우에 적용할 수 있는 평가방법이다.

평가자가 행하는 평가는 위의 평가구조들을 단독으로 활용할 수도 있으며 한 개 이상의 평가구조를 연접하여 사용할 수도 있으나, 이는 입학사정관이 대학의 전형목적에 부합하는 평가구조를 어떻게 설계하느냐에 따라 결정된다고 본다.

각 구조 모형들 또한 각각의 단점을 가지고 있는 것 또한 사실이다. 예를 들어 주루형의 경우 첫 단계의 평가는 매우 높은 객관성을 유지해야 하는 필요성이 있다.[15] 1단계를 통과하지 못하면 전혀 기회가 없기 때문에 평가자에 의한 주관적 평가보다는 객관적 평가요소로 1단계 평가를 구성해야 하는 한계가 있다. 아울러 입학사정관제 고유의 철학인 지원자에 대한 총체적 평가를 할 수 없다는 단점이 있다.

---

15 이 경우 1단계 전형에서 성적'만'을 활용하는 경우가 있어 입학사정관제의 근본 취지에 어긋나는 사례들이 있다. '잠재력 본다더니 성적으로 자르네', 〈매일경제〉 2010년 8월 18일

B 대학 사례

주루형의 평가구조 모형이 기본적으로 널리 활용되고 있는 현실에서 많은 대학들이 전형에서 처음 단계의 통과 여부 결정을 주로 교과성적에 의하여 객관성을 유지하려고 노력하고 있는데 반하여 B 대학은 첫 단계에서 입학사정관 평가를 도입했다. 전적으로 입학사정관제를 도입한 취지는 납득이 되지만, 보다 정교한 평가의 계획을 수립하지 못하여 공정성과 나아가 전형 전체의 신뢰성을 조각하게 되었다.

특히 많은 지원자 수로 인하여 여러 명의 입학사정관들이 평가할 수밖에 없었고 입학사정관의 구성이 천양지차일 수밖에 없었다. 정년퇴임한 명예교수였던 위촉 입학사정관부터 기존 직원에서 전환한 지 한 달 밖에 안 되는 전임 입학사정관까지 그 구성의 스펙트럼이 넓어 중요한 첫 단계 평가의 공정성을 충분히 확보하지 못했다.

입학사정관으로 발령받은 지 한 달 밖에 안 된 입학사정관의 경우, 대학에서의 강의 경험이 없어 대학생들의 학습 역량의 발현 등에 관한 관찰을 한 경험이 없을 뿐더러 학내에서도 입학 관련 업무를 수행한 경험이 없었고, 한 달 동안 적절한 입학사정관 관련 교육도 받지 못한 채 평가에 참여했다. 이러한 입학사정관에 의한 평가는 그 평가가 엄격하든 느슨하든지에 관계없이 평가에 참여하였던 전체적인 평가의 공정성을 훼손하고 있다.

제3절 평가의 공정성과 신뢰성

입학사정관제에 관하여 가장 많이 언급되는 것이 평가의 공정성과 신뢰성이나 구체적 정의나 개념이 입학전형의 이해당사자 혹은 입학전형에 관련된 대학, 국가, 연구기관들 간의 공유없이 모호한 채로 사용되어서 목적하고자 하는 평가의 공정성[16]과 신뢰성[17]에 대한 매듭지어지지 않는 논의를 지속하는 점이 없지 않다. 이 절에서는 모호하게 언급된 공정성 및 신뢰성에 대하여 보다 자세한 관점을 적용하는 하위 요소들을 구성하도록 한다.

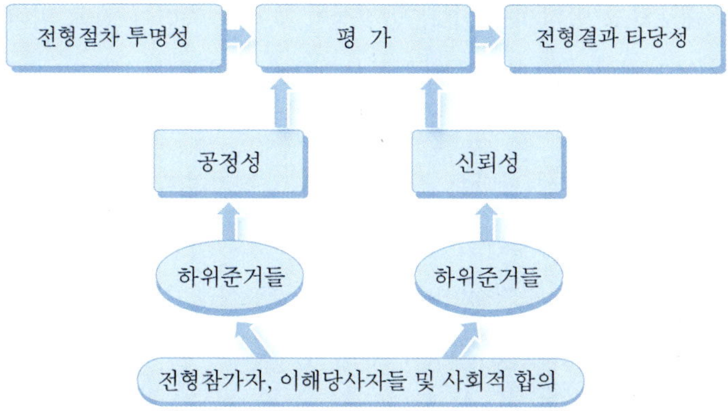

[그림 4-5] 평가에서의 공정성과 신뢰성

1. 공정성

공정성*fairness, equity*은 입학사정관제 전체의 공정성과 평가의 공정성에 관하여 구별하여 언급할 수 있으나 입학사정관제 전체의 공정성은 앞장에서 언급한 절차의 공정성과 동치이므로 그 절차의 공정성 중 가장 핵심적

16 2010년 여름, 이 명박 대통령이 후반기 국정 운영의 핵심 가치로 제시한 '공정한 사회'로 인하여 입학사정관제의 공정성은 더더욱 조명을 받았으며, 사교육 배제, 사회적 배려대상자 고려 확대와 같이 제도의 전반에 걸쳐 많은 영향을 미치고 있다. 사회의 공정*fairness*과 평가의 공정*equity*은 비슷한 정의적 특성을 가진 다른 개념이다.

17 우리나라의 경우 다른 국가들에 비하여 공정성에 대한 기대 수준이 높으며, 다른 사람을 신뢰하는 정도는 낮다고 조사된 경우도 있다고 한다. 코비리더십센터를 다룬 어느 일간지 기사에서 한국인의 28%만이 다른 사람을 신뢰할 수 있다고 답한 반면, 북유럽국가 사람들은 68%에 달한다고 언급되었다. 또한 우리나라 국민의 74%가 한국은 공정하지 못한 사회라고 생각한다는 조사 결과도 있었다.

인 평가의 공정성에 대하여 살펴본다. 입학사정관제와 더불어 공정성은 항상 언급되었으나 공정성 판단에 관한 준거점*reference point*이 없는 실정이었다. 물론 공정성의 정의와 개념[18]은 매우 다양하며 결정적인 정의는 존재하지 않는다. 이는 공정성이 기본적으로 타인의 것과 비교하는 무의식 작용을 내포하고 있기 때문이다. 공정성이 모호한 측면이 있고 법적으로는 아무런 문제가 없다하더라도 입학사정관제 평가에서는 반드시 고려해야 한다.

먼저 평가의 공정성은 다른 것은 다르다고 평가하여야 한다는 전제가 있다. 공정성은 다음과 같은 측면으로 분류하여 준거점으로 고려해 볼 수 있다. 이는 최소한의 준거점이며 이외에도 공정성을 위한 다양한 준거점이 논의될 수 있음은 물론이다.

(F1) **평가기회의 균등** : 평가공정성의 기본적 요소는 동일한 전형단계에 있는 지원자에게는 평가의 기회가 동일하게 주어져야 한다. 특히 입학사정관제에서는 지원자 지원서류파일*file* 하나하나가 개별적 검토의 대상이다. 즉 효율적 평가라는 미명으로 다른 파일과 비교 평가되지 않으며, 대학의 인재상과 전형의 목적을 염두에 두는 절대감*absoluteness*[19]을 가지고 각각의 지원자 파일에 대하여 개별적인 평가*individual evaluation*를 최소 2차례 이상 실시한다. 따라서 절대감을 가지고 지원자 누구에게나 동일하게 행하는 이러한 평가는 주관적이지만 임의적이지는 않다. 각 전형단계에 있는 입학사정관제의 지

18 경영학에서 사용하는 공정성*equity*은 투입에 대한 그 산출(결과)의 비율이 다른 사람의 비율과 비교하여 불공정하다는 인식이 항상 있어 이를 회피하는 방향을 추구한다는 또 다른 의미이며, 공정성은 사용되는 영역에 따라 각기 다른 정의를 부여받고 있다.

19 "Absoluteness" has been described as the defining property of protected values of deontological ethics. Wikipedia에서 인용한 정의

원서류는 모두 동일한 평가를 받을 수 있도록 전형계획을 수립하고 실시하는 것이 공정성의 첫 준거이다. 이는 지원자가 해당 대학에서 정당히 평가받을 권리의 근거가 된다.

C 대학 사례

C 대학은 신입생 구성의 다변화를 위하여 외국 거주 대한민국 국적 보유 지원자에 대한 특별전형을 실시하여 서류 전형단계를 거쳐 최종 선발을 위하여 2배수를 대상으로 면접을 실시하고자 했다. 그러나 세계 각지에 산재된 지원자들을 모두 면접할 수 없으므로 전화면접과 방문면접을 실시하기로 하여 일부 지원자는 전화로 면접하고 일부 지원자는 직접 해당 국가를 방문하여 면접했다. 동일한 국가라 할지라도 교통이 불편하면 직접 면대면 면접 대신 전화면접을 실시했다.

전화면접과 면대면 면접의 유리함과 불리함을 떠나 이러한 평가는 평가기회의 균등이라는 측면에서 공정하지 못하다. 특히 2배수 대상인 경우 기회의 공정성은 평가결과에 유의한 영향을 미칠 수밖에 없다. 이 사례는 면접이라는 평가요소의 기회가 균등하게 주어지고 면접진행방식이라는 조건의 차이가 있다고 할 수도 있다. 그러나 엄밀한 의미로는 최종선발의 평가대상이 되는 기회가 공정하게 주어지지 못한, 더욱 우려되는 공정성 훼손의 사례이다. 만약 면접이 최종 합격자를 대상으로 하는 다른 목적의 면접[20]이라면 면접실시 방식의 차이 자체가 평가의 공정성을 훼손하지는 않았을 것이다. 다만 입학사정관제가 단계별 전형 과정 없이 종합적*holistic*

20 University of North Carolina의 경우 합격자 중 장학금 지원 대상자들을 대상으로 전공별로 면접을 실시하여 장학금의 차등 여부를 결정한다고 한다.

으로 진행되는 경우 지원자에 따라 특별한 평가요소를 적용할 수도 안 할 수도 있으나, 이는 평가기회의 균등에 관한 공정성을 훼손하지 않는다고 본다. 즉 면접 등이 확인이나 보조적 수단 혹은 지원자를 좀 더 적확하게 파악하기 위한 목적으로 사용되는 경우이기 때문이다.

(F2) **평가조건의 동일** : 지원자에 대한 평가는 같은 조건 하에서 실시되어야 한다. 평가실시 중 초기 평가대상이 되는 경우와 마지막 평가의 대상이 되는 경우 차이가 있음은 평가를 수행하여 본 사람의 경우 누구나 공감하는 바이다. 평가자로 하여금 언제든지 재평가를 허용하도록 평가결과 수합을 최소 하루 단위로 하든지 최대 평가기간으로 하든지 하여 언제든지 재고*retrospect*할 수 있는 기회를 마련해야 한다. 특히 서류평가 등에 있어서 동일한 평가조건을 보장하기 위하여 격리된 장소에서 동일한 시간대에 같은 시간과 노력을 기울이며 평가를 실시하는 동일한 평가조건을 확보하기 위한 조치들을 확보해야 한다.

case **D 대학 사례**

최종 합격자 선발을 위하여 1.5 배수 대상의 면접을 실시한 D 대학에서는 면접실시의 효율성을 위하여 전형 대상자의 반수는 다른 반수가 면접을 실시하는 동안 학교의 최첨단 연구시설을 견학하는 계획을 수립했다. 그러나 최첨단 연구시설을 견학한 경우는 면접의 답변에 긍정적 영향을 미칠 수 있다고 보고 계획을 변경하여 평가대상자 모두가 동일한 조건에서 면접하도록 했다. 물론 면접평가 참여 입학사정관들의 수와 소요시간을 조정했다.

이 사례에서 보듯이 공정성 확보를 위해서는 전형에 더 많은 자원이 투입되어야 함은 물론이다.

(F3) **평가자 동질** : 평가자의 균등이 공정성에 가장 중요한 요인이 된다. 특히 주관적 평가를 행하는 입학사정관제의 경우 평가의 공정성은 입학사정관,[21] 즉 평가자의 균질 정도에 크게 영향을 받을 수밖에 없다. 입학사정관제는 입학사정관들이 평가를 수행하고 있으나 우리나라의 경우는 부정의 소지 등을 우려하여 입학사정관들이 한 지원자를 처음부터 끝까지 다루지 못하는 평가구조를 채용하고 있다. 즉 다단계 주루형 평가를 많이 활용하고 있으나 이런 경우 특히 입학사정관, 즉 평가자들의 동질성은 중요하다.

Case E 대학 사례

E 대학은 전형에 입학사정관들을 많이 필요로 하는 상황에서 해당 대학의 교수를 위촉 입학사정관으로 활용할 수밖에 없었다. 이때 교수들을 대학의 재직연수와 연령, 전공별로 대별 I, II, III, IV 그룹 등으로 하여 전형단계에 활용하였는데, 특히 전형절차의 세분화를 통하여 평가의 부하 *workload*를 줄이면서 각 전형절차마다 각기 다른 그룹을 동원하는 전형계획을 수립했다. 한 전형절차 하나의 평가요소 평가에 참여한 입학사정관들의 그룹 I은 비교적 같은 연령층과 비슷한 전공배경 등을 가지고 평가에 참여하였으며, 또 다른 평가요소의 평가를 그룹 II에 담당하도록 동시에 진행하여 공정성을 도모하는 한편 효율적으로 평가를 진행했다.

21 따라서 입학사정관의 경험과 전문성이 절대적으로 필요하다. 각개 대학의 특성과 그 대학이 우리나라 대학 입학전형에서 점하는 위치에 따라 입학사정관 요구사항이 다를 수는 있다. '서울대 입학사정관 경험·전문성 부족', 〈매일경제〉 2010년 10월 22일

아울러 단위평가 후 상호교차 검토 및 컨퍼런스conference를 통하여 입학사정관제의 궁극적 방법이라 할 수 있는 연석회의 평가의 효과도 거둘 수 있었다.

이상의 공정성 요소를 정리하면 다음과 같다.

공정성 확보를 위하여 지원자 집단group에 대한 느슨한 통합적 평가[22] 이후 개개의 지원자는 개별적individual으로 동질의 입학사정관의 평가를 동일한 조건에서 받게 된다. 즉 각각의 지원자 파일은 입학사정관의 절대감 등에 의하여 주관적 평가과정을 거치며, 다른 지원자와의 어떤 상대적 평가도 발생하지 않는다. 다만 입학사정관들이 공유하고 있는 대학에서 원하는 가상적 지원자인재상 profile이라고 할 수 있다와의 비교검증은 입학사정관 평가에서 항상 절대적 참고reference로 존재하게 된다.

공정성을 확보하기 위하여 입학사정관들이 행하는 이러한 개별화된 평가는 입학사정관들의 창의적, 경험적, 전문적 능력에 의하여 평가서 작성으로 기록되어, 대학 내에서의 사후감사audit의 대상이 되며, 장기간 보관된다. 아울러 법원의 판결에 의하여만 법정에서 공개되는 대상[23]이 된다.

22 결과에 영향을 거의 미치지 않는 분류로 간주할 수 있다.

23 입학전형 자료의 공개는 정보공개법의 존치에도 불구하고 학교의 판단에 그 공개 정도를 위임하고 있다. 즉 공공기관의 「개인정보보호에관한법률」 제13조(처리정보의 열람제한)에서는 정보보유기관의 장은 정보열람을 청구한 청구인으로 하여금 입학전형 관련 정보를 열람하도록 하는 것이 당해 업무의 수행에 중대한 지장을 초래하는 경우에는 그 사유를 통지하고 당해 처리정보의 열람을 제한할 수 있다고 되어 있다. 이것이 기술된 제13조 나항은 다음과 같다.
나. 「초·중등교육법」 및 「고등교육법」에 따른 각급 학교와 「평생교육법」에 따른 평생교육시설에서의 성적의 평가 또는 입학자의 선발에 관한 업무

[그림 4-6] 평가공정성 상호관련도

즉 평가의 공정성을 위하여 평가기회나 조건의 공정성은 상호호혜적이어서 보완이 가능하나 평가자의 동질성을 통한 공정성 확보는 다른 두 조건을 통해서는 조력을 받을 수 없는 필수적 요건임을 알 수 있다. 즉 공정성에 관하여도 평가자, 즉 입학사정관 자체가 공정성 보장을 위한 가장 중요한 요소이다.

2. 신뢰성

평가의 신뢰성*reliability*은 평가를 다시 했을 때도 동일한 결과를 얻을 수 있는 성질을 말하는 객관성*objectivity*과 다른 것을 다르다고 나타내는 변별력*discrimination*이라고 간단히 정의할 수 있다. 그러나 입학사정관제에서의 평가신뢰성은 보다 세밀한 정의를 필요로 한다. 평가를 수행하는 것이 시험 질문지나 설문지가 아니라 입학사정관, 즉 평가자이기 때문이다. 평가자 A가 행한 평가가 평가자 B가 행한 평가와 허용범위 안에 있어야 하지만, 전형단계의 통과 여부와 합격 여부가 엇갈리는 정도까지의 평가이면 그 평가는 신뢰성 있는 평가가 아니다. 즉 해당 평가요소에 관하여는 어떤 입학사정관, 즉 어떤 평가자가 평가하든지 동일한 부류의 평가가 나와야 하고 이는 부분적 평가요소뿐 아니라 입학사정관, 즉 평가자가 내리는 총합적 평가*holistic evaluation*의 경우에서도 동일하다. 이 신뢰성 역시 입학사정관제의 전반적 신뢰성이라는 우산 아래 있어야 하는 것이고 그 핵심이라 할 수 있는 평가의 신뢰성은 아무리 강조해도 지나치지 않는다. 다만 입학사정관제 전반적 절차 등에 관한 신뢰성이 훼손되어 있다면 평가만의 신뢰성 주장으로는 입학사정관제 전체의 신뢰성을 주장하기는 부족한 것 또한 사실이다.

평가신뢰성에 영향을 미치는 가장 중요한 두 요소는 입학사정관제의 평가가 지원자의 능력을 사실에 가깝게 나타내야 하는 변별력과 어떤 입학사정관, 즉 평가자가 평가를 수행하더라도 같은 평정으로 나타나야 하는 객관성으로 정의된다는 전제하에서 평가의 신뢰성은 다음과 같은 측면으로 분류하여 준거점으로 고려해 볼 수 있다. 이는 최소한의 준거점이며 이외에도 신뢰성을 위한 다양한 준거점이 논의될 수 있음은 물론이다.

(R1) 평가절차의 신뢰성

1절에서 언급된 평가구조 중 어떤 것을 사용하든지 평가가 계획되고 수립되어 적절한 모의실험 혹은 현장실험 등을 통하여 변별력이나 유의한 결과를 주는 것임을 미리 연구하고 예측하는 것이 선행되어야 한다. 예측타당도가 뛰어난 몇몇 평가요소를 채용하거나 변별력이 있는 평가요소를 채택하거나 하는 것이 모두 정련된 논의와 과학적 자료를 근거하여 수립되어야 하는 것이 바로 평가절차 신뢰성의 첫 단추이다.

F, G 대학 사례

G 대학은 입학사정관제 전형 중 1박 2일 합숙면접을 실시하기로 하고 실제 전형 시작 전 여름방학을 이용하여 고등학교 예상 지원자를 대상으로 모의 전형을 실시했다. 재직교수들도 실질적으로 참여하였고, 예산인력 등 대학의 막대한 자원이 투입되었으며, 유효한 자료를 축적하고 실질 전형을 위하여 보강하여야 하는 점들을 발견하여 실제 전형을 완벽하게 준비하므로 평가에 대한 신뢰성을 제고했다. 반면 F 대학은 새로 시작한 전형유형에 대하여 최소한의 표본평가나 각 평가요소의 유의성 혹은 변별력에 대한 아무 조사나 연구도 없이 전형을 진행하였고 평가 준비에 대한 이러한 최소한 절차적 신뢰성 조각에도 불구하고 평가 자체에 대한 신뢰성을 강변하였다. 이렇게 처음 실시되는 전형 유형이 절차적 준비없이 시행되었다면 그 첫 지원자들이 바로 실험 대상일 수 있다. 물론 이 경우도 전형 후 결과에 대한 철저한 분석이 뒤따른다면 그나마 실험대상으로의 의미도 있는 것이다.

이러한 절차를 거친 평가는 일단 평가절차적 신뢰성은 확보한 것이다. 즉 이러한 절차적 신뢰성은 기존 평가요소의 경우라면 과거의 평가결과 분석을 통하여 제시하며, 새로 도입하는 평가요소 경우라면 언급한 사전 준비가 명확히 기술되어야 한다. 이어 평가의 단계 단계마다 평가의 목적이 명확히 기술되고 사용하는 평가요소들이 제시되며 참여하는 평가자[24]들이 투명하게 나타나야 한다. 즉, 지침을 명확하게 정하는 등 아주 상세한 가이드라인이 필요하다.

아울러 평가과정에 대하여 전문성이 있고 성실한 외부인사가 참여하는 자문위원회 등을 통하여 평가의 투명성을 높이며, 이러한 방법 등을 통하

24 실명을 공개하는 것이 아니라 평가자 집단의 특징에 관한 개략 통계, 서술 및 특히 전임 입학사정관들의 프로필 등을 말한다.

여 지원자 등 전형 이해 당사자들과 신뢰를 구축할 수 있는 사후 절차적 신뢰성 대책도 마련되어야 한다.

(R2) 평가도구의 신뢰성

입학사정관제 평가뿐 아니라 모든 평가에서도 평가의 목적과 방법은 명확히 기술되어야 한다. 앞서 언급한 대로 평가를 위한 절차적 신뢰성을 위하여 검증되고 투명하게 기술된 목적과 방법 등이 구축되었다면 다음 단계로 필요한 것이 바로 이러한 평가의 목적과 부합해야 하는 정합성을 가지는 평가도구에 대한 신뢰성이 필수적 요소이다. 즉 변별력과 객관성을 다음 단계들에 필요한 조건으로 한다고 했을 때 변별력을 보장할 수 있는 것이 평가도구의 신뢰성에 관한 것이다.

입학사정관제에서 사용하는 평가도구라 함은 평가자 자체와 평가자가 작성하는 평가서와 면접에 사용하는 질문지라 할 수 있다.

평가서[25]

먼저 중요한 도구인 평가서에 대하여 살펴보자. 입학사정관제가 아닌 전형에서는 점수 정도를 기입하는 평가표로도 충분하였으나 입학사정관제에서는 평가서가 핵심적인 평가도구이고 이런 평가서가 어떤 과정을 거쳐서 만들어졌으며, 어떠한 부속 문서*guideline, specification*들이 준비되어 있으며, 이런 평가지침[26]과 평가서가 평가 참여 입학사정관, 즉 평가자[27]들에

25 이 장의 끝에 저자가 입학사정관 연수에서 제안하고 수강자가 개별화 편집한 것을 코멘트한 서류 및 면접평가서를 첨부한다.

26 지침서의 중요성에도 불구하고 많은 대학들에서 지침서의 창조적 개발이나 효율적 활용에 대한 방안이 없는 실정이다. 이는 MIT에서도 역시 강조되고 있다. 'MIT－고려대 입학사정관제 대담' 〈한국일보〉 2009년 6월 19일

27 대부분의 대학에서 입학사정관의 수는 제한적이어서 위촉 입학사정관들로 재직교수를 활용하고

게 얼마나 숙지되었는가가 평가의 신뢰성에 한 축을 차지하고 있다. 설사 평가서를 만든 입학사정관들이 직접 평가를 하더라도 평가 부속서나 평가서 자체에 대한 준비는 필수적인 것이다.

따라서 평가도구의 신뢰성에 비추어볼 때 평가지침서와 평가서의 개발은 입학사정관들의 가장 중요한 직무라 할 수 있다. 평가의 목적에서부터 그 결과를 판정하는 지침과 평가자들에게 명확하고 충분한 안내가 될 수 있도록 평가 부속서와 과학적이고 효율적인 평가서를 작성하는 것은 결코 단순한 문제가 아니다.

H, K 대학의 사례

H 대학은 입학사정관제를 시행함에도 입학사정관, 즉 평가자들의 평가를 위해 단순히 점수만을 기록할 수 있는 평가표를 사용하였으나, K 대학은 입학사정관제의 취지에 부합하도록 평가서를 작성하였는데 평가요소 등은 모두 전형의 목적을 따라 설계되었고 모의실험 등을 거쳐서 변별력을 나타낼 수 있는지를 분석하였다. 또한 작성의 적정 소요 시간 등을 예측하며 준비되었고 23쪽 분량의 충실한 지침서와 같이 제공되었다.

특히 H 대학은 다음의 예와 같이 평가항목과 평가기준을 오용함으로 신뢰성 있는 평가를 하는 데 부족했다. 여기서 학생 생활기록부 등은 평가자료이지 평가항목이나 요소가 될 수 없다.

있다. 특별한 입학사정관제 전형에서는 입학사정관들만으로 모든 평가가 이루어지기도 하지만 이런 경우에도 평가절차, 평가서 등에 대한 준비와 숙지 등은 필수적이다.

H 대학의 평가서 일부

평가항목	평가기준	점수/배점
학생부	정량적 계산	/ 50
우수성 자료	수상실적, 창작활동 등을 감안하여 우수하다고 생각하는 자료에 점수 부여	/ 20
추천서	추천서를 종합적으로 고려하여 평가	/ 10
종합평가	역량, 발전 가능성을 종합적으로 검토하여 평가	/ 20

K 대학의 평가서 일부

평가항목	평가요소 목적 항목	평가기준	평가척도
역경 대처와 극복	주체적 문제해결력	능동적으로 대처하고 극복하며, 역경을 통한 발전을 가져왔다.	⑦⑥⑤④③②①
	자기관리능력		
수학 및 적응능력	성실한 자세	해당 대학교육 목적을 성취할 수 있는 성실성 및 분야 적성이 있다.	⑦⑥⑤④③②①
	희망분야 적성		
외국어 능력	외국문화에 대한 긍정적 이해	타 문화에 대한 능동적 노출 등의 경험을 통하여 외국어 능력 함양의 기반을 가지고 있다.	⑦⑥⑤④③②①

입학사정관제가 대부분 다단계 전형을 실시하고 있는바, 각 전형단계의 각각의 평가서들 사이의 관련성에 대한 것도 중요하다. 연접한 두 단계 혹은 분리된 두 단계의 전형에 있어서 같은 평가요소를 측정하고자 하는 목적으로 설계했다면 동형 검사의 의미를 두어 신뢰성을 높일 수도 있는 것이며, 평가의 효율성과 다양한 평가요소를 측정하기 위하여 서로 중복됨 없이 평가서를 작성하는 것도 중요하다. 이러한 경우 각 전형단계의 평가요소들이 전체 전형의 틀 안에서 어떻게 구성되고 관련되는지를 설계

하는 것이 중요하다.

평가서 설계의 중요한 요소들을 나열하면 다음과 같다.

1. 평가목적과의 정합성－모순 없는 일관성과 오류 없는 완전성
2. 평가기준의 타당성
3. 평가요소들을 표시하는 구체성
4. 부속서들과의 연계성
5. 전체 전형절차에서 볼 때의 적절성
6. 평가서 작성의 편의성과 효율성
7. 평가서 결과처리의 용이성

면접 질문지

질문지는 면접을 통하여 평가하고자 하는 목표*objective*나 질문의 범주*domain*, 그리고 질문의 수준*knowledge level* 등을 깊이 연구하여 개발한 질문지일 때 해당 면접평가를 위한 도구적 신뢰성 및 형평성*equilibrium*을 갖추었다고 말할 수 있다. 질문지를 구조화하여 문항 하나하나가 전형의 목적에 비추어 정합해야 한다. 또한 질문지는 관련된 선행연구 기반을 제시할 수 있어야 내용의 타당도가 확보되는 것이고 그럼으로써 면접평가의 신뢰성을 높일 수 있다.

Case **I, J 대학 사례**

I 대학은 면접 전형에 있어서 지원자의 창조성을 파악하는 것이 하나의 평가목적이었으나, 사용하는 질문지는 창조성에 관한 문항이 불명확할 뿐더러 문항의 출처나 관련 선행연구 등에 대한 조사없이 인터넷 등에서 수집한 문항을 표현만을 바꾸어 사용하고 있다. 이 경우의 평가자들은 부

실한 평가서로 인하여 자신의 임의적 판단으로 지원자의 창조성을 판단했다. 이에 반하여 J 대학은 면접에 관한 종합적인 평가도구를 만들고 평가단에 대한 자세한 설명과 함께 적극적으로 홍보함으로 평가도구에 대한 신뢰성을 높이고 있어 J 대학 입학사정관제에는 전형목적에 부합하는 지원자를 획득할 수 있었다.

합동면접

작게는 2명부터 많게는 7~8명이 동시에 하는 합동면접의 경우 신뢰감이 가는 이유가 동형검사 신뢰도와 관련 있다고 생각하기 쉽다. 그러나 동형성 정도에 따라 신뢰도에 큰 차이가 나는 것을 감안하면 합동면접의 경우 그 평가 참여자 간 편차를 해석하는 것과 면접 조별편차를 극복하는 것이 객관성 확보에 중요한 전제조건이 된다. 평가수단으로 사용하기에 매우 조심스럽게 설계되어야 한다.

특히 이러한 평가서, 면접 질문지 등을 대외비로 하는 경우가 많이 있으나 오히려 더욱 투명하게 공개하면서 입학사정관들이 적극적으로 개선시킴으로 해당 대학에서 실행하는 평가가 신뢰성이 있음을 전형의 이해당사자에게 공감, 전이*transferability*시키는 노력을 하는 것이 중요하다. 대학의 정책과도 관련된 부분이지만 기존의 입학전형에서처럼 지원자는 전형결과를 받아들이고, 무조건 믿어야만 하는 수동적 대상이 아니라 평가과정과 결과 도출에도 적극적으로 참여할 수 있도록 하는 전향적인 자세가 입학사정관제에서는 더욱 필요하다.

(R3) 평가자의 신뢰성

평가자의 신뢰성은 무엇보다도 중요하다. 입학사정관, 즉 평가자들의 경우 그 자격과 교육 및 훈련에 관하여는 후술하므로 이 절에서는 평가자라는 용어를 사용하여 현재 입학사정관제의 평가에 참여하는 다양한 형태의 입학사정관들과 관련된 신뢰성을 논하기로 한다.

다만 평가자의 자격의 중요성에 관한 것을 미국의 경우와 대비하여 보자. 미국 입학사정관제의 경우 지원서류파일을 처음 읽는 입학사정관, 즉 평가자를 보통 리더, 판독관*reader*이라 하는데, 이는 매우 깊은 전문성이나 자격을 요구하지 않는다. 따라서 보통 20대, 30대 사람들이 보통의 직업으로 생각하고 참여하게 된다. 이들은 의심스러운 지원서의 경우 사실 여부를 가리면서 평가보다는 오히려 지원자 분류*classification*의 개념으로 지원서류를 보게 되고 그 결과 나름대로의 결론을 내린다. 따라서 이는 평가보다는 측정*measurement*의 개념이 더 적합하며, 사실에 근거하여 측정된 결과로 막대한 주관이 개입하지 않는다. 누가 보아도 비슷한 분류를 하게 되는 것이다. 따라서 이들 판독관들에게는 막중한 자격이 필요하지 않다. 이들 다음 단계로 있는 입학사정관들, 즉 우리나라에서도 입학사정관들이라 이해되는 평가자는 앞서 판독관들과는 달리 지원서류를 해석*interpretation*하고 평가요소를 종합하게 된다. 예들 들어 추천서 내용과 자기소개서 서술을 통하여 지원자의 잠재력과 성장 가능성에 대한 평가를 내린다. 아울러 이런 평가요소를 종합*holistic*하여 합격・불합격에 이르는 결정을 한다. 이때 당연히 많은 경험과 통섭적 지식과 학문 발전과 사회 흐름에 대한 최신*up-dated*의 이해를 갖추어야 하는 자격 등을 필요로 한다.

평가자 활용과 규모 등은 대학의 예산, 일정 등 자원에 부담이 있더라도 입학사정관제 전체의 신뢰성을 해치지 않도록 하는 것이 중요하다.[28]

---

28 미국 University of Rhode Island 대학의 경우 2007년 학년도 총 응시자수는 예상한 15,000명보다 적은 13,600명이었으며, 14명의 입학사정관들이 이를 처리했다. 1명당 약 1,000개의 응시원서를 검토했다. 전체적으로 약 80%에게 합격을 통보하였으나, 합격률은 전공별로 달라서 간호

M 대학 사례

M 대학은 입학사정관제 전형으로 주루형 평가를 실시하기로 하여 처음 전형단계를 입학사정관 평가로 했다. 이 처음 단계 평가에서는 많은 지원자 수로 인하여 단독평가를 할 수밖에 없었고 3배수를 확정한 뒤 다음 단계 평가에서는 처음 단계의 평가자를 참여시키지 않기로 했다. 이 대학의 입학부서장은 처음 단계 전형이 중요성을 인식하여 많은 평가자가 필요한 상황임에도 불구하고 입학사정관 직무를 시작한지 한 달여 밖에 안 된 다수의 전환 입학사정관들의 참여를 배제했다. 평가기간이 길어짐으로써 예산 등의 부수적 자원이 동원되었으나, 평가의 진행을 지켜본 이들 전환 입학사정관들은 오히려 폭넓은 현장 연수의 기회를 갖게 되어 다음 전형에 좀 더 자신감을 가지고 임하게 되었다.

입학사정관제 평가자들이 전형 이해당사자들이 납득할 수준의 자격들을 갖추었다는 전제하에 평가자의 신뢰성은 입학사정관제가 어떤 평가자 교육 프로그램을 운영하였고, 평가자들의 교육 프로그램 참여도와 지침 순응도에 따라 좌우될 수밖에 없다. 이는 공정성에서 언급된 평가자 동질 요소와 같은 것이다. 공정성이 자격에 관한 언급없이 동질성을 강조하는 것이라면 신뢰성은 평가자 자격이 전제가 되는 하에서 동질성 도모 방안을 논하는 차이가 있다.

대학에서는 충실한 평가전 교육을 통하여 입학사정관제 평가의 신뢰성을 도모하고 있으나 전형 전의 반짝 교육으로는 입학사정관제가 목적하는 평가의 신뢰성에 의미 있는 기여를 하기 어렵다. 전임 입학사정관들의 직무의 하나로 볼 수 있는 것이 바로 이 평가자 교육이다. 이러한 교육을

63%, business 57%, 약학 16% 등이다. 우리나라의 경우 2010학년도 입학사정관제 전형을 위하여 입학사정관 한 명당 최대 229명을 선발해야 한다는 보도가 있었다. 평균 지원율을 고려하면 1,500장 정도의 지원서를 다루어야 한다. 〈한국경제〉 2009년 7월 16일

상시로 다양한 형태로 실시하여 평가자 전체의 신뢰성을 높이는 노력을 기울이는 것이다. 인센티브, 긴 교육 시간보다도 상시적 접촉을 통한 지속적 평가지침의 공급이 더 효과적이다. 대부분의 대학에서 재직교수들을 위촉 입학사정관의 형태로 참여시키기 위하여 교육 프로그램을 평가 전에 실시하는 한편 그 참여도와 평가지침의 순응도를 높이기 위한 실질적 방안을 모색해야 한다. 이외에도 각 평가자의 평가 예측타당도를 높이기 위하여 신뢰성 있는 평가가 진행되도록 평가환경, 평가자 자발적 참여 유발 등과 같은 세심한 배려들이 요구된다.

이상의 신뢰성 요소들을 정리하여 보면 다음과 같다.

평가에 영향을 미치는 변수를 통제하고 일반화 시키는 논거에 바탕을 둔 전통적인 신뢰도 개념으로는 실제로 지원자의 배경변인과 성장맥락을 고려해야 하는 입학사정관제 평가의 신뢰성을 명확하게 정의하는데 한계가 있다. 따라서 본 절에서 제시한 세 가지 측면의 신뢰성을 확인하는 것이 입학사정관제의 평가에서는 오히려 더 실질적이라 할 수 있겠다. 이들 세 가지 개념들 사이의 관계는 다음 그림으로 표시할 수 있다.

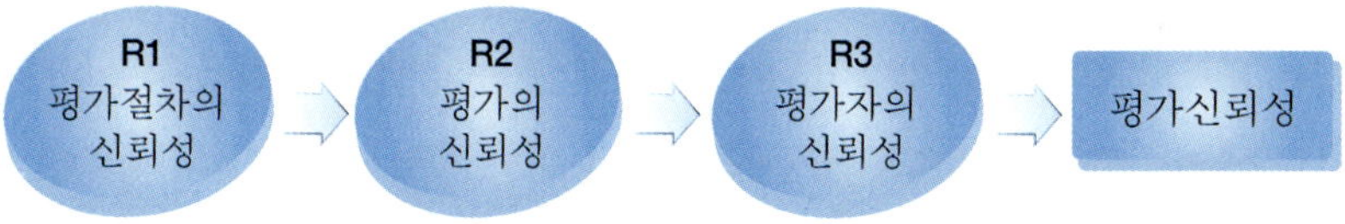

[그림 4-7] 평가신뢰성 상호관련도

즉 신뢰성의 보장을 위하여 이들 요소들이 선행적으로 달성되어야 함을 알 수 있다. 평가절차적 신뢰성이 없는 평가도구의 신뢰성은 없으며, 평가자의 신뢰성 또한 확증할 수 없는 것이다. 이는 [그림 4-7]의 후반부에 있는 입학사정관들에 대한 신뢰성, 나아가 입학사정관제 평가 전체에 대한 결과적 신뢰성 여부는 투명하고 공개적인 절차적 신뢰성(R1)이나 평가 도구의 신뢰성(R2)으로부터 비롯되고 이 신뢰성들이 바로 (R3)의 인적 신뢰성의 기반이 되고 이는 나아가 전체 평가의 신뢰성에 직결됨을 나타내고 있다. 이는 R1, R2 혹은 R3의 신뢰성이 미흡하더라도 전반적 신뢰성을 확보할 수도 있다는 의존도*dependability*[29] 개념이 아니다.

제4절 평가자료, 평가요소[30] 및 평가요소 설정 목적 항목

평가의 첫 단계에서는 공정성을 위하여 지원자 개개인에게 대학의 입학 부서가 가진 자원*resource*을 공평하게 들여 평가하며, 개별화*individual*된 평가를 행한다. 이때 다양하고 유연한 평가자료의 활용이 가능하며 이는 공정성과 신뢰성을 보장하는 평가요소 목적을 고려하는 운영이어야 한다.

이를 위하여 다양한 평가자료들을 유연하게 활용하는 개념적 근거와 실질적 근거를 가지고 있어야 한다. 전형목적에 정합하는 평가자료들을 활용하는 것에 대한 원칙과 평가자 모두에 대한 반복되는 교육훈련과 토의 등을 통하여 평가자료의 활용에 있어서 평가자별 편차를 줄여야 한다. 아울러 교과적 평가요소, 에세이, 추천서 등과 같은 중요한 지원서류의 평가자료 및 비교과적 평가자료 등을 평정하기 위한 지침서가 활용되며, 대학 고유의 척도*rate scale*와 표식을 가지고 평가서에 기술한다. 이런 확고한 준칙기반*rule-based* 평가시스템을 바탕으로 입학사정관들이 공정하고 신뢰적인 재량*discretionary*에 의한 평가가 가능한 것이다.

29 질적 연구의 개념

30 전형요소라고 표현할 수도 있으나 '전형'은 전형단계와 같은 좀 더 넓은 의미로 사용하므로 구체적 의미를 나타내기 위하여 평가요소라는 용어를 사용한다. 또한 역량*competency*을 평가요소로 말하기도 하나 역량은 평가목적에 주로 사용한다.

NACAC*www.nacacnet.org* 미국입학상담자전문가협회의 입학 추세 조사에 의하면 교과적 성취도와 비교과적 활동 영역의 자료들이 입학전형에서는 광범위하게 반영되고 있다. 이러한 전형 자료 또는 평가자료의 가중치들은 분류된 지원자*pool*의 특성에 의하여 유연하게 적용되며, 과거 통계 및 범주적 자료들에 의하여 합리적으로 결정된다. 예를 들어 추천서는 그 진정성에 따라 부여되는 가중치가 다른 것이 특징이고 그러한 진정성은 담당했던 입학사정관들의 축적된 자료와 추천받아 입학한 학생들의 대학 재학 중의 적응도와 성취*performance*와 같은 자료에 의하여 파악된다.

지원자격 등 일정한 기준에 의하여 분류된 지원자 집단에 대하여는 평가이전에 보다 세밀한 평가자료의 비중이 토의되고 공유되어 공평하게 적용함으로 입학사정관 평가의 공정성을 높일 수 있다. 물론 이러한 경우도 가중치에 의한 기계적 평가는 아니다. 입학사정관의 주관적 평가이지만 각각의 입학사정관들이 지원자를 평가하는 데 있어 절대감을 확보하려는 노력이 필수적인데 이는 입학사정관제의 평가 편차를 극복하는 데 있어 긴요한 사전절차이다.

이 절에서는 이제 평가자료[31]들을 나열해 보고, 평가요소[32]들을 통하여 평가하고자 하는 목적 항목들을 살펴보자.

1. 평가자료

먼저 각종 평가자료이다. 교과성적이나 점수 등을 제외한 자기소개서,

---

31 미국 프로야구에서는 선수를 평가할 때 타율 혹은 홈런 수만으로 평가하지 않는다. 볼넷의 선구안, 좌타자, 우타자를 구별하여 측정하는 1루 주루 속도, 송구력과 같은 많은 평가요소들을 가지고 있다.

32 2011학년도 입학전형부터는 교외 수상 혹은 해외봉사, 공인영어성적 등 사교육을 유발할 수 있는 평가자료들은 입학사정관 전형에서 활용할 수 없도록 되어 있다. 한국대학교육협의회 발표 '입학사정관제 공통 기준', 2010년 4월 7일

추천서, 비교과 등에 의한 서류평가[33]는 평가로서의 명백한 한계를 가지고 있다. 이를 극복하기 위하여 입학사정관은 평가자료의 세부사항들을 서로 삼각망*triangulation*을 구축하는 방식으로 평가해야 한다. 즉 학업성취도와 면접을 통해 평가하고자 하는 지원자의 특성과 비교과 활동에서 파악하고자 하는 특성과는 서로 다른 각도에서 상보적인 삼각망을 구성하여 평가자료들을 활용해야 한다. 이는 평가요소의 타당성을 확보하기에 적절한 방법들 중의 하나이다. 따라서 하나의 평가자료만을 사용하여 한 개의 평가요소 목적 항목들을 평가하고자 하는 것은 평가의 신뢰성을 조각할 수 있으며, 최소한 2~3개의 평가자료를 활용해야 한다. 예를 들어 학업성취도에 관한 것도 비교과관련 평가자료들에서 볼 수 있는 동기나 흥미, 자신감등 정의적 측면에 바탕하고 있는 것인지, 아니면 과도한 사교육이나 선행학습을 통해 성취된 것인지를 다투어 보아야 한다.[34]

다음과 같은 평가자료들이 있으며 이를 활용하여 인재상과 전형목적으로부터 추출되는 평가요소와 평가요소 목적 항목들을 평가하게 된다.

고등학교 추천[35]

고등학교의 추천은 입학자격에 해당하는 평가자료지만 입학사정관제의 목적상 적극적으로 활용되어야 하는 평가자료이다. 이 평가자료의 신뢰성

33 이와 같은 지원서류들의 서술된 표현으로만 지원자를 판단하는 평가는 평가로서의 의미를 가지지 못한다. 이를 통하여 지원자를 전적으로 아는 것에 한계가 있기 때문이다. "자음과 모음을 통해 전달할 수 있는 것은 내용의 10%도 안 된다는 기초적인 상식이 떠올랐다. 자음과 모음으로 이루어진 언어는 그 말을 할 때의 뉘앙스와 앞뒤 맥락과 화자의 태도로 그 의미를 온전히 채운다." 공지영, 『도가니』 (창비, 2009), p.52

34 2006년 PISA의 조사결과는 우리나라 학생들의 수학 학업성취도에 비하여 학습시간이 과도한 비효율성이 있는 것으로 조사되었고, 2007년 TIMSS(수학・과학 성취도 비교연구)에서는 학업성취도에 사교육 영향이 깊음을 보여주고 있다.

35 교사 추천서와는 달리, 고등학교의 추천이 전형 지원자격이 되는 경우를 말한다.

은 고등학교에서 어떤 과정을 거쳐 추천이 되었는가가 중요하다. 입학사정관제에서는 고등학교에서 공개적이고 투명한 절차를 거친 추천임을 확인해야 하며, 확인될 경우 평가자료로서 유의하다고 볼 수 있다.[36]

대학수학능력시험

입학사정관제에서 절대적 영향을 미치는 평가자료이나 입학 후의 성취, 적응 등에 대한 예측타당도는 높지 않다.[37] 아울러 대학수학능력시험의 결과가 배경변인의 영향을 많이 받는 추세로 전이되고 있다.[38] 이는 미국 대학의 SAT 경우도 유사하다. 즉 사교육의 영향을 많이 받는 대학수학능력시험 점수에 많은 비중을 두는 전형방법이나 전적으로 의존하는 정시 전형 등은 사실상 사교육을 부추기고 있는 것이다. 이는 입학사정관제보다 더 불공정할 수 있으며, 미흡한 예측타당도와 더불어 평가자료로서의 신뢰성을 잃게 되는 것이다.[39] 대학수학능력시험 우선 선발제도 등을 통하여

36 학교평가는 또 다른 논제이나 본 저서에서는 피한다. 기본적으로 학교평가는 성장모형*growth model*에 의하여 배경변인을 고려하며 평가되고 공개되는 것이 바람직하다.

37 U.S. News & World Report(2010년 7월, 55쪽)에 의하면, 대부분의 대학에서 SAT나 ACT 점수가 학생들의 정규 졸업비율에 관한 상관성 있는 예측을 못하고 있다고 언급하고 있다. 예를 들어 2009년 조사에 의하면 4년만에 대학을 졸업하는 비율은 하버드대학교가 87%, 예일대학교가 90%, MIT가 82% 등이다.

38 2009학년도 대학수학능력시험의 상위 1,000명을 조사한 결과 수학능력시험의 결과가 사교육의 영향을 점차 많이 받는다는 기사이다(〈조선일보〉, 2009년 10월 20일).
OECD가 2009년 학업성취도 국제비교 연구(PISA)를 분석한 결과 사회적 배경이 어려운 학생 가운데 학업성취도가 가장 높은 나라가 한국이라는 것을 언급하며, 사회 경제적 강자가 보다 수월성 있는 학업성취를 이루는 것이 추세이기는 하지만 아직까지는 한국 교육이 사회적 계층이동을 어느 정도 견인하는 역할을 하고 있음을 보여준다고 하였다(〈동아일보〉 사설, 2011년 7월 4일)

39 이러한 상황으로 인하여 2009년 10월 30일 국가교육과학기술 자문회의에서는 사교육과 암기학습을 조장하는 대학수학능력시험의 개혁이 필요하다는 제기가 있었다. 2016학년도 대학입학전형에서는 국가영어능력평가시험*National English Ability Test. NEAT*이 대학수학능력시험의 영어를 대체하게 되는 것과 같은 변화들이 진행되고 있다. 〈중앙일보〉 2011년 6월 12~3일, 10면

정원의 70%까지 전형을 운영하는 대학들도 있다. 유명 사립대학인 A 대학 및 B 대학의 경우 2009학년도 전국 30개 외국어고등학교 졸업자재수생 포함 3,293명이 합격하였고, 이중에는 언어, 수리, 외국어 중 한 영역 이상 1등급을 받은 외국어고등학교 전체 졸업자 5,640명의 37.1%가 포함되어 있다. 비록 대학수학능력시험이 가진 이와 같은 결점들에도 불구하고 국가시험이며, 대학에서의 수학능력에 대한 유일한 표준시험이라는 점에 있어 평가자료의 하나로 활용[40]되는 것에 대한 이의는 없다고 본다.

학교생활기록부

교과[41] 및 비교과 기록을 통하여 입학사정관제에서 의도하는 평가자료들을 확보할 수 있다. 다만 여타 배경변인들이나 성장맥락 등과 같이 살펴보아야 한다.[42]

교과 영역의 평가관점 예시

① 진학 희망분야 관련과목 파악—특히 기본 과목이 되는 수학성취도의

40 현재 대학 입학 정원의 62% 이상이 수시모집인 점에 있어서 수학능력시험의 활용이 경시될 수 있다. 수시 및 정시 전형의 통합과 9월 수학능력시험 모의고사와 같은 모든 평가자료를 통합하여 평가하는 방안의 검토도 필요하다.

41 미국 교육부는 2010년 9월 2일 'Beyond the Bubble Tests: The Next Generation of Assessments'를 발표하고 2014~2015학년도부터 단순지식 측정에서 실용적, 다면적 학력평가로 전환한다고 발표했다. 이는 무엇을 배웠는지가 아닌 무엇을 할 수 있는지를 평가하고자 하는 것으로 보인다. http://www.ed.edu/news/speeches/beyond−bubble−tests

42 자율, 동아리, 봉사 및 진로활동의 창의적 체험활동은 '에듀팟'*www.edupot.go.kr* 시스템에 학생 스스로가 기록하여 관리하도록 하고 있다. 이는 학생이 자기주도적으로 교과 외 활동과정과 소감을 상세히 기록한 뒤 교사가 관련의견을 제시해 승인하는 식으로 진행돼 비교과 활동경험에 대한 과정과 느낌을 구체적으로 작성하는 것이 창의적 체험활동 지원시스템의 핵심이며, 이는 그대로 입학전형의 평가자료로 활용된다. 이러한 창의적 체험활동이 공교육의 범주 내에서 활성화되도록 현장학습 활동비등에 대한 대폭적인 지원이 시급하다.

흐름과 흥미 및 관심 분야의 과목에 대한 것은 특별히 구별하여 살펴볼 필요가 있다.

② **가중치**—과목별 가중치, 학년별 가중치 등, 교과성적이라는 하나의 평가자료에 대하여도 세밀한 평가설계가 필요하다. 현재와 같은 상대평가 결과 활용시 전체 학생 수, 수강 학생 수 등 주변 변인들을 통합하며 고려해야 한다.

③ **성취도 개선 정도**—교과과정 동안 성취도 향상률 등을 계산하여 그래프 등으로 제시하여 교과평가의 맥락으로 고려할 수 있다.

④ **고등학교 과정의 질**—학생부에 나타나는 교과가 어떻게 얼마나 잘 운영되었는지에 대한 질적평가를 하여 교과평가요소를 위한 주요 배경변인으로 고려할 수 있다.[43]

⑤ **학생부에 나타나지 않는 교과 영역에 대한 평가**—각종 경시대회, AP, IB, SAT, A—Level 등과 같은 자료를 평정한다.

비교과 영역의 평가관점 예시

① **또래집단 내, 윗 세대와의 교류 역량**—협업에 의한 창조적 가치창출이 요구되는 미래에 기본적으로 요구되는 역량이다. 특히 가족의 테두리를 벗어나 보다 넓은 사회 조직 내에서 활동을 시작함에 있어서 교수, 사감, 선배 등 학내 외의 상위세대 혹은 부모세대와의 교류역량에 따라 적응 및 성취 정도에 편차를 가져온다. 학생생활기록부

43 입학사정관제는 '특목고 우대'와는 오히려 거리가 있는 제도이다. 고등학교평가는 다양한 변인간의 관계 속에서 개별 고등학교의 교육의 질과 효과, 영향력이 어떤 성과를 거두고 있는지를 파악하고 그 고등학교 배경 속에서 지원자가 어떤 발전과 성취를 이루어 왔는가를 파악하려는 것이 바로 입학사정관제의 취지이다. 일부 대학이 이전부터 갖고 있던 특별전형들을 입학사정관제 전형으로 명명하여 시행함으로 '특목고 우대' 전형이라는 논란이 있는데, 이를 불식시키기 위해서도 각 대학마다 다양하게 펼쳐놓은 전형의 종류들을 통합할 필요가 있다.

내의 발달사항, 봉사활동 등을 통하여 평정할 수 있다.

② 지속발전 가능성 : 인지적 발달, 정서적 성숙과 같은 평가요소 목적 항목들을 대학 진학 후에도 지속하여 발달시킬 수 있는 동기가 내재되어 있는지, 그러한 궤적이 있는지를 학생생활기록부를 통하여 평정한다. 교과 발달사항 및 봉사활동 기록과 독서 기록 등을 활용하여 평정한다.

③ 주도적 자기경영 역량 : 학생생활기록부의 봉사활동 기록 등을 통하여 봉사활동 시작의 주도권, 자신의 시간, 자원 등을 효율적・효과적으로 경영하여 왔는지 또 앞으로 지속될 수 있는지를 평가하는 관점이다.

논술평가

평가, 즉 채점의 객관성을 확보하기 위하여 다국면 라쉬 모형*many-facet Rasch Model* 등을 사용하여 지원학생의 능력을 추정하는 것과 같은 객관성 확보의 노력이 필요하다. 일반적으로 채점자의 엄격성*severity*, 전문성*expertise*이 논술평가의 신뢰성과 직결되어 있다고 본다.[44] 전형유형에 따라 다양한 논술주제를 사용할 수 있다.

면접

지원자에게 자기표현의 기회를 줄 수 있는 면접은 매우 유용한 평가자료이며 다양한 형태의 면접을 활용할 수 있다.[45] 구술고사의 전문성 면접,

44 지은림, 「논술고사이 신뢰성에 영향을 미치는 채점자 특성 분석」, 『교육평가연구』 제21권 제2호, 2008, pp.97~113

45 지원자의 입장에서도 면접은 어렵다. 창의적 사고를 통해 주어진 문제를 해결하는 능력을 보이는 인지적 특성과 자신감과 적극성, 호기심과 열정 등을 보이는 정의적 특성까지 표현해야 한다.

인성 면접, 역량 면접*competency based interview*[46]과 같은 종류가 있으며, 대별하여 보면 포트폴리오에 의한 현재 완료형 면접평가, 합숙 면접 등을 통한 현재 진행형 관찰 평가, 지원자에게 질문, 과제 등 자극*impact*를 주어 나타나는 반응을 통하여 이전 특성 등을 확인하면서 동시에 예측하는 미래형 면접평가 등이다. 단독 면접, 소그룹 면접 등으로도 분류할 수 있다.

입학사정관제 평가에서는 이러한 구술면접의 비중이 확대되는 경향[47]을 보이고 있다. 그러나 구술면접을 위하여 입학사정관들의 준비가 보다 철저하지 않으면 평가자료가 불명확하여 목적한 평가를 할 수 없다. 주장하는 바의 논리성을 평가하려는 목적의 질문, 사고의 참신성을 파악하려는 질문 등과 같은 뚜렷한 목적을 가지고 있어야 한다.

case

M 대학 사례

M 대학의 구술면접은 우리나라에서 많은 대학들이 표본으로 삼고 있을 정도로 유명하다. 그러나 M 대학의 구술면접 지침서에는 몇 개의 평가영역별로 질문이 20~30개씩 나열되어 있을 뿐이고, 이마저도 50여 개 구술면접장에서 평가자들이 지침서에도 없는 질문을 하였다. 또한 구체적 평가요소 목적 항목이나 하위 변인들의 도출을 요구함이 없이 폭넓은 인지적 영역을 평가하도록 함으로써 비중이 높은 구술면접의 평가가 보다 정밀하게 진행하지 못했다. 이는 전형 전체의 공정성과 신뢰성에 보이지 않는 손상을 가지고 올 수 있다.

---

46 과거 행동으로 미래 행동을 예측하는데 특정 상황에서 취한 지원자의 대응 방식을 토대로 행동 패턴과 역량을 파악한다. 다른 종류로 Behavioral Event Interview, Structured Interview 등이 있다.

47 POSTECH은 30%인 학생부와 서류평가에 비하여 구술면접 반영비율이 40%이고, KAIST와 통합된 한국정보통신대학원대학교의 경우 30%인 학생부와 서류평가에 비하여 구술면접 반영비율이 70%에 이르렀다. 〈중앙일보〉, 2008년 9월 17일

추천서

추천서는 결정적인 순간에 매우 큰 비중으로 평가에 반영될 수 있다. 고등학교 선생님들 중에는 이러한 추천서가 그렇게 믿을 만하지 않다고 언급한 자료들이 있으나[48] 입학사정관제에서는 추천서가 중요한 평가자료[49]가 된다. 우리나라의 연구에서는 추천서가 다른 평가자료에 비해 예측타당도가 높다는 연구결과도 있다.[50]

특별활동

지속성*sustainable* 있는 활동으로 입학 후에도 계속할 의사가 있는지, 있다면 어떤 계획이 있는지를 파악하여 활용되는 평가자료.

봉사활동

창의적 봉사활동 등을 평가자료로 활용할 수 있다. 이 봉사활동을 통하여 얻을 수 있는 효과가 드러나는 경우에만 활용 가능하다.

적성검사

전공과의 적성을 확인하는 평가자료로 언어능력과 수리능력을 측정한다. 또한 기본적 수학능력에 대한 특정을 위하여 자격시험을 실시하는 경

48 Caryn Mladen, David Rosen, Pat Ordovensky(2002). Univerisity Planning for Canadians (for Dummies). CDG Books Canada, Inc: Canada. p.145 또한 해당 대학 및 고등학교 입학전형에 따라 추천서가 합격 불합격에 미치는 영향이 차이가 발생할 수 있다.

49 추천서가 가져야 하는 기본적인 요건들 중에는 주변 학생들과의 상대적 평가관점을 서술하고 있어야 한다는 것 등이 있다.

50 지은림, 「대학입학전형의 다양화를 위한 전형자료들의 예측타당도 평가」, 『교육평가연구 2001』 제14권 제2호, (2001) pp.155~172

우가 있는데 이 경우 본고사와는 구별되는 공통 기본 지식*common knowledge based test*을 묻게 된다.

집단 토론

그 유효성에 관한 논란에도 불구하고 계속 시행되고 있으나 평가의 목적에 대한 확고한 준비가 없으면 무의한 평가자료로 오히려 종합평가의 오류 요인으로 작동할 우려가 있다. 다수 지원자 대 다수 평가자의 다대다의 집단 면접 보다는 2~3명의 지원자를 대상으로 하는 소집단 면접, 면접관마다 평가요소 목적을 일부 다르게 하는 전개*expanded* 평가 등 보다 실효성 있는 평가모델을 고려해야 할 필요가 있다.

자기소개서, 학습계획서 및 에세이[51]

입학사정관제 전형의 중요한 평가자료. 자체로서도 중요한 평가자료가 되며, 다른 평가자료들과의 일관성 및 정합성을 검증하는 중요한 평가자료이다.

특별한 성취 실적과 경험

예술, 운동 재능*artistic & athletic talent*과 같은 성취나 특별한 경험들을 평가자료로 활용할 수 있다.

평가자료 관계 평가

평가자료 들이 조화*harmony*를 이루는지, 일관성*consistency*이 있는지를 검

51 이들 평가자료가 핵심적인 것은 잘 알려져 있고, 이들 서류들을 어떻게 작성하는가에 관해서는 많은 관련서적과 자료들이 있다.

중하는 평가 또한 중요한 평가요소이다. 예를 들어 과학과 음악이다.[52] 똑같이 과학을 잘하는 지원자가 있는데 한 학생은 미술을 전문적 수준[53]에 이르기까지, 다른 학생은 음악을 전문적 수준에 이르도록 준비한 경우 동급의 평정을 받겠으나 관련성은 음악과 더 있는 것이 사실이다.

많은 대학에서 입학사정관제 전형 요강은 예를 들어 서류 50%, 면접 50%등으로만 기술되어 있고 평가자료에 대한 보다 투명한 활용방식이나 평가방법에 대한 설명이 없는 경우가 대부분이다. 이런 불투명성은 전형 당사자들의 불안을 조장하고 이내 불필요한 사교육 시장에게 활동공간을 만들어주는 것이 된다. 입학사정관제는 지원서류에 대한 종합평가여서 평가자료 비중을 구체화할 수는 없는 것이 입학사정관제의 특징이다. 따라서 평가요소를 구체적으로 나열함이 입학사정관제에서는 오히려 타당하며, 평가자료의 활용을 뚜렷하게 나타낼 필요가 있다. 이렇듯 정량적 평정이 없는 입학사정관제에서는 평가요소의 평정기준 등을 설정하는 것이 간단한 것이 아니다. 많은 모의실험 등과 조정을 거쳐서 평정기준이 설정되는 것이 매우 중요하다. 예를 들어 다음과 같이 반복적으로 교과성적에 의한 평가를 하는 것은 객관적이고 안전하기는 하지만 입학사정관제의 효과성을 나타낼 수 없는 평가모형이다.

52 음악과 과학의 조화에 대한 예들은 많이 있다. 물리학자 화인만은 큰 연습없이도 빠른 시간 안에 수준 있는 음악적 성취를 즐겼다고 한다. 또 다른 예는 '과학자와 음악가 둘 다 놓치고 싶지 않아요', 〈중앙일보〉 삶과 사람, 2008년 9월 17일

53 평가의 가적 요인이 되기 위하여 이러한 예술적 재능들도 임계점을 넘어야 한다. 즉 단순한 취미로서의 활동이 아닌 전문적 수준에 다다르는 지속적 관심과 열정적 애정이 있어야 하는 것이다.

A 대학 사례

A 대학은 입학사정관제를 시행한 경험이 축적되었음에도 보수적 제도 운영을 하고 있어 입학사정관제로 인하여 고등학교에 줄 수 있는 의미 있는 영향력을 나타내지 못하고 있다. 고등학교의 추천으로 지원자격에 제한을 두고 있으며, 1.5배수의 1단계 전형을 교과성적만에 의하여 선발한 후 최종합격자를 위한 평가에서도 교과성적을 85% 반영한다. 나머지 15%가 비교과, 자기소개서, 학업계획서, 구술고사의 비중이나 이 또한 교과성적 선입관을 배제하는 장치를 두고 있지 못하고 있다.

상위 평가요소를 위하여 하위 종속 평가요소를 활용할 때는 그 해석에 있어서 다양한 기법을 동원하여 한다. 대별하여 보면 절대감에 의하여 동류집단 간의 상대적 평가*relative to peers*를 하든지 평가목적에 상대적인 평가*relative to examinee's own mean*를 하든지 한다. 전자는 규범적인*normative* 방법, 후자는 작동적인*operative* 방법이라 불린다.[54]

전술한 평가자료들 중에서 미국 대학 입학에 결정을 주는 요인들을 비교한 표가 있다. 대학 진학 관련 교과성적과 전체 성적 및 SAT, ACT 등 표준시험 성적이 주요 요인임을 나타내고 있다. 오래된 자료이나 오히려 우리나라의 현재 입학사정관제의 특정한 대학 사례를 자료로 하는 것보다는 광의의 일반적인 정보를 전달할 수 있다고 보아 다음 표를 인용한다. 보다 최근의 자료는 NACAC*www.nacacnet.org*에서 찾을 수 있다.

54 Steve McCallum, Bruce Bracken, John Wasserman. *Essentials of Nonverbal Assessment*. John Wiley & Sons, 2001. Inc: Canada. ISBN 0-471-38318-X. p.65

〈표 4-1〉 2005년 미국대학 입학 결정에 영향을 준 요인에 관한 설문조사 (단위 : %)

평가자료	매우 중요함	중요함	약간 중요함	중요하지 않음
대학진학 관련 교과성적	73.9	15.6	6.0	4.6
수학능력시험(SAT I)	59.3	28.5	6.0	6.2
전체 성적	53.7	34.7	7.5	4.1
전체 석차	31.2	33.3	20.1	15.5
작문 샘플	23.3	34.8	21.0	21.0
진학상담교사 추천	16.7	44.0	25.2	14.0
교사 추천	17.1	41.5	26.4	15.0
면접	8.6	28.9	29.3	33.2
특별활동	8.0	39.1	35.0	17.8
학생 관심	15.1	21.1	22.9	41.0
주정부 졸업시험 성적	6.7	12.3	29.7	51.3
SAT II, AP, IB 시험	6.9	24.6	32.6	35.9
인종	2.3	15.5	19.9	62.3
지역거주	1.4	7.9	16.3	74.4
동창회 관계	2.1	19.5	43.8	34.6

2. 평가요소 혹은 평가요소 목적 항목

이제 이러한 평가자료들을 활용하여 평가하고자 하는 목적 항목들에 대하여 살펴보자. 해당 대학에 잘 적응하여 입학 당시보다는 졸업 때 더 큰 성취를 이루며, 지속적으로 발전할 수 있는 학생을 선발하는 전형목적에 비추어 보는 것을 평가의 타당성이라 할 수 있다. 아래 서술하는 평가요소 목적 항목들의 결과적 발현이 전형 목적과 동치인 것이다. 즉 평가자료와 평가요소 목적 항목, 전형의 목적들과의 위계 모형이 설정되어 있어야 한다. 특히 평가요소 목적 항목들은 역량이라는 보다 광범위한 묶음을 만들 수 있으며, 이러한 역량의 구성은 전형목적과 일치·정합해야 한다. 한 개의 평가요소들은 지원자 각각 제시한 몇몇 평가자료들의 조합을 사용하여 평가하게 된다.

인재상[55] ⇨ 전형목적[56] ⇨ 역량들 ⇨ 평가요소 목적 항목들 ⇨ 평가요소들

위 과정을 조작적 정의*operational definition*로 볼 수 있으며, 효과적 평가를 위하여 관련성을 크게 하고 오류를 줄이려는 노력을 해야 한다. 이런 목적 항목들에 대한 뚜렷한 양태가 자리 잡고 있을 때 평가의 신뢰성은 확보할 수 있다.

① **자기주도적 학습력** : 전술한 바 평가자료들을 사용하여 자기주도적 학습력을 평가하기 위한 목적이었다면 이 목적 항목의 하위 변인들에 대한 보다 구체적 내용들을 정의하고 있어야 한다. 즉 내재적 흥미나 성취 가치에 대한 이해를 나타내는 동기 발현력, 시간 장소 등을 활용하는 행동의 주도력, 학습 내용과의 동화, 통제 전략과 같은 인지 조절력 등과 같은 구체적 하위 변인들에 대한 평가자들 사이의 합의된 개념들을 바탕하고 있어야 한다.

55 인재상은 해당 대학 혹은 고등학교를 졸업하고 삶의 여정에서 지속적으로 나타나야 하는 미래지향적 인재상이다. 결코 입학 당시의 인재상은 아닌 것이다. 따라서 인재상에 의하여 전형목적을 세운다면 당연히 해당 학교의 교육철학과 교육과정을 고려해야 한다. 현재 많은 학교에서 진행하는 것처럼 인재상을 입학전형에 그대로 적용하는 것은 무리가 있다. 즉 입학전형목적을 수립하고 평가요소(목적 항목)들에 대하여 선제적인*initiative* 밑그림을 그려야 하는 입학사정관들은 해당 학교의 교육철학이나 특징, 과정, 나아가 부족한 점까지도 알고 있어서 입학생들이 졸업하면 어떤 모습으로 성장할지를 가늠할 수 있어야 한다.

56 입학전형 지원자 개개인에게 해당 학교의 인재상 관련 모든 조건을 적용시키는 것 또한 무리이다. 한 개개인은 인재상의 여러 구인들에 대하여 잠재적 기질 혹은 능력이 있으면 만족스러운 것이고 어느 한 구인이 뚜렷하게 드러나면 더더욱 만족스러운 것이다. 즉 인재상은 개개인에게 적용하는 것도 있고, 동시에 당해 연도 입학생 전체에 적용되는 것도 타당하다. 즉 장기적으로 해당 학교 인재상을 표출하기 위한 최적의 학생 구성을 어떻게 하느냐가 인재상을 입학전형에 적용시키는 보다 중요한 이유가 되는 것이다. 최근 교육과학기술부가 입학사정관제 전형 지원사업 평가에 학생구성의 다양성을 고려하는 것은 매우 바람직한 일이다.

② **리더십** : 비전, 계획, 포용력, 전문성, 경험, 팀워크, 판단력*judgement*, 결단력*edge*, 효율성, 정확성 등 개인적 특성에서 비롯된다는 오래된 특성이론*trait theory*에 바탕을 두고 있다. 고등학교 혹은 중학교 수준에서의 리더십을 어떻게 정의하고 평가하는가에 대한 보다 세밀한 논의가 전형 전에 명확히 준비되어야 한다.

③ **창의성**[57] : 창의적 문제해결능력(=새로운 상황에서 민감하게 문제를 감지+통찰력 동원+독창적)이 있으면서도 유용하며 가치 있는 방법을 찾아서 문제해결을 하는 능력,[58] 수렴적 사고*convergent thinking*와 확산적 사고*divergence thinking*, 민감성, 재구성력, 유창성, 융통성, 독창성 그리고 정교성,[59] 그리고 상상력 또한 창의성을 정의하는 중요한 조건으로 알려져 있다.

④ **자아존중감 및 만족도** : 봉사 및 특별활동으로부터 평가할 수 있는 평가요소 목적 항목

⑤ **진로 성숙도** : 자기소개서 등을 통하여 나타나는 전방위적 진로 성숙도

⑥ **대인관계 설정능력** : 또래*peer*집단 혹은 소속집단 내의 다양한 구성원들과의 관계를 생성하고 유지 발전시키는 능력, 협업*teamwork* 경험 등

⑦ **융합성** : 다분야 지식에 기반을 둔 경계를 넘을 수 있는 열린 마음 등

⑧ **다중지능** : 언어적 지능, 자연친화적 지능 등과 특정 분야 영재성 등

⑨ **성격적 측면** : 내향성/외향성, 성실성, 우호성, 개방성, 온정성, 조직화 능력, 자기 통제력, 도덕성, 수용성, 상상력, 지적 호기심, 책임감 등

---

57 창의성 자체로만도 광범위한 연구가 있으므로 창의성을 개별 학교의 인재상에 정합하도록 구체화하는 절차들이 필요하다. 창의성과 실용성을 결합한 파스퇴르의 4 상한*Pasteur's quadrant* 등 다양한 창의성 정의가 있다.

58 김은진, 『과학 영재와 창의적 문제해결력의 평가』 (서울 : 한국학술정보(주), 2007), p.13

59 Gilford의 창의성 요소

⑩ **발전잠재력** : 성장 가능성, 즉 입학 때보다 졸업 때 더 큰 성취를 거둘 수 있으며, 그 성장곡선의 증가 기울기를 유지할 수 있는 것

그 외[60]

- 인문학적 소양과 경험*humanitarian ability and experience*
- 적응성*adaptability*
- 비판적 사고*critical thinking*[61]
- 배려*concern for others*
- 지적 모험심*courage to take intellectual risks*
- 문화적 개방성 및 노출*cultural awareness*[62]
- 호기심*curiosity*
- 경험의 깊이와 풍부*depth & rich of extracurricular experience*
- 다양성*diversity*
- 정서적 안정성*emotional stability*
- 열정*enthusiasm*
- 고난 극복*overcome hardship*

---

60 근래 입학사정관제에서 역경 극복*resilience* 경험을 묻는 에세이들이 있어서 심각한 역경이 없었던 지원자들을 당황하게 만드는 경우가 있다. 이런 현상은 현대 자본주의에서 거래되는 재화는 단순한 제품이 아닌 그 속에 숨겨진 감정도 포함한다는 프랑스 사회학자 에바 일루즈*Eva Illouz*의 저서 '감정 자본주의'에서 표현하고 있는 것과 맥을 같이하는 점이 있다. 감정 자본주의에서는 역경을 극복하는 이야기가 호소력이 있는 반면 휘발성이 강한 약점도 가지고 있다. 입학사정관제에서 지원자들의 핵심차원을 분별하기 위하여 사용할 수 있는 평가요소 목적 항목들은 나열한 바와 같이 많다.

61 1983년 미국의 「위기에 처한 국가 : 국가교육개혁의 특명」이라는 보고서에서 사고력 함양교육의 중요성을 지적한 이후 활성화되었으며, 추론 및 문제해결능력, 의사결정능력, 협력적 소통능력, 통찰력 등과 같은 구인을 가지고 있다.

62 지원자의 외국 경험이 학업능력과 가치관에 긍정적 영향을 미치고 있을 때만 평가요소 목적항목으로서의 의미가 있다.

- 성품*character*
- 상상력*imagination*
- 독립성*independence*
- 주도성*initiative*
- 관심*interest*
- 성숙도*maturity*
- 회복력*resilience*
- 상승경향*buoyancy*
- 특정한 상황에서 공익을 위해 최선을 다하는 행동을 선택하고 실행하는 능력*phronesis, prudence*
- 동기*motivation*
- 자율성*self–motivation*
- 배경변인대비 성취정도*return on equity*[63]
- 예술적 소양*artistic experience and involvement*
- 성장에 대한 잠재력*potential for growth*
- 성취에 대한 잠재력*potential for success*
- 성장과 발전에 대한 헌신*promise for personal/community growth and development*,
- 사고의 깊이*quality of thought*
- 신뢰성*reliability*
- 도전성*risk–taking*

63 ROE, 경영학에서는 주주의 자기자본 이익률을 말하는 것으로 경영자가 기업에 투자된 자본을 사용하여 이익을 어느 정도 올리고 있는가를 나타내는 기업의 이익창출능력을 일컫는다. 입학사정관제 평가에서는 지원자가 가진 사회·경제적 배경변인을 고려할 때 학업성취 및 정의적 안정성의 정도를 나타내는 것으로 원용한다. 2005~2009학년도 수학능력시험 성적을 분석한 한국교육평가원 자료에 의하면(〈조선일보〉, 2009년 12월 10일, A6면 인용) 대도시와 학원이 많은 곳에서 점수가 높은 것으로 알려졌으며 이 경우의 ROE에 의한 지원자 평가는 낮다는 것이다.

- 이견과 타인에 대한 존중*respectful of others' belief*
- 자기표현*self-expression*
- 공정성과 정의감*sense of fairness and justice*
- 유머*sense of humor*
- 배움에 대한 진지한 야망*serious education ambitions*
- 목적의식*seriousness of purpose*
- 원만함*well-rounded*
- 학교와 사회에 기여하려는 자세*willingness to contribute to school and community*[64]
- 같은 세대에의 영향력*ability to influence within peer group*

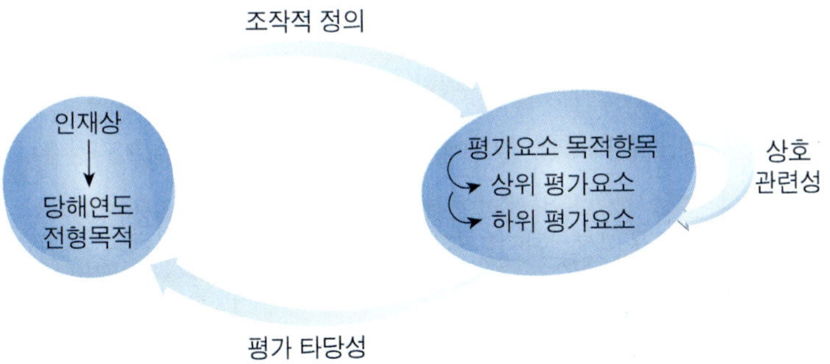

[그림 4-8] 인재상 및 전형목적과 평가요소의 순환성

평가요소와 평가요소 목적 항목들은 같은 의미로 사용할 수 있다. 다만 평가요소는 상위 및 종속 하위 평가요소 등으로 구체화하여 세분할 수 있고 평가요소 목적 항목은 좀 더 넓은 범주로 개념적으로 설정할 수 있다

64 봉사는 학업성취도에 긍정적 영향을 줄 수 있다고 알려져 있다. 2009년 1월 13일, 〈중앙일보〉에 따르면, 중고생 자원 봉사대회 수상자를 대상으로 설문조사한 바에 의하면, 자아 존중감, 진로 성숙도 등이 높게 나타나는 것으로 조사되었다.

는 차이가 있다. 중요한 것은 이런 평가요소 혹은 목적 항목들을 다시 귀납하였을 때 전형목적과 인재상이라는, 즉 이들 평가요소들이 연역된 시작으로 다시 돌아가야 한다는 것이다[그림 4-8] 참조. 이는 평가요소의 타당성과 직결되어 있고, 이러한 순환을 통하여 잘못이 일어나고 있는 부분이 무엇인지 계속 점검하고 미흡한 부분을 보강하는 것이 필요하다.

제5절 종합평가

입학사정관제 평가의 공정성 및 신뢰성, 그리고 여러 평가요소와 더불어 고려할 수 있는 것이 종합평가[65]이다. 본 절에서는 모호하게 사용되고 있는 종합평가를 세분하여 평가자 각자가 평가요소들에 기반하여 행하는 종합*case holistic* 평가와 전체 전형 평가에 참여한 평가자들이 모두 모여 지원자의 합격/불합격 여부를 회의하는 연석회의 최종*broad holistic*평가로 구분하여 살펴본다. 입학사정관제에서는 이러한 종합평가, 연석회의 최종평가가 평가자 각각의 평가 변별력에 관한 사항과 평가자 간 평가결과의 상이점을 객관화시킬 수 있는 장치가 된다.

종합평가 *case holistic evaluation* – 주관적 신뢰성 확보가 요구된다.

입학사정관제 전형에서는 지원자 프로파일 하나하나가 개별적 검토의 대상이다. 즉 효율적 평가라는 미명으로 다른 지원자와 비교 평가되지 않으며, 대학의 인재상과 전형의 목적을 염두에 두는 절대감을 가지고 각각

65 예를 들면 학업성취도 결과가 최종합격으로 이어지지 않는다. 잠재력의 요소에 의하여 당락이 바뀌는 경우가 있다. 2009년 10월 21일, 문화일보에 의하면 POSTECH은 2010학년도 입학전형에서 300명 전원을 입학사정관제 전형으로 선발하였으며, 그 결과 11%가 성적외의 요소로 당락이 바뀌었다.

의 지원자 프로파일에 대하여 개별적인 평가를 최소 2차례 이상 실시한다. 따라서 이러한 평가는 주관적이지만 임의적이지는 않다.

평가자 각자가 각각의 지원자에 대하여 여러 평가요소를 검토하고 합격/불합격 혹은 다음 단계로의 추천과 같은 평정을 하는 종합평가는 입학사정관제 평가의 하이라이트라 할 수 있고 가장 많은 주관성이 개입되는 부분, 순간이다. 지원자의 분리된 특수한 사례들로부터 일반적인 지원자 특성을 이끌어 내는 귀납적 추론방법이 사용된다. 평가에 있어 공정성과 신뢰성을 높이려는 노력 못지않게 중요한 것은 오류를 제거하는 노력[66]을 기울이는 것이다. 이 추론과 유추의 과정에서 발생할 수 있는 오류들을 배제함으로서 평가자 각자가 하는 종합평가의 신뢰성을 높일 수 있다. 평가자로서는 평가에서 자신의 평가에서 반복하여 나타날 수 있는 이러한 귀납적 추론의 오류를 계속 점검하고 바로잡는 노력을 해야 한다. 이제 이런 오류 몇몇을 살펴보자.

(1) 배경 경시 혹은 과도한 인식의 오류이다. 입학사정관제 전형 지원자들의 집단에서 지원자 각각의 배경변인들을 고려하는 것이 평가자들의 기본적인 고려사항인데, 지원자에 대한 종합평가는 항상 배경변인을 고려하고 맥락을 파악함으로 가능하다. 그러나 구체적인 평가에 들어가면 배경변인에 대한 관점을 잃기 쉽다.

(2) 단순 통합의 오류이다. 평가자가 지원자에 대한 최종평가를 내리는 순간 범하기 쉬운 오류는 평가요소를 척도화하여 단순히 계산조합하여 결론을 내리는 것이다. 지원자에 대한 최종 결과를 내리기 위하여 각각의 요소를 기계적으로 활용할 때 통합과정의 오류가 발생

66 인간이 편견에 사로잡혀 부적절한 행동을 반복하지만 직관이라는 무의식 의사결정과정을 가지고 있음을 주장하는 철학적 흐름도 있다. 게르트 기거렌처*Gerd Gigerenzer*의 이론.

할 수 있다. 지원자의 평가요소를 분리하여 측정한 바에 의하여 종합적인 결론을 내리기가 쉽지 않기 때문이다. 이는 세분화된 평가요소 인식결과와 종합적 평정결과의 상호상관성 등을 항상 검증해야 한다.

(3) 논리곱의 오류이다. 이는 평가자가 고정관념으로 혹은 선입관에서 비롯되는 오류로 두 가지 사건이 동시에 발생할 가능성이 한 가지 사건의 가능성보다 더욱 크게 보이는 오류이다. 특정한 지원자가 두 가지 평가요소에서 모두 뛰어날 확률이 한 가지 평가요소에서 뛰어날 확률보다 더욱 커 보이는 경우이다. 예를 들어 교과적 우수성이 있다고 판단되는 지원자가 다른 평가요소들, 예를 들면 창의성도 함께 뛰어난 것처럼 판단하는 오류이다.

(4) 제호의 오류는 신문기사 제목에서처럼 한 지원자를 결정하는 짧은 표현으로 인하여 다른 특징들을 간과하는 오류이다. 아시아 대학평가에서 "A대가 7위, B대가 8위"라는 제호의 기사는 A대가 우수한 것으로 최종 결론을 내리기 쉬우나, 다른 관점에서 볼 때 과연 어떤 대학이 우리나라의 현실에서 더 비교 우위에 있는지는 각 평가항목을 더 검증해야 한다. 이렇듯 지원자에 부과된 단순 명료한 표현들은 동일한 평가자가 다시 평가를 할 때나 혹은 다른 평가자가 평정을 할 때 지원자의 다른 특성들을 간과할 수 있는 오류를 발생시킬 수 있다. 대표성의 오류*representative bias*라고도 볼 수 있다.

(5) 모든 평가요소를 총괄하여 결론을 내릴 때 각각의 평가요소에 대한 가중치의 오류를 범하기 쉽다. 평가요소에 대한 종합적 평가를 하기보다는 자신에게 부각되는 평가요소에만 집중하는 오류, 또는 모든 평가요소를 인재상이나 전형목적, 절대감 등을 고려하지 않고 가중

치 없이 취급하여 결론을 내리는 오류 등을 말한다. 전체 맥락과 상관없이 자신이 기억하고 싶은 것만을 기억하는 경향이 있어 발생하는 오류이다. 정보편향의 함정에 빠지게 되면 지원자의 동일한 장점을 다른 평가요소에도 중복하여 적용함으로써 자기합리화 및 객관화를 시키는 오류를 범할 수 있다.

case N 대학 사례

N 대학 입학사정관제 참여 평가자는 교육 프로그램 등을 통하여 평가요소 등에 대한 지침을 교육 받았음에도 자신은 열정만을 보고 평가하겠다고 하며 평가서도 그렇게 작성하였으며, 총합평가 결과도 열정을 표현한 지원자에게 우선적으로 합격 평정을 내렸다.

(6) 후광 효과 오류로서 전체에서는 참인 부분이 전체의 각 부분에서도 반드시 참일 것이라고 추론할 때 일어난다. 특히 배경변인을 고려해서 지원자를 판단해야 하는 입학사정관제의 평가자의 입장에서는 이러한 배경효과, 후광 효과에 대한 오류로 인하여 판단에 영향을 미칠 수 있다는 것에 대하여 주의해야 한다.

(7) 경도된 추론의 오류이다. 이는 평가자가 주어진 평가지침에 의하여 정당성을 부여받으며, 일관성 있는 추론을 하기보다는 정실이나 압력에 의하여 혹은 정치적 관계를 어떻게 맺는 것이 자신에게 이익이 되는가의 측면에서 추론하는 오류를 말하며, 이는 입학전형의 공정성과 투명성을 크게 훼손하는 비윤리적 오류이다.

(8) 성급한 일반화의 오류가 있다. 대표성의 오류와도 관련이 있으나, 이는 특히 짧은 평가시간이 주어졌을 때 평가자가 가지고 있는 고정관념이나 개인적 신념이 평가에 성급하게 투사되어 지원자를 일

반화시켜서 판단하게 되는 오류이다. 즉 극히 드문 한두 가지 경우만을 들어서 일반규칙을 만들어 낼 때 발생하는 오류이다. 일반적 사회 현상에서도 이러한 추론의 오류를 이용하여 부분적 의혹을 과장하여 전체를 부정하거나, 본질을 뒤엎으려는 시도를 하게 된다.

(9) 무관한 결론의 오류는 그동안 진행하여 온 각 개별 평가요소의 평가 과정과는 무관하게 추론하여 판단을 내릴 때 일어난다. 전형의 각 단계에서 활용되고 평가해온 평가요소들의 결과와는 전혀 무관하게 지원자를 평정하는 것이다. 이는 전 단계 평가결과를 보지 않고 하는 다음 단계 평가*blind screening*가 필요한 경우에 발생할 수 있는 오류이나, 추론의 단계에서 각 평가요소에 대한 확실한 개념의 정립이 있다면 피할 수 있는 오류이기도 하다.

O 대학 사례

O 대학 입학사정관제 전형 참여 평가자가 작성한 지원자 대다수 평가서는 정해진 6가지 평가요소에 대한 인식, 즉 세부 평가가 결론적으로 내린 총합평가, 전체적 인식의 결과와는 상관관계를 전혀 발견할 수 없었다. 즉 세부 평가요소에 대한 인식과 총합적 인식의 차이는 귀납적 추론의 오류이며 이 평가자의 논리적 능력에 대한 검증이 필요한 정도이다.

(10) 시차로 인한 오류이다. 지원자의 잠재력, 성장 가능성 등을 포함하여 지원자의 대학 재학기간을 고려하는 판단을 할 때, 또 평가요소에 나타난 구인들을 생성한 고등학교 기간, 그리고 지원자가 면접 등으로 직접 평가의 대상이었던 짧은 기간을 고려하는 판단을 할 때 그 관련성이나 의존도 등을 무시하는 오류를 범하기 쉽다.

총합평가를 함으로 한 평가자가 한 지원자에 대한 평가를 마무리하게 된다. 이때 평가의 신뢰성을 좀 더 자세히 살펴보면 다음 [그림 4-9]와 같다.

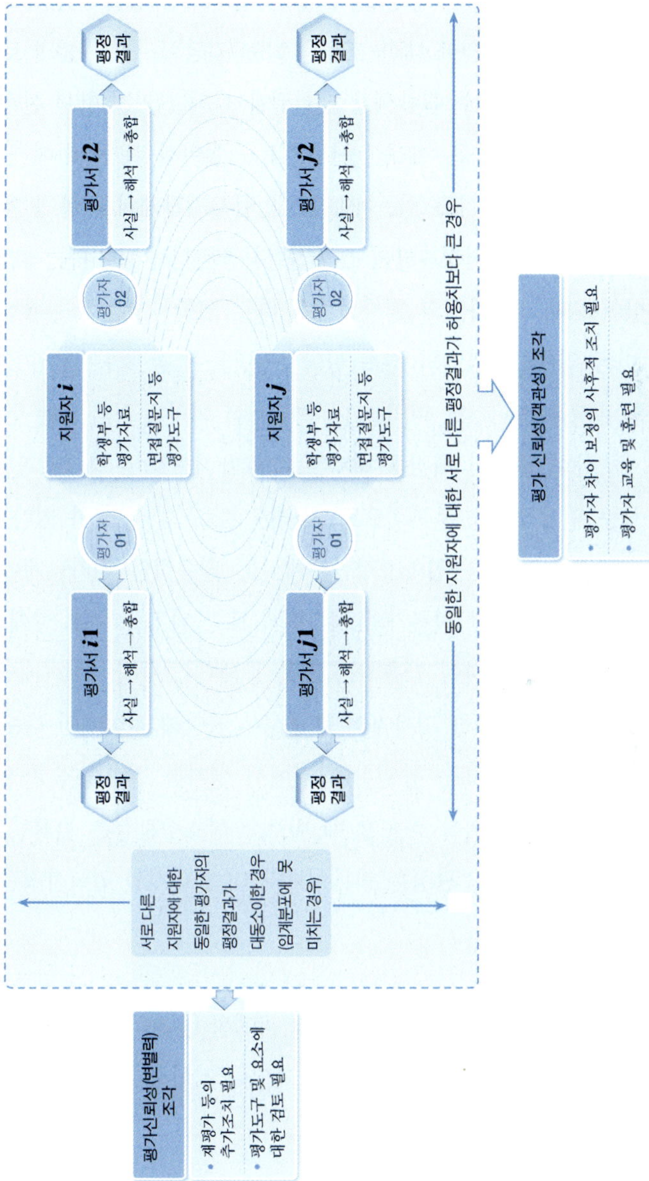

[그림 4-9] 평가자료, 평가도구, 평가요소 및 평정 결과에 따른 신뢰성

연석회의 최종평가—객관적 신뢰성 확보가 요구된다.

입학사정관제에서 필수적인 위원회*committee*의 합격 불합격 결정을 이르는 평가를 나타내기 위하여 사용한 용어이다. 입학사정관들이 전형의 중간 단계, 단계에서 평가결과에 대한 조율을 하는 집담회*conference*를 이르기도 한다. 우리나라의 경우 현재는 학생 선발권을 가지고 있는 학생 선발위원회, 최종 전형 위원회 등을 이르는 용어이다. 그동안의 평가결과에 근거하여 종합적*broad holistic* 평가를 하는 것으로 입학사정관제의 최종적 핵심적 절차이다. 또한 최종 결정과정에서도 지원자 파일 하나하나는 개별적 검토의 대상이 되며, 이 과정의 평가절차가 바로 입학사정관제의 핵심적 요소이다. 미국 입학사정관제의 경우 입학사정관들이 참여하여 다수결로 합격 여부를 결정하는 이러한 회의는 미국이 가진 회의 문화와 토론 문화에 기반을 둔 사회 문화적 배경을 바탕으로 효율적으로 운영되고 있다. 연석회의 최종 평가상황을 부분적으로 기술한 자료[67]들은 많이 있다.

이러한 최종 평가방법은 입학사정관제에서는 필수적인 평가단계이며 방법이다. 평가자들끼리 한 지원자의 평가결과 또는 과정을 두고 함께 그 의미를 나누고 결과에 대하여 공유하는 것을 통해 상호주관적*intersubjective* 신뢰를 확보할 수 있다.[68] 한 평가자의 주관성은 불안해 보이지만 다수의 평가자가 다른 각도에서 또는 동일한 관점에서 평가한 결과들을 가지고 투명하고 공평하게 그 결과를 공유할 때 비로소 상호주관성은 축적될 수 있다. 이러한 투명한 상호주관성은 객관성보다 더 효율적인 입학사정관제

67 Elizabeth Wissner-Gross(2007). What colleges don't tell you, for getting your kid into the top schools. Plume : USA. ISBN 1-59463-031-3. pp.135-144, 제6장, *Knowing your Audience: who is judging your kid?*에서 인용

68 이 경우, 토론을 거치면서 지원자 평가결과에 대하여 회의 구성원들은 모두 같은 마음*homophrosyne*으로 모아지는 경우가 많다.

평가의 핵심적 개념이다.

우리나라의 입학사정관제에서 이러한 연석회의 최종평가가 실현되기 위하여 극복해야 할 몇 가지를 논한다.

(1) 연석회의 최종평가는 토론이 뒷받침이 되어야 하며, 이러한 토론은 조직문화가 뒷받침되어야 한다. 후술할 입학사정관제의 조직에서도 자세히 살펴볼 바이나 조직 토론문화가 정착되어 연석회의 참가자 모두에게 공평한 비중이 주어져 평가의 공정성과 신뢰성을 확보해야 하는 목적을 뒷받침할 수 있어야 한다. 아울러 연석회의 최종평가회의의 강압적 주도자는 배제되어야 한다. 특히 회의에 부정적 영향을 미칠 수 있는 경우는 평가에서 배제하는 방법을 사용할 수 있다.[69]

A 대학 사례

입학사정관제를 실시하여 최종선발단계에 이른 A 대학의 경우, 최종선발위원회를 개최했다. 위원장이 그동안 행하였던 입학사정관들의 평가서를 검토할 시간을 달라고 한 후, 몇몇 지원자에 대한 재심의를 요구했다. 물론 재심의 이유를 밝히지 않은 채로 위원장의 권한임을 강변했다.

미국의 경우 이러한 최종적 회의에서 위원장이 평가자들의 평가결과에 이의를 제기하는 경우는 위원장이 입학사정관들의 평가결과에 이의를 제기할 수 있다 없다의 규정을 떠나서 거의 없다.

69 의사결정과정에서 다수결 원칙이 지닌 불합리한 합리성도 고려해야 하며, 그 과정에서 지원자의 실질적 능력을 과대 과소평가할 수도 있는 오버슈팅*overshooting* 과정이 있음을 인지해야 한다. 오버슈팅은 시장에서 주가나 환율이 실제 가치보다 과도하게 급등락 하다가 장기 균형수준으로 수렴해가는 현상을 말한다.

(2) 최종 연석회의 참가 범위이다. 평가에 참여한 입학사정관들을 배제하고 개최하는 교수들만의 최종 연석회의는 입학생 선발권이라는 기득권을 지키려는 것이 아니라 평가의 공정성과 입학전형 부정의 위험성을 배제하기 위한 것이다. 하지만, 지원자를 누구보다도 깊이 있게 판단하는 평가를 수행한 실질적 의견을 배제하거나 제한적 평가서에만 의존하는 상태에서 내리는 합격/불합격 결정은 타당성을 전적으로 확보하고 있다고 보기 어렵다. 또한 전임 입학사정관만 참여하는 중간 혹은 최종 연석회의[70]도 담합을 우려하여 평가절차에서 배제하는 경우도 있다. 아울러 해당 대학에서 근무한 경험이 일천한 입학사정관과 오래 재직한 교수가 함께 연석회의를 한다고 했을 때 결과에 대한 타당성을 확보하기 위하여 연석회의 참석자 모두의 전문가적 의지가 필요하다.

(3) 연석회의 최종평가의 공개 정도이다. 대부분의 경우는 연석회의 토론 내용에 대한 속기록이나 구체적 회의록 없이 결론만이 있는 회의록을 남기는 유혹에 빠진다. 그러나 합격과 불합격을 넘나드는 지원자에 대한 최종평정은 책임소재가 분명히 있어야 하며, 어떤 과정을 통하여 그런 평정에 이르렀는지가 중요하다. 회의내용을 추후 공개하는 정도, 혹은 회의 자체에 참관을 허용하는 정도와 같이 공개의 정도에 대한 고려가 입학사정관제에서는 필요하다.[71]

---

70 대학의 전체 입학전형에서 입학사정관제 전형만을 분리해 실시하는 경우가 많으므로 이 경우 대학의 최종선발위원회에 부의하는 합격자 명부 작성을 위한 전임 입학사정관 들만의 연석회의가 있을 수 있다. 이러한 경우도 토론의 활성화, 참석범위 등은 동일하게 고려해야 한다.

71 근래에는 정보저장장치가 발달하여 회의장면의 전체적 녹화 등도 가능하다. 이런 조치가 있을 경우 토론문화가 더 고양되며, 공평한 결론을 유도하는 과정을 보관할 수 있다. 외부에 공개는 안하더라도 평가서를 보관하는 것처럼 연석회의 최종평가과정을 보관할 필요성이 있다. 음식점도 음식점의 주방이 깨끗함을 보이기 위하여 폐쇄회로를 통하여 주방의 모습을 실시간으로 식사

(4) 최소한 연석회의 최종평가를 위한 회의에 대한 규정 등은 평가의 투명성을 위하여 공개되어야 한다. 이는 평가절차에 포함되는 것일 수도 있지만 최종평가를 내리는 회의체이므로 규정에 관한 전형 이해당사자와의 소통이 중요하다. 아울러 형식적인 평가를 배제하고 결정과정의 투명성을 높이기 위해서라도 회의 규정, 참가자 등에 대한 공개는 꼭 필요하다.

(5) 연석회의 최종평가의 평가방법이다. 정해진 최종 합격자 수를 결정해야 한다는 명목으로 개별화 평가보다는 점수화 서열화된 평가로 최종평가를 마무리하는 경우도 있다. 입학사정관이 이 연석회의에서 자신이 평가해온 지원자를 토론에 붙이고,[72] 전형의 목적과 대학의 인재상 및 전형 목적에 비추어 지원자 한명 한명이 연석회의의 전체적인 평가를 받도록 하는 것은 입학사정관 평가직무의 궁극점이며 개별화된 평가를 추구하는 입학사정관제의 핵심이다. 또한 의사결정시 집단사고*groupthink*[73] 등의 위험에 빠지지 않도록 회의 및 조직의 문화를 이끄는 리더들의 역할이 매우 중요하다.

여러 가능한 오류들을 회피하면서 동시에 평가의 변별력을 확보하며, 평가자 간의 차이를 극복하기 위한 다양하고 검증된 방법들이 동원되어야

손님들에게 보여주기까지 한다.

72 이 최종 단계에서는 전형의 처음 단계에서 모든 지원자에게 공평하게 평가자원을 투입함으로 평가의 공정성을 확보하는 것과는 달리 합격이나 불합격이 분명한 지원자의 경우는 토론의 시간을 상대적으로 줄이고, 경계선(점수로 정해지는 경계선이 아닌 논란이 있어 왔다는 의미의 경계선) 범위의 지원자에게 더 많은 연석회의 자원을 투입함이 차이를 차이로 인식한다는 의미에서 공정한 것이다.

73 미국의 심리학자 어빙 재니스*Irving Janis*는 그의 저서 『집단사고의 희생자들』에서 결속을 강요하는 집단 분위기, 외부 의견의 차단, 긴급성으로 인한 위기감 등을 그 원인으로 들었다.

한다. 부정적 요인을 줄이면서, 동시에 긍정적 요인들을 도입해야만 목적한 평가의 신뢰성과 공정성을 획득할 수 있기 때문이다.

결론적으로 입학사정관제에서의 평가가 공정하고, 평가의 목적과 긴밀한 관련성이 있는 방법들을 통하여 신뢰성[74] 있게 측정될 때 평가의 타당성*validity*을 보장받을 수 있고, 이는 나아가서 전형 전체 타당성의 필수적 요소가 된다. 아울러 평가오류가 발생할 수 있는 요인들을 예측하고 줄이고자 하는 노력을 기울이며 입학사정관제 평가가 가져올 수 있는 역逆 공정성[75]을 경계하여야 하며, 탈脫 신뢰성[76]을 배제하는 노력을 기울여야 한다. 특히 결과를 가지고 평가하기 보다는 배경과 학습과정, 성장 맥락이라는 과정을 함께 평가하는 입학사정관제의 경우 공정성과 신뢰성은 아무리 강조해도 지나침이 없다.

입학사정관제 평가의 전반적 흐름도는 [그림 4－10]과 같다. 각 단계에서의 공정성과 신뢰성은 항상 고려되어야 함은 물론이다. 결국 입학사정관제의 평가는 전형목적, 나아가 해당 대학의 인재상에 정합해야 하는데 이 정합성은 모순 없는 일관성*consistency*과 오류 없는 완전성*completeness*을 포함하는 상위 개념으로 공정성과 신뢰성의 바탕 위에 획득할 수 있는 것이다.

74 신뢰는 대학 입학전형의 모든 이해 당사자가 다함께 참여해야만 다다를 수 있는 것이다. 김철, '입학사정관제 성공을 위한 조건', 〈조선일보〉 편집자에게, 2010년 2월 24일

75 김순덕 컬럼에는 "서민 부모 밑에서 태어난 환경을 원망하며, 보이지도 않는 잠재력만 믿고 졸릴 때 다 잔 학생이 좋은 대학에 철썩 합격한다면 그게 외려 불공평하다."라는 표현이 있다. 김순덕, '죽을 만큼 해봤습니까?', 〈동아일보〉 2009년 8월 17일

76 평가요인의 배경에 대한 지식 부족과 이해의 차이로 인하여 평가 결과가 왜곡되어 신뢰성을 무의식적으로 잃는 경우를 말한다.

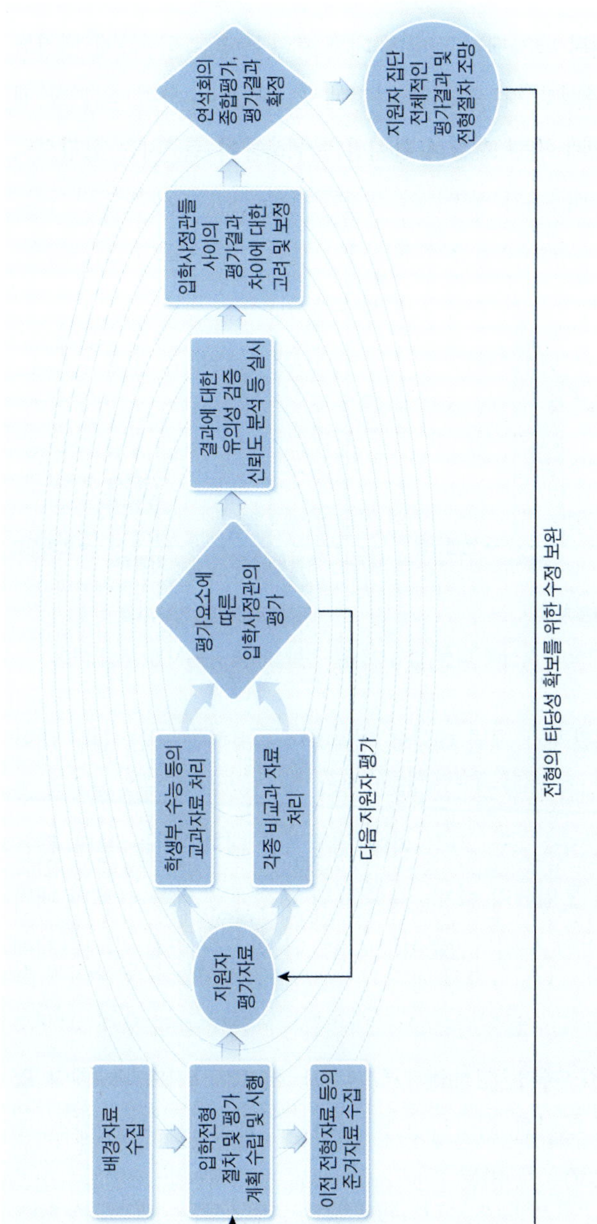

[그림 4-10] 입학사정관제 평가의 전체적 흐름도

또한 입학사정관제 평가에는 전형에 대한 불확실성을 완전하게 제거할 수는 없으므로 불확실성[77]이 주는 좋은 효과도 고려해야 하며, 외견상 전형 전체의 불확실성과 전형 진행의 확실성은 구분하여 추구하는 방향으로 나아가야 한다.

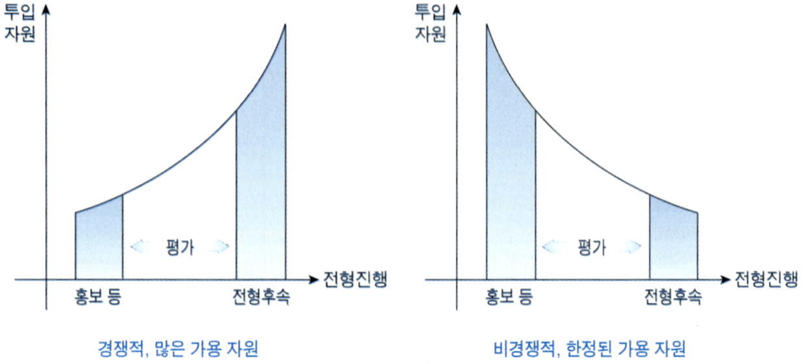

[그림 4-11] 대학의 특성에 따른 입학사정관 전형절차의 가용자원 투입 차이

아울러 입학사정관제가 개별 대학에 정착하여 활용하는 데는 실상 대학들의 특성, 가용자원을 충분히 고려해야 한다. 본장에서 서술한 평가의 공정성과 신뢰성이 준수된다는 가정 하에 경쟁적인 대학에서는 보다 많은 자원을 평가단계에 투입해야 하며, 비교적 덜 경쟁적인 작은 규모의 대학에서는 보다 제한적인 투입자원뿐이므로 좀 더 많은 시간을 평가단계에 부여해야 한다.[78]

77 추첨, 또는 면접 결과에 의하여 학업성취도의 부족에도 불구하고 전형 통과의 가능성이 보이는 경우를 불확실성 전형이라 할 수 있다. 이 경우, 더 많은 지원자가 있을 수 있으며, 예를 들어 학업성취도 약자가 학업성취도 등 다른 평가요소 강자들보다 더 많이 지원하여 전체적 학력 저하등과 같은 왜곡을 가져올 수 있다.

78 대학을 '선발 대학'과 '모집 대학'으로 나누는 경향(〈신동아〉 2008년 11월호, '대학입학사정관제'에서 인용)이 있으나 무엇보다도 대학의 인재상과 특성에 기초하여 입학사정관제를 운영한다는 신념이 필요하다.

서류 종합 평가서 (20011학년도 입학사정관형)

연 번	수험번호

1. 인적사항

성명	(남, 여)	성별		지원구분	일반 ☐ 국가유공자 ☐ 저소득층 ☐
출신중학교명	고등학교	학교정보			

2. 교과영역 평가

그래프 등으로 보여주는 것이 효율적일 듯합니다.

전체성적	수학	과학	국어	영어	성적 추이	기타( )	의견

평점

3. 잠재능력 평가

좋은 평가요소들입니다.

		지원서 학생부	추천서	자기소개서	에세이	의 견
인지적 특성	수학능력	☐	☐	☐	☐	
	창의력	☐	☐	☐	☐	
	문제해결능력	☐	☐	☐	☐	
	표현력	☐	☐	☐	☐	
	과학학업적성	☐	☐	☐	☐	
정의적 특성	협동학습능력	☐	☐	☐	☐	
	호기심, 열정	☐	☐	☐	☐	
	사회성, 리더십	☐	☐	☐	☐	
	태도, 가치관	☐	☐	☐	☐	
잠재력	지원동기	☐	☐	☐	☐	
	미래성장가능성	☐	☐	☐	☐	
	과학전공가능성	☐	☐	☐	☐	

평점

많은 항목들로 인하여 평가에 효율성이 감소할 수 있습니다.

3. 특별활동 평가

특별 활동		과학 분야와 관련이 있는가? Yes ☐ No ☐
탐구 실적		Yes ☐ No ☐
수상 경력		Yes ☐ No ☐

평점

3~4단계로 구분하는 것도 좋을 듯합니다.

4. 면접시 확인 요망 사항

표기와 판독이 용이하도록 평점박스 등을 넣는 것도 좋을 것 같습니다.

5. 종합평점

종합평점	
종합의견	

6. 평가자

평가일 20XX년 X월 일	서명
사정관	

연 번	수험번호

면접 종합 평가서(2011학년도 입학사정관전형)

1. 인적사항

성명	(남, 여)	성별		지원구분	일반 ☐ 국가유공자 ☐ 저소득층 ☐
출신중학교명	고등학교	학교정보			
지난 5년 동안 해당 고교는 진학 실적이 있는가?			Yes ☐ No ☐		

좀 더 구체적 자료가 도움이 될 듯합니다.

2. 학교장 및 담임교사 면담 후 의견

학교장/담임교사 면담을 통하여 얻은 새로운 정보나 추천서/의견서와 관련된 의견		추천서	의견서

3. 인지적 특성

수학능력	창의력	문제해결능력	표현력	과학학업 적성	의 견

평점

좋은 분류입니다.

4. 정의적 특성

협동학습능력	호기심,열정	사회성, 리더십	태도,가치관	의 견

평점

5. 잠재력

지원동기	미래성장가 능성	과학전공 가능성	의 견

평점

6. 특별활동 평가

특별 활동		과학 분야와 관련이 있는가? Yes ☐ No ☐
탐구 실적		Yes ☐ No ☐
수상 경력		Yes ☐ No ☐

평점

3~4단계로 구분하는 것도 좋을 듯합니다.

7. 종합의견

지원자는 어떤 장점을 가지고 있는가? 혹은 어떤 면에서 돋보이는가?(지원자의 성숙도, 열정, 성격상의 장점, 인품의 깊이 등)	

합격/불합격 여부보다는 다음 단계로의 추천 여부가 좋을 듯합니다.

8. 방문면접 합격/불합격 추천

판정	합격 ☐ 합격보류 ☐ 불합격 보류 ☐ 불합격 ☐
의견	

9. 평가자

평가일 20XX년 X월 일	서명
사정관	

05

입학사정관의 역할 및 평가

평가의 주체, 즉 누가 입학사정관 역할을 할 것인지가 입학사정관제의 핵심이라 할 수 있다. 즉 입학사정관제의 성패는 결국 입학사정관의 자질과 그들이 전형을 진행하며, 평가를 수행하며 추구하는 공정성 및 신뢰성에 달려있다. 이명박 대통령은 전직 총장 출신이 입학사정관직을 수행할 수 있으면 한다고 언급[1]한 바 있다. 또 KAIST 서남표 총장은 대학 재직 경험이 어느 정도 있는 교수들은 지원자를 5분만 만나보면 그 지원자의 지성, 인성, 잠재력 등 대하여 직관적으로 알 수 있다고 말하기도 했다.[2] 또한 입학사정관이 단적으로 사기꾼[3]이 될 수도 있다는 표현이 등장한 경우도 있었다. 입학사정관의 자격을 나타내는 언급들인데 이러한 천양지차 표현들이 가능하다는 것은 그만큼 입학사정관의 자격과 역할이 모호한 상태로 있음을 나타낸다고 하겠다.

---

1 2009년 5월 28일, 주요 대학 총장들과의 간담회
2 2009년 3월, 기자 간담회
3 단선적 인용이므로 전체 내용을 보는 것이 필요하다. 〈한국경제〉 2009년 8월 5일

입학사정관의 자격을 은퇴한 총장 혹은 교수들로 정의함은 그들이 대학에서 학생들을 오랫동안 접하여 왔고, 강의를 하고, 평가를 했기 때문이다. 학생의 성장가능성, 잠재력 등에 대한 수많은 실례case들과 관련된 정량적, 정성적 자료분석을 축적하고 숙지하고 있어 지원학생들의 자질에 관하여 깊은 상관관계가 있는 변인들을 파악하는 것은 평가의 큰 자산이다.[4] 즉 오랜 기간 동안 자료축적이 있으므로 가능한 것이어서 내재된 자료분석에 바탕하고 있는 평가이므로 신뢰를 가질 수 있다. 그러나 입학사정관들의 평가과정과 평정결과가 합리적이고 과학적인 근거가 없다거나 평가를 행하는 입학사정관들이 대학 혹은 고등학교 경험이 부족하거나, 실질적이고 전문적인 방법know-how의 축적이 안 된 경우에는 평가의 신뢰성과 효율성을 저하시킬 수도 있다.

이러한 인식에 비추어 보더라도 현재 우리나라 입학사정관제의 입학사정관의 자격과 개념이 모호한 실태이다. 이 장에서는 현재 사회적으로 통용되는 입학사정관을 그대로 사용하며 논점을 제시하고 있으나, 마지막에서는 우리나라의 입학사정관제, 입학사정관에 대한 새로운 명칭과 역할 등을 모색한다. 이는 현재 입학사정관의 양적인 부족[5]으로 인하여 입학사정관제 전체의 공정성과 신뢰성에 우려를 낳고 있는 현실에 비추어 볼 때, 그리고 무엇보다도 질적인 발전[6]을 지속적으로 꾀해야 하는 제도의 발전을 고려할 때, 꼭 정리되어 정립되어야 할 논점이다.

4 Gladwell의 블링크에는 심리전문가, 고미술품 전문가 경우가 이러한 예로 나온다. 번역서 45쪽 이하

5 2010학년도 입학전형에서 입학사정관제를 도입하는 47개 대학의 입학사정관들의 총 인원은 2009년 6월에 400명에도 못 미치고 있다. 사실 입학사정관을 전임, 위촉, 교수 입학사정관으로 분류하고 있어 입학사정관의 총 인원수는 큰 의미를 가지고 있지 못하다.

6 평가에 있어서 객관성의 편견을 완화하는 것도 필요하지만 무엇보다도 입학전형의 투명성과 입학사정관의 전문성을 키우는 것이 중요하다.

사실 입학사정관의 자격을 한마디로 정의하기는 쉽지 않으며, 그 자질을 구체화하여 요구하기도 쉽지 않다. 한 사람의 인생 전체에 큰 영향을 주는 대학 혹은 고등학교 입학전형 평가를 수행하는 입학사정관은 직관*intuitive*에 의한 판단과 숙고*deliberative*에 의한 판단을 하게 된다. 그러한 판단을 하고 평정결과를 합리적, 논리적으로 주장할 수 있는 기본적인 지식, 즉 암묵지[7]는 필수적이다. 소위 말하는 '스펙'과 합리적 사고에 의한 판단은 별개의 능력이어서, 입학사정관이 꼭 뛰어난 '스펙'을 가지고 있어야 할 필요는 없다. 그러나 오류에 빠지지 않는 합리적 판단능력[8]과 자질, 암묵지, 그리고 인성은 꼭 가지고 있어야 한다. 그럼에도 전형 이해 당사자들과 사회가 합의하는 입학사정관의 직업적, 성품적 자격을 논하기는 용의하지 않음 또한 사실이다.

1절에서 현재 우리나라의 입학사정관들의 현황에 대하여 개괄한 후, 2절에서는 입학사정관의 직무를 정의하고 그것을 중심으로 입학사정관이 가져야 할 최소한의 핵심적인 능력에 대하여 살펴보며, 3절에서는 입학사정관의 직무평가, 그리고 4절에서는 현재 사회적으로 통용되는 입학사정관에 대한 개념들과는 다른 입학사정관에 대한 명칭을 도출하여 본다. 마지막으로 5절에서는 입학사정관들의 직무윤리를 규정하는 직무윤리헌장의 참고자료들을 살펴본다.

---

7 암묵지暗默知라고 불리는 표현하기 힘든 직관적이고 주관적인 지식, 인지적 지식과 경험적 지식을 모두 아우르는 말로 일본 노나카 교수의 조어이다. 〈조선일보〉 2011년 7월 9~10일, C3면

8 그런 의미에서는 합리성 지수*RQ*가 지능지수*IQ*보다는 입학사정관에게 더 요구되는 자격일 수 있다. RQ는 토론토대 Human Development and Applied Psychology의 Keith E. Stanovich가 주장하는 바이다. 그의 홈페이지 http://web.mac.com/kstanovich/iWeb/Site/Home.html을 참조하기 바란다.

제1절 현황 개괄

입학사정관제는 2009학년도 입학전형을 위하여 실질적으로 시행되었는데 약 35만 명의 전체 4년제 대학 정원 중 1% 남짓한 약 4,500명을 선발했다. 급격히 확대되어 2012학년도에는 125개 대학에서 약 38,169명, 즉 전체 정원의 10% 정도를 선발할 계획이다. 이는 수시모집정원의 16.1%이며, 국고의 지원을 받는 대학 59개 대학의 29,753명과 자체적으로 실시하는 대학 66개 대학의 8,416명을 합친 숫자이다. 이들 수시모집 전원에 지원하는 지원자들을 다루어야 하는 입학사정관의 수가 절대적으로 부족할 뿐더러 그 한명 한명이 지원자들의 미래를 결정하는 중차대한 결정을 할 수 있을 만큼의 능력과 전문성이 있는지가 항상 우려의 대상이 되고 있다. 이들 입학사정관들의 역할과 자질은 앞장에서 반복하여 살펴본 대로 입학사정관제 전체의 공정성과 신뢰성에 가장 직결되는 요소이기도 하다. 현재 각 대학별 사항들이나 전반적인 입학사정관들의 현황은 이미 발표된 많은 문헌들과 언론보도들로 가름한다.[9]

입학사정관의 양적인 크기는 그 구성원 입학사정관 한명 한명의 자격에 대한 확신이 없으면 양적인 수치는 의미가 없는 것이므로 입학사정관의 자격 및 직무능력 등은 우선적으로 중요하다. 그런 의미에서 한국대학교육협회가 각 대학의 입학사정관제에 대한 지원[10]액을 결정하는 자료들 중

9 2011학년도 입학전형에 참가한 '전임' 입학사정관들의 69%가 20~30대라는 비판적 논조의 언론 보도들이 있으나, 이는 조직문화가 활성화되어 있고, 경륜 있는 입학사정관들도 전형 역할을 분담하면서 함께 있다면 오히려 더욱 효율적인 측면이 있다. 다만 전체의 약 80%를 차지하는 계약직 고용은 여건이 허락하는 대학들이나 입학사정관제의 효과적이고 효율적인 구현을 원하는 대학의 경우는 계약직을 과감히 줄여나갈 필요가 있다.

10 2012학년도 이후에도 국고의 지원이 계속 될 것으로 보이나, 일부에서는 입학사정관제는 현 정부와 그 운명을 같이 할 것이라는 예단을 하기도 한다. 그러나 3년, 5년, 10년 후의 대학 입학 세대를 예견하고, 급변하는 사회 문화적 토양을 추측하면 입학사정관제는 어떤 정부 아래서든 그 역할을 확대해야 한다. 원래 입학사정관제는 이전 정부 2004년 '2008학년도 이후 대학입학제

의 하나로 입학사정관의 수와 선발 학생 수의 비율과 같은 자료를 활용하는 평가방식에는 우려가 있을 수 있다. 각 대학이 취하고 있는 입학사정관제의 형태와 한국대학교육협의회가 추진하는 정책 방향 및 입학사정관이 어느 정도로 평가에 참여하느냐에 따라 제도에 대한 전체적 신뢰성과 공정성 평가는 다를 수 있다. 그러나 제도의 핵심인 입학사정관 구성을 조망해 보면 비정규직의 비중[11]이 지나친 점 하나 만보더라도 입학사정관제가 입학전형에 있어 신뢰성과 공정성을 완벽하게 이루고 있다고 보기에는 무리가 있는 실정이다.

입학사정관들의 자격, 소위 스펙에 대한 논점은 다양하다. 특정 대학의 경우 입학사정관들이 가져야 할 직무 관련 능력, 전인적 인성 등에 관계없이 좋은 스펙만을 보고 임용하는 경우도 있고, 학과 조교 2년이 경력의 전부인 입학사정관들도 있는 등과 같은 부정적인 사례들도 많다.[12] 각 대학의 전임 입학사정관들은 계약직인 경우가 많고, 전임 입학사정관들 중에는 전환 입학사정관,[13] 즉 학교의 다른 행정부서에 일반 행정직[14] 직원으로 재직하다가 입학사정관 직무를 담당하는 입학사정관들이 있으며,[15] 그리고 해당 대학 및 고등학교 재직자가 아닌 위촉 입학사정관, 그리고 해당 대학・고등학교에 재직하고 있는 교수나 교사가 평가에 참여하는 교수・교사 입학사정관 등 다양한 입학사정관 자원을 가지고 입학전형을 진행하고 있다.

도 개선안'에서 권장되었던 제도이다.

11 계약직(비정규직) 입학사정관의 비율이 82%에 이른다고 한다. 〈시사인〉 2010년 9월 11일, p.31

12 〈조선일보〉 2009년 4월 13일

13 '기존 교직원을 사정관으로 임명하고 서류 심부름만 시키더라.', '사정관의 기본개념조차 모르는 사정관이 수두룩하다.'라는 표현이 있다. 〈주간조선〉 2108호, 2010년 6월 7일, p.47

14 '대학 행정직 교직원 신이 감춰 놓은 직장', 〈조선일보〉 2010년 5월 1일

15 따라서 당연히 정규직이며, 이들이 입학사정관 정규직의 대부분을 차지한다.

2010년 10월 한국대학교육협의회에서는 2012학년도 입학전형부터 입학사정관 자격증제를 도입할 예정[16]이라고 밝혔으나 실행되지는 않고 있다. 당시 2000~3000명의 입학사정관 자격증 인력풀을 운영하겠다는 방침이었다. 그러나 원하는 수준의 입학사정관을 그 정도의 수까지 양성하려면 소요되는 시간과 재원이 보통은 아닐 것이다. 이 경우 대학 및 고등학교 입학전형에서 해당 학교에 재직하는 교수・교사를 배제한다는 의미도 내포하고 있으나 이는 현실적으로 불가능할 뿐더러 입학사정관제의 바람직한 운영방식이 아니라고 본다.

입학사정관의 자격을 일률적으로 정하고, 자격의 구체적 항목을 제시하는 것 또한 입학사정관제 취지에도 부합하지 않는다. 다양한 시각으로 학생을 선발하는 것이 입학사정관제의 목적이니 만큼 획일화된 자격[17]을 요구하는 것은 모순이다. 이럴 경우 매우 중요한 것이 역시 다음 제7장에서 논의하려는 '입학사정관제의 조직'이다.[18] 다양한 배경과 차별화된 자격을 가진 입학사정관들이 독립적으로 투명하게 상호 협업할 수 있는 조직의 문화가 중요하다.

이 책의 전체적인 내용으로 보아, 혹은 이 장에서 그동안 입학사정관들이 담당하였던 직무를 정리한 것을 고려하여 각 대학의 실정에 맞는 입학사정관 자격에 대한 자연스러운 합의가 형성될 수 있으리라 예상한다. 무

---

16 〈조선일보〉 2010년 10월 16일, A10면

17 한 국립대학교의 입학사정관 중 20대가 33%라는 기사가 2010년 10월에 비판적으로 보도된 적이 있다. 그러나 이는 구성의 다양성 측면에서 오히려 바람직하며, 또한 직무대상 대부분이 10대 학생들이라는 점에서 필요한 자격일 수 있다. 당시 그 학교 24명의 전임 평균연령이 32.7세라고 보도되었는데, 이는 경험과 전문성이 있는 연륜이 있는 입학사정관이 함께 조직 내에 있는 경우라면 전형의 진행에 있어서 공정성과 신뢰성을 전혀 훼손하지 않는다고 본다.

18 MIT의 경우도 연륜 있는 입학사정관과 초보 사정관 사이의 격차를 줄이기 위한 조직 내의 운영방식을 가지고 있으며, 이러한 방식들이 입학사정관제의 신뢰성을 높일 수 있다. 〈주간조선〉 2010년 6월 7일, p.43

엇보다 중요한 것은 전 장의 말미에 제시된 [그림 4－11]과 같이 입학사정관제 운영 대학이 가진 투입자원의 대소경중大小輕重에 따라 입학사정관들의 자격, 직무, 또한 평가가 다르다는 것을 이해하는 것이다. 이러한 '다름'에도 불구하고 개별 대학 입학사정관제의 공정성과 신뢰성이 완전에 이르도록 해야 함은 당연한 과제라 할 수 있다.

제2절 입학사정관의 직무 정의와 역량 요소

여기에서는 입학사정관들의 기본적 직무로 인지하고 있는 업무들에 대하여 살펴보고 이들 직무들을 효율적으로 수행하기 위하여 필수적인 입학사정관의 기본 역량에 대하여 언급한다. 이러한 입학사정관들의 직무는 해당 대학의 여건에 따라 통합되어 있기도 하고 세분화되기도 한다.

미국의 경우 입학사정관은 입학서류 검토와 평가 및 면접을 위주로, 고등학교에 대한 방문 및 분석, 연수 및 연구 업무를 수행한다고 표현되어 있다.[19] 우리나라의 설문조사 결과는 입학사정관의 역할로서 입학제도의 연구 및 개선－입학전형 개발 및 결과 분석－입학서류 검토 및 평가－입학전형 홍보 및 상담－기타 입학 담당 부서 업무 순이라는 조사결과가 나온바 있다.[20]

1. 직무정의

대별하여 보면 평가직무와 비평가직무로 볼 수 있다. 또한 비평가직무 중 평가지원 직무와 전형절차 전반에 걸친 직무로 대별하여 볼 수 있다.

19 정일환, 『입학사정관제의 활성화를 위한 법적 제도적 방안 탐색』 (교육과학기술부, 2008), p.41
20 김현철, 『입학사정관제 도입 및 지원방안 연구』 (교육과학기술부, 2006), p.82

평가직무(E)를 세분하면 다음과 같다.

평가직무(E)

- 초기 단계의 지원서류평가(E1)[21]
- 서류의 해석*interpretation*을 통하여 평가요소와 연계시키는 지원서류평가(E2)
- 지원자의 희망 전공 관련 전문성 면접평가(E31)
- 지원자의 전인적인 면을 평가하는 면접평가(E32)

등 직접적으로 평가를 수행하여 지원자에 대한 평정을 하고, 평가서를 작성하는 직무를 말한다. 이 평가직무는 현재 정규직 또는 비정규직으로 고용되어 있는 전임 입학사정관들이 행하거나, 재직교수들이 행하거나, 특별히 위촉된 인사들이 행할 수 있는 직무를 말한다. 이러한 평가요소들을 지원자 개개인 별로 종합하는

- 종합*case holistic*평가(E4)
- 아울러 전형결과 도출을 위한 최종회의, 연석회의 종합평가(E5)

등도 이 직무군에 포함된다.

비평가 직무로 먼저 평가지원 직무(S)를 살펴보자.

---

21 E1직무는 미국 입학사정관제에서 주로 리더*reader*라 불리는 입학사정관들에 행하는 평가직무로 평가라기보다는 분류*classification*로 볼 수 있다. 특징적 지원서에 표시(flag를 단다고 하고 많게는 30여 가지의 종류가 있다.)를 하고, 다음 단계에서조차 평가대상이 못 되는 지원서를 가려낸다. 물론 이후에 보다 경험 있는 입학사정관이 다시 평가하겠지만, 그 평가의 효율성은 훨씬 높아진다. 따라서 이런 E1직무군에 속하는 평가는 누가 하더라도 같은 결과를 가져올 수밖에 없는 사실*fact*에 근거하기 때문에 객관성이 있으며, 미국대학의 경우 이런 역할을 하는 입학사정관의 경우 초기직업*entry level job, casual job*으로서도 가능하며, 비정규직*part time, sessional*으로도 가능하다.

평가지원 직무(S)

- 평가기준지표rubric의 설정과 지침 등을 위한 평가도구 연구개발 직무(S1)
- 평가서 개발과 추후 평가서 분석 등 평가서를 다루는 직무(S2)
- 면접 등을 위한 질문 문항의 작성과 문항 반응 이론 등을 적용하며 사용한 면접 문항을 분석하는 직무(S3)
- 연석회의 최종평가를 위한 평가자료의 작성 등 평가회의지원 직무(S4)
- 전형 전체의 평가결과 분석 및 평가자 분석에 관한 직무(S4)
- 임시 평가자 접촉과 훈련을 위한 워크숍, 관련회의 구성진행 등을 기획 실행하는 직무(S5)
- 선발 학생들에 대한 추후 지도 및 지속적 상담 직무(S6)
- 전형 종료 후 지속적 종단연구, 추적조사를 수행하는 직무(S7)

등으로 나누어 볼 수 있으며, 전형절차 전반에 걸친 직무(A)로,

전형절차 전반에 걸친 직무(A)

- 전형 기획 관련 직무(A1)
- 새로운 전형 개발을 위한 직무(A2)
- 전형을 위한 홍보의 기획과 실행 직무[22](A3)
- 교외 유관 기관 연계활동 직무(A41)
- 교내 제반 행정 협업 및 소통 직무(A42)

22 대학의 인재상에 적합한 입학사정관제 지원자를 유치하기 위한 경쟁은 아직은 시작되지 않았다고 볼 수 있다. 대학의 명성만을 고려하는 과거의 형태로부터 실질적 교육효과를 모색하는 경향이 많아질수록 홍보와 유치경쟁은 치열해질 것이고, 특히 외국의 대학과 경쟁해야 하는 경우 홍보의 중요성은 더욱 부각될 수밖에 없다. 그 예로 옌볜 제1중학교는 베이징대, 칭화대, 일본의 대학에까지 많은 학생을 진학시키고 있으나, 서울대학교 진학은 없었다는 기사가 있었다.

- 대학 내외의 교육훈련 실시 혹은 참여 직무(A5)
- 지원학생 상담 등과 같은 대외 소통 직무(A6)
- 지원서의 실질적 접수부터 통보, 예산 및 결산, 전형 진행 등 입학전형 관리로 통칭되는 직무(A7)
- 정보 자원－전형대장, 웹페이지, 자료 수집 등을 다루는 직무(A8)
- 전체 전형결과, 동원 자원, 예산 등의 통계적 분석과 백서 등을 담당하는 직무(A9)

등으로 나누어 볼 수 있다. 물론 이 모든 직무들이 확연한 경계를 가지고 있지는 않으며, 중첩하여 입학사정관들이 행하고 있는 직무들이다.

이런 직무 스펙트럼을 다음과 같은 도식으로 표시할 수 있고, 도식을 통해 현재 통칭되는 입학사정관의 직무범위가 광범위함을 알 수 있다. 이 광범위한 직무범위를 입학사정관들이 모두 다루는 대학이 있는가 하면 부분적으로 다루는 것을 입학사정관들의 직무로 정의하여 시행하는 대학들도 있다.

이렇게 입학사정관들의 직무가 다른 분야에 걸쳐 있어 명확히 구분되지 않는 것은 입학사정관제의 공정성 및 신뢰성에 대하여 논란을 야기시키는 원인들 중의 하나이다. 이는 입학사정관제의 발전을 더디게 할 수 있다. E, S, A 직무군들 중 어느 하나라도 전형 전체의 공정성과 신뢰성에 영향을 주지 않는 것이 없을 만큼 입학전형에서는 모두 필수적인 요소들이다. 그러나 직무의 차이가 사람의 차이라고 오해하는 풍토가 없지 않는 우리나라의 현실에서는 E 직무만이 입학사정관들이 행하는 직무로 오인받고 있는 경우가 많다. 일반적 혹은 전문적 시각에서 입학사정관제의 신뢰성, 공정성을 언급하는 경우 대상이 되는 직무군은 대부분이 E 직무군이다. 현재는 다양한, 즉 경력, 전문성 등에서 편차가 큰 입학사정관들이 이 E

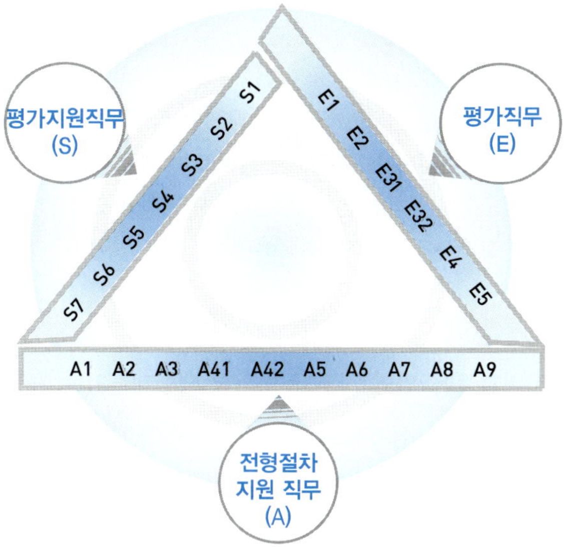

* 평가직무는 평가지원직무와 전형절차 지원직무에 의존한다.

[그림 5-1] 입학사정관들의 직무 스펙트럼

직무군을 수행하다보니 입학사정관의 자격에 대한 신뢰성은 물론 나아가 평가의 공정성과 신뢰성에도 걸림돌이 되고 있는 실정이다.

A 대학 사례

A 대학의 입학사정관들은 다른 기존 직원들과는 달리 모두 박사학위 소지 및 경력자로 구성했다. 이들은 E 직무군 관련 직무들만 행하기를 고집하고 다른 직무들은 외면했다. 그로 인한 기존 입학부서 직원들이 사기저하로 인하여 해당 대학의 입학전형에 막대한 비효율을 가져오고 급기야는 입학사정관제 자체를 전형에서 제외하기에 이르렀다.

이와는 반대되는 사례도 있다.

B 대학 사례

입학사정관제에 대한 비전과 동기를 가지고 B 대학에 근무를 시작한 입학사정관에게 주어진 직무는 전형절차에 관한 직무들을 보조하는 아르바이트 수준의 직무만이 주어지고, 완고한 조직위계문화와 재직 연한에 의한 의사결정구조로 인하여 입학사정관으로서 가지고 있던 열정과 창의성을 발휘하지도 못한 채 퇴직했다.

사실 입학사정관들은 위의 직무군 모두를 행할 수 있는 능력이 있어야 하는 것은 맞다. 그러나 실제로 우리나라의 대학들에서는 A 직무군을 입학사정관이 행해야 하는 역할로 보는 경우는 다른 직무군에 비하여 상대적으로 낮았다.[23] 입학사정관들에 대한 이와 같은 인식이 입학전형에 관한 다양한 직무를 수행해야 하는 입학부서의 조직문화에 부정적 영향을 미치고 있는 것 또한 사실이다.

입학사정관이 행하는 직무에 대하여 사회적으로 소통되는 명확한 구분과 개념없이 모두 혼용되어 논의되고 있어 입학사정관이 행하는 평가의 공정성 신뢰성에 대한 계속되는 우려가 있다. S와 A 직무군들이 입학사정관제 전체적 공정성 및 신뢰성에 필수적이기는 하나, E 직무군에서 보장해야 하는 공정성과 신뢰성에 비하면 상대적으로 그 정도가 낮은 것 또한 사실이다. 특히 E 직무군의 평가를 수행하는 입학사정관의 경우 입학사정관제의 특성으로 말미암아 고도의 능력을 필요로 한다. 예를 들어 E2 직무의 경우 서류상에 나타나는 교과적 · 비교과적 정보들을, 전형 목적의 인재상과 더불어 지역의 사회 · 경제적 위상, 출신학교의 실제 교과과정

23 약 100여 명의 입학사정관들은 대부분이 제도연구 및 전형개발을 우선적인 직무로, 그 다음을 평가 관련, 그 다음을 입학전형 관리직무의 순서로 응답한 설문조사 결과가 있다. 김현철, 『입학사정관제 도입 및 지원방안연구』(한국대학교육협의회, 2006), p.82

등의 수집된 배경변인들을 고려하면서, 아울러 과거의 전형 자료, 종단연구결과 등과 함께 지원자 한명 한명을 평정하는 데는 일반적 직무능력 이상의 전문적인 능력을 필요로 한다. 절대감을 가지고 해당 대학의 인재상에 부합하는지의 여부뿐만 아니라 그 부합 정도까지 서류만 보고 가늠한다는 것은 생각보다 많은 과학적・논리적인 사고 전개를 요구한다. 물론 이 서류평가의 경우 산술적 계산이 가능한 정량적 평가[24]의 비중에 따라 입학사정관 투여의 총 자원은 달라질 수 있다. 또한 전인적 평가를 해야 하는 E32 직무의 경우, 지원자의 전인적인 면을 자신의 주관적 관점으로 평가하는 것이 아니라 전형목적에 맞추어 평가하려면 단지 그 세대를 많이 접해보았다는 것만으로도 충분하지 않은 깊이 있는 통찰력 등의 능력을 요구하고 있다.

이렇게 입학사정관의 직무와 그 책임에 대한 혼용과 사회적 합의의 부재는 대학의 입학부서 조직에도 영향을 미치고, 나아가 이는 입학사정관제 전형과 일반전형의 분리 심화[25]라는 바람직하지 못한 방향으로 나아가고 있다. 일반적으로 조직 내부의 혼선을 피하려 하고, 변화에 따르는 부담을 꺼려하므로 새로운 직무의 통섭적 재구성을 회피할 수밖에 없는 것 또한 사실이다. 때문에 입학사정관들만이 A, S, E 직무를 행하는 특별전형이 생기고, 이는 기존의 입학부서 직원들이 주도하는 일반전형들과 분리되어 자연스럽게 업무를 분장하는 결과를 가져오고 있다. 그러나 이것은 입학전형 전체로 볼 때 입학사정관제의 발전을 가로막는 것이고 입학사정

24 예를 들어 정량적 계산이 가능한 교과성취도의 비중이 90%이고 다른 평가요소가 10%라면, 지원자의 전체 크기에 따라 다르겠으나 평정결과를 빠르게 정할 수 있어 많은 자원을 필요로 하지 않는다. 그러나 이 경우 입학사정관제에 의한 전형이라고 보기에는 어렵다.

25 이런 경향이 지속 심화된 경우, 우리나라의 입학사정관제는 부분적으로 특별한 전형으로 머물 수밖에 없고, 그것은 곧바로 그런 전형들에 맞추어 준비하려는 사교육 수요를 불러올 수밖에 없는 구조로 고착될 우려가 있다.

관제가 가져오는 효용성, 입학사정관제의 도입 목적을 점차 감퇴시키는 결과를 초래한다.[26] 이러한 현상이 고착되거나 악순환에 접어든다면 입학사정관제의 쇠퇴와 소멸은 피할 수 없다.

2. 역량요소

이제 이러한 직무를 수행하기 위한 입학사정관들이 가져야 하는 역량요소에 대하여 살펴보자. 고객중심사고*external orientation*, 협업능력*team alignment*, 도덕성, 열정, 개인역량계발*build superior talent*, 장인정신[27], 직무동기 등과 같은 일반적 직무수행의 인지적·정의적 요소들은 잘 알려져 있으므로 배제하며, 입학사정관으로서 가져야 하는 특별한 역량요소로 판단되는 것들 중 다섯 가지만을 기술한다.

창의성 *creativity*

전형 개발 및 평가지침서 연구개발과 평가서, 전형 관련 보고서를 작성하는 것은 창의성이 요구되는 매우 정교하고 전문적인 작업이다. 평정결과인 평가서 서술 내용이 단 한 줄인 경우도 있는데 이는 제대로 된 입학사정관제 평가라고 볼 수 없으며 이러한 평가보고서는 전형 전체의 신뢰성을 떨어뜨리는 바람직하지 못한 예로 꼽힐 수 있다. 다트머스 대학이 '평가보고서'라는 용어 대신에 '만족도 보고서*satisfactory report*'라는 용어를 사용하고 있는 이유들 중의 하나는 바로 입학사정관들이 창의적 평가보고서 작성을 요구하기 때문이다.

---

26 이렇듯 입학사정관제의 직무에 관련된 논의는 자연스럽게 입학사정관제 실행조직에 관한 논점에 이르게 되며, 이는 제7장 입학사정관제의 조직에서 좀 더 구체적으로 다루기로 하겠다.

27 리처드 세넷*Richard Sennett*은 '공적인 일에 대한 자발적 즐거움이야말로 장인의 본질이며, 장인*craftman*은 최고를 추구하는 사람들'이라고 그의 저서에서 언급하고 있다.

C 대학 사례

전혀 다른 직무에 있다가 새로 입학사정관으로 직무를 수행한 구성원은 서류평가서 기술에 필요한 적합한 용어 등을 사용해본 경험이 없고, 지원자 개개인에 대한 고유한 평가결과를 자신만의 언어로 기술하는 데 한계를 느껴 일과시간 후에 다른 입학사정관의 평가서를 모방하여 평가서를 새로 작성하곤 했다.

분석력 *analytic thinking*

입학사정관이 가져야 하는 자료의 분석능력은 비단 한 지원자의 지원 프로파일*profile*에 만 국한하는 것은 아니다. 일관성 있고 공정하게 지원자의 프로파일을 분석하고 평가는 것은 당연히 필요로 하는 분석력이다. 그 외 학교간 학업성취도의 분석, 지역간 배경변인의 분석[28]등에서도 연구 방법상의 한계를 극복하고 유의한 결과를 얻을 수 있는 분석을 수행하는 것과 같이 입학사정관이 가져야 하는 자료분석력은 그 깊이가 깊다.

통찰력 *bird -eye*

학업성취도와 같은 교과성적에 관한 분석을 했다하더라도 그 분석결과에는 자료에 대한 이해가 수반되어야 한다. 즉 자료구성에 포함되는 오류까지 고려하는 혜안이 분석적 능력과 더불어 필요하다. 학업성취도 자료가 교육과정상에서의 자연스러운 학업결과인지, 인위적으로 준비한 것인지에 대한 여부나 그 정도에 대하여 살펴볼 수 있는 통찰력이 필요하다. 또한 지원서류를 검토하거나 혁신적 전형 운영을 창출하거나 맞닥뜨릴

28 사실 이러한 분석들은 고도의 전문적인 분석이 요구된다. 예를 들어 언론에 많이 등장하는 지역간 교육 효과에 대한 비교분석 역시 수학능력시험 결과와 같은 단편적 잣대로 비교할 수 있는 것이 아니다. 이는 학력에 영향을 주는 요소가 매우 많으며, 이를 모두 통제할 수 없기 때문이다.

때, 새로운 시각*sight*를 갖는 것이 필요한데, 이 역시 통찰력이 요구된다. 특히 평가에 있어 지원서에 대하여 선입관이나 편견없이 살펴보고*free-range exploring* 변화하는 특이한 성향*idiosyncrasy*를 파악해야 하므로 통찰력은 입학사정관이 갖추어야 할 긴요한 역량요소이다.

D 여자고등학교 사례

지역의 한 D 여자고등학교의 4년제 진학률은 높지 않으나, 2년제 대학의 진학률은 높다. 4년제 대학 진학률에 기초하여 지역의 다른 고등학교와 단순히 비교하는 것에서 벗어나 입학사정관은 해당학교가 여학교이며, 여학생들이 졸업 후 취업률이 월등한 인근의 유명 보건전문대학에 대거 진학하고, 그 후 편입학이나 취업과 같은 진로를 활발히 모색하고 있음을 발견하고 해당 고등학교의 4년제 진학률을 크게 고려하지 않게 되었다.

통섭 *consilience*[29]

전형에 있어서 평가요소들의 부분적 유사성이 중첩된 '군집적 유사성'을 파악하여, 인재상 혹은 전형목적에 일치시키는 역량을 이른다. 또한 평가에 있어서 지원자 개개인 각각의 평가요소의 유사성이 중첩된 군집적 유사성으로 지원자가 해당 대학에서 수학할 수 있는가 하는 평정을 하는 역량을 말한다. 비록 고등학교 또는 대학교 입학 수준의 지식을 측정하는 입학사정관제이지만 지원자 수준의 지식에 대한 통찰력과 문화, 인문, 사회과학, 예술, 기술, 과학과 공학을 아우르는 시대적 흐름을 읽을 수 있는 자질이 필수적이다. 이는 미래지향적 입학전형의 개발 및 선진 전형 기법

29 과학자, 성공회 성직자, 철학자, 신학자, 과학사가인 윌리엄 휴얼*William Whewell*(1974~1866)이 '더불어 넘나들다'는 뜻으로 만든 개념, 모든 지식과 경험체계에 수평적 가치를 부여하는 비환원주의적 통섭 등과 같은 보다 세밀한 분류가 있다.

을 구현하기 위하여도 필수적인 역량이다.

책임감 *Accountability*

성격적 요인으로 볼 수 있으나, 입학사정관이 가져야 하는 많은 성격적 요인들 중 이 책임감만을 역량으로 포함시키는 이유는 무엇보다도 지원자에게 큰 영향을 미칠 수 있는 결정에 참여해야 하며, 정착 단계에 있는 제도에 대한 핵심적인 역할을 수행해야 하는 입학사정관이기 때문이다. 특히 앞서서 살펴본 대로 입학사정관의 업무 범위가 넓고 확대가 가능하므로 책임감은 필수적 역량이라 할 수 있다.

제3절 입학사정관의 평가

모든 객체는 평가를 받게 되어 있다. 그것이 구체적인 틀과 합의에 의한 평가든 평가자가 누구든 관계없이 제도 구조 속에서 평가는 피할 수 없다. 기관은 물론 직무와 인성까지도 평가의 대상이 되는 개인적 평가, 교수평가, 교사평가, 직원평가 등과 마찬가지로 입학사정관 평가 또한 당연하다. 기관에 대한 평가들도 경쟁적으로 늘어나듯이[30] 입학사정관 등에 대한 평가도 대학이라는 조직이 행하는 기본적 평가 외에 다양한 방법의 평가들이 소개되고 입학사정관들을 평가하고자 하는 많은 주체들이 나타나리라 본다. 본 절에서는 대학의 구성원으로 입학사정관에 대해 대학이 행하고 있는 기본적인 직무평가 외에 입학사정관들에게 적용되는 평가에

30 대학평가를 행하는 공적인, 사적인 국내 기관들과 국외의 많은 대학평가 전문기관이 있다. 특히 국내의 대학평가에서는 입학사정관제에 관한 평가(따라서 입학사정관에 대한 평가) 역시 평가요소로 포함되리라 예상한다.

대하여 살펴본다.

먼저 입학사정관 평가의 목적은 전문성 함양과 그로 인한 입학사정관제의 공정성 및 신뢰성 확보에 있다. 즉 평가의 질을 높이고, 평가결과에 대한 객관성을 확보할 목적으로 적극 활용해야 한다고 본다.

1. 입학사정관이 행한 평가에 대한 평가, 메타*meta*평가[31]가 발생하는 경우이다. 이는 입학사정관의 평가 활동에 지침이 되고, 입학사정관 평가의 장단점을 밝히는 목적으로 행하는 것으로 입학사정관이 행하는 평가의 유효성, 실효성 및 전형목적의 적합성 등에 대한 평가를 하는 것을 말한다. 자체적으로 이런 메타평가를 실행할 수도 있으며, 평가가 종료된 후 외부 전문가에게 평가를 받는 것도 한 방법이다. 특히 형성적 메타평가는 입학사정관 자체적으로 행할 수 있다하여도, 총괄적 메타평가는 외부 전문가로 하여금 입학사정관들의 평가에 대하여 평가하도록 함으로 입학사정관제의 전반적 신뢰성을 고양할 수 있다. 따라서 이러한 입학사정관 평가에 대한 메타평가는 적극 실행되어야 한다. 그러나 현재는 대부분의 대학들이 평가결과 보고서 수준에서 전형을 마무리하는 경우가 많다.

E 대학 사례

E 대학의 입학사정관제 전형유형은 9대 1의 경쟁률이었다. 전임 입학사정관 10명이 제1단계 평가인 서류평가에 투입되어 평가를 행하였고, 입학사정관의 연령과 성별, 배경, 경력은 각각 달랐다. E 대학의 입학사정

31 평가 자체의 평가를 이르며, 입학사정관 평가 활동의 지침이 되고, 입학사정관이 수행한 평가의 장단점을 공개할 목적으로 평가의 유효성, 신뢰성, 적합성을 살펴보는 목적을 가지고 있다. 형성적 메타평가, 총괄적 메타평가 등으로 나누어 볼 수 있다.

관의 전적인 참여가 전형의 신뢰성에 부정적 영향을 미칠 수 있다는 점과 입학전형의 사정권한은 비정규직인 입학사정관이 아닌 재직교수들의 회의체에 있으며, 또한 연석회의의 토론을 통하여 최종결정을 하는 문화가 아직 무르익지 못하다고 입학부서장이 판단하여 서류평가 후 재직교수들로만 구성된 대학의 '전형위원회'를 열어 지원서와 입학사정관들이 작성한 평가서를 다시 종합평가하여 제1단계 서류평가 통과자를 결정했다.

전임 입학사정관 10명의 평가한 지원자 수는 큰 차이 없이 지원자의 성별, 출신고교 지역 등에 의하여 균등한 비율로 무작위로 할당되었다. 그러나 각각의 입학사정관이 다음 전형단계로 통과자를 낸 비율은 최저 36%에서 최고 54%까지 달랐다. 결국 각각의 지원자는 어느 입학사정관에게 평가 받았는가에 따라 통과할 확률에 큰 차이가 있는 것이 되었다. 실제로 높은 통과율을 낸 입학사정관은 20년 이상의 대학교육 경력 등과 더불어 지원서류에 대한 통섭적 분석 및 세밀하고 전문적인 평가서를 작성함으로 전형위원회의 심의에서 많은 지원자를 통과시킬 수 있었다.

물론 이 메타평가의 단계로 평가가 끝나는 것은 아니다. 높은 통과율을 보인 입학사정관에 대한 평가는 그 입학사정관이 평가한 지원자 중 얼마나 많은 수가 최종합격을 하였는가와 더불어 나아가 입학한 학생들이 학교에 얼마나 잘 적응하고 학업성취를 하였는지까지일 수도 있다. 그러나 서류평가에 참여하는 입학사정관들 대부분은 계약직이어서 입학사정관 직무 중 가장 중요한 평가에 대한 메타평가를 받는 것이 불가능하다.

위의 사례는 메타평가의 예시이기도 하지만 평가의 유효성을 나타내는 사례로 입학사정관 자체에 대한 평가를 넘어서 입학사정관제 전체에 대한 공정성에 부정적 영향을 미치고 있는 사례이기도 하다. 어느 정도의 편차는 용납이 되는 것이 또한 신뢰적 결과이지만 입학사정관별 편차가 큰 경우는 입학사정관 전체에 대한 재교육이나 임계 범위를 벗어난 입학사정관의 경우 전형에서의 배제까지도 고려해야 한다. 아울러 이러한 차이를 불식하기 위하여 입학사정관들에게 일정수를 할당하여 무조건 유효성 비율을 동일하게 하는 경우도 있으나 이 역시 입학사정관들 차이를 차이로 인정하지 않음으로 인하여 입학사정관제 전형의 공정성에 또한 부정적 요인으로 작용하게 된다.

case F 대학 사례

F 대학은 입학사정관제를 실시하는 데 처음 단계 전형에서 교과 중심의 서류평가를 실시하여 2배수로 압축한 후 전임 입학사정관 5명이 지원자의 환경 변인 및 성장맥락, 학교 배경을 조사하며, 단독의 개별 심층면접을 실시했다. 단독으로 면접을 하였으므로 F 대학은 평가의 신뢰성을 높이기 위하여 입학사정관들의 전 단계 평가결과는 보지 않은 채 다시 전체 2배수 지원자를 대상으로 교수 등으로 구성된 3명의 평가단이 다시 '합동 심층면접'을 실시했다.

이후 비정규직인 입학사정관들에게는 입학전형의 최종 결정권이 없다는 대학 교무위원회의 유권해석에 따라 최종합격자는 '합동 심층면접' 결과만으로 결정되었다. 결과적으로 면접평가에서 전임 입학사정관이 제반 변인들을 고려하는 능력에 대한 평가가 이루어진 것인데, 각 전임 입학사정관의 평가결과가 최종합격과 일치하는 비율은 최저 33%에서 최고 65%에 이르렀다. 이 수치를 안정성 계수로 해석할 수 있는 재검사 신뢰도 및 동형성 계수로 해석할 수 있는 동형검사 신뢰도라고 볼 수 있다면 어떤 전임 입학사정관이 보다 신뢰성 있는 평가를 하였는지가 나타난다.

실제로 가장 높은 비율을 가진 입학사정관은 그동안의 많은 면접 경험과 지원자 및 대학 연령층을 오랫동안 접해본 결과 지원자가 가진 잠재력과 성장 가능성 등을 비교적 잘 분별할 수 있어, 합동면접에 참가한 재직 교수들의 평가와 맥락을 같이 할 수 있었다.

위의 사례에서 볼 수 있듯이 평가자의 신뢰성 있는 평가책임은 실로 막중하다. 특히 주루형 평가의 형태에서는 각 단계별 평가자의 신뢰성이 입학사정관제 평가 전체의 신뢰성의 중심에 있다. 결국 입학사정관제에서는 모든 평가가 종료된 후에 입학사정관들의 평가에 대한 평가를 수행함으로 평가가 적정하게 이루어졌음을 증빙해야 한다. 그러나 위의 두 사례는 입학사정관 평가에 대한 단기적[32]인 평가에 불과하다. 입학사정관 평가 유효성에 대한 메타평가는 선발한 학생이 대학교육에서 어떤 적응과 성취를 이루고 있는가의 진행형으로 몇 년간 이루어지며 이는 제9장에서 살펴볼 종단연구의 필요성과도 결부되는 것이다.

2. 입학사정관의 강령과 세부지침에 대한 수용도가 입학사정관 평가의 준거가 될 수 있다. 입학사정관은 경우에 따라 관계있는 사람들을 담당 입학전형의 이해 당사자로 만나는 경우가 있다. 미국의 경우도 이런 경우는 이해 당사자 배제*conflict–of–interest* 정책을 펴고 있는 등[33] 전형의 공정성의 중요한 요인으로 보고 있다. 해당 전형의 이해 당사자가 있는 경우,[34] 혹은 전형에 영향을 미칠 목적으로 입학사정관에게 접촉한 경우 그 내용을 필수적으로 공개하도록 하는 것과 같은 정해진 절차의 준수 여부가 입학사정관 평가의 중요한 요소를 이룬다고 할 수 있다. 입학사정관 스스로가 이러한 직무 관련 윤리적 강령을 준수하고 요구되는 절차들을 수행할

32 혹은 근시안적인

33 Daniel Golden, *The Price of Admission*. (USA : Crown Publishers, 2006). p.293

34 2011학년도 입학전형에서 교육과학기술부는 교직원 자녀의 특혜 여부를 조사했으며, 이후로는 전형 시작 이전에 이해 당사자가 있는지를 미리 조사하고 있다. 2010년 9월, 한 교육업체 대표의 트위터 글과 외교통상부의 특채, 그리고 국정 방향으로 설정한 '공정한 사회' 등이 서로 공명을 일으켰다. 결과적으로 입학사정관제가 보다 공정하고 엄중하게 진행되는 데는 긍정적 영향이 있었다.

수 있도록 직무 분위기를 설정하는 것이 중요하다. 이런 윤리성은 비단 대외적인 경우에만 해당하는 것이 아니라 교내에서의 부당한 압력이나 협작 등에 대하여서도 정당하게 대응할 수 있는 윤리적 역량을 함양하도록 조직의 문화나 직무 환경을 조성하는 것이 필요하다. 이러한 기본적 토양이 마련된 바탕 위에 비로소 입학사정관의 평가가 가능한 것이다. 현재처럼 1년 정도 사업연도에 따른 계약직 신분으로는 입학사정관들에 대한 평가가 제대로 이루어질 수 없으며, 이와 같이 입학사정관에 대한 철저한 평가가 없는 상태는 입학사정관제의 신뢰성 및 공정성을 유지하는 데 있어 큰 걸림돌이 되고 있다.

3. 입학사정관의 평가는 가장 기본적으로 전문성에 대한 평가여야 한다. 점수화로 나타나는 객관성의 편견을 극복하고 입학사정관제 고유의 목적을 위한 입학사정관제를 정착시키기 위하여 입학사정관의 전문성이 절대적으로 요구된다. 전문성을 전공에 기초할 것인지, 학위에 기초할 것인지, 교직 경력에 기초하여 판단할 것인지가 분명하지 못하며 또한 절대적 기준이 아니다. 입학사정관제에서 선발하는 신입생 집단의 구성처럼 한 대학의 입학사정관들도 다양한 배경과 심화된 전문 분야를 가진 인재들로 구성하는 것이 바람직하다. 이러한 자격, 경력들을 기본조건*minimum requirement*로 하여 앞서 언급한 핵심적 역량들에 근거한 평가를 하는 것이 전문성 평가의 기본이 되어야 한다. 즉 창의성, 분석력, 통찰력, 통섭, 책임감의 균형 있는 역량이 기본조건 위에 더해져야 하는 것이다.

4. 입학사정관의 평가는 전문성 개발에 대한 참여, 열정, 효과 등을 살펴봄으로 행할 수 있다. 예를 들어 한 입학사정관이 최근의 중등학교와 대학 교직 경험을 동시에 가질 수는 없다. 그러나 입학사정관제에서는 이

들 중등학교와 대학교육에 대한 깊이 있는 전문적 이해 및 실질적 경험이 필수적이다. 이를 위하여 입학사정관이 자신의 부족한 전문적 영역에 대하여 어떤 배움의 자세를 가지고 있는지가 필수적이다. 가용할 수 있는 입학사정관제 재원*resource*은 늘 제한적일 뿐더러 항상 부족하기 때문이다.

5. 입학사정관에 대한 평가는 그 입학사정관이 속한 입학부서의 평가에 영향을 받을 수밖에 없다. 입학부서의 평가는 많은 구인을 가지고 있겠으나 가장 중요한 부서장 측면에서의 사례를 들면 다음과 같다.

G 대학 사례

G 대학은 학교 인재상에 부합하며 변화하는 시대적 인재상에 주도적으로 정합하는 입학생을 선발하는 것이 대학 발전의 가장 근본적인 요소라고 판단하여 입학사정관의 전문성의 집합체로서의 입학부서를 전문화하고 제도적 선진화를 꾀하기로 했다. 이를 위하여 오랜 대학교육 경험과 나름의 전공 분야가 있고 입학 전형 업무에 경험이 있는 인사를 정년보장 교수로 영입하여 입학부서장으로 임명했다. 또한 입학부서 인원을 입학사정관들로 구성하고, 중장기적으로 입학사정관제를 운영할 계획을 지향하고 있으며, 동시에 활발한 입학사정관 보수교육을 시행하고 있다. 이러한 조직의 입학사정관들은 조직문화 및 교육훈련의 기회가 탁월하여 타대학에 비해 월등한 평가를 받을 수 있는 것이다.

H 대학 사례

H 대학은 대부분의 대학들처럼 보직교수로서 입학부서장을 임명했다. 새로운 보직에 적응하며 업무를 파악하는 기간이 필요함은 물론이다. 또한 임명되는 교수들은 많은 경우가 고유의 연구 분야에서 특별한 업적을 내는 경우가 많으므로 자신의 연구를 지속해야 하는 등 전적으로 입학

업무를 개혁하고, 새로운 전형을 개발하고, 시스템을 선진화하기에 전문적 몰입이 어려운 경우에 해당했다. 그리고 학내의 다른 행정부서들도 경험해야 하기도 하고, 하나의 행정부서를 장기간 맡을 수 없어서 보수적으로 입학조직을 지휘하고 있을 뿐이다. 소수의 비정규직 입학사정관과 순환근무를 하는 교직원들로 구성된 입학부서를 길어야 2년 정도 운영하고 있다. 이러한 조직에 속한 입학사정관들은 자주 바뀌는 리더와 그 운영철학을 보좌하느라 전문성을 함양할 수 있는 기회, 혹은 보수교육을 받을 수 있는 기회 등이 제한적일 수밖에 없어 이들 입학사정관들에 대한 평가는 조직이라는 배경변인이 가진 한계로 인하여 제한적일 수밖에 없다.

위의 G 대학 및 H 대학의 사례가 웅변하는 바는 바로 입학부서의 전문성과 리더십 또한 대학이 행하는 입학사정관제의 공정성과 신뢰성에 직결된다는 것이다.

제4절 입학사정관에 대한 새로운 명칭

권역별 입학사정관, 또는 지방 자치단체, NGO 등에 대하여 입학사정관의 자격을 부여하는 것은 그들에게나 대학에게나 결국에는 효율성을 조각하는 제도이다. 이러한 경우는 그러한 입학사정관에게 실질적 전형 권한을 줄 수도 없으며, 권한이 없으면 그 평가는 유명무실하게 되어 부작용만을 양산하게 된다. 이렇듯 '입학사정관'이라는 용어에 대한 남용과 오용은 입학사정관제 발전과 신뢰성에 막대한 지장을 초래하고 있다.[35]

35 입학사정관제라는 제도 자체의 명칭도 일방향적인, 권위주의적인 명칭이라고 생각되어 한국대학교육협의회에서는 제도에 대한 새로운 명칭을 공모하기도 했다. 이에 따라 과학고등학교 입학전형에서는 입학사정관제 전형 대신 자기주도학습 전형이라 용어를 사용하고, 담당교사를 입학사

특별히 공정성과 홍보를 위하여 위촉하는 사회저명인사 입학사정관도 평가에서 차지하는 비중과 학교의 명성에 따라 그 역할이나 정도는 많은 차이가 있다.

I, J 대학 사례

I 대학은 입학사정관제를 실시함에 있어서 사회의 저명한 원로들을 입학사정관제에 참여시킴으로 입학사정관제에 대한 공정성을 확대하려 노력을 했다. 부탁을 받은 사회 원로들은 사회봉사와 축적된 경험의 환원이라는 의미에서 적극적으로 평가에 임하여 I 대학이 목적한바, 소기의 성과를 이룰 수 있었다. 그러나 I 대학보다 지명도가 떨어지는 J 대학의 경우 적당한 예우를 제시하며 저명인사들에게 부탁을 하였으나 여러 어려움에 봉착하였고, 급기야 J 대학은 이러한 평가계획을 취소하기에 이르렀다.

2009년 이래 입학사정관 정규직은 20% 정도이다.[36] 2012학년도 입학전형에 이르기까지 실질적 정규직 비율은 약간 증가하였으나 이는 전환 입학사정관으로 분류되는 기존 행정직원을 입학사정관으로 전보한 경우가 많기 때문이다. 비정규직으로 유지하려는 대학 측의 입장이 피력된 예도 있다.[37] 사실 대학 컴퓨터 시설 등과 같은 정보자원을 사용하려 해도 규정상 대학의 장의 허가를 얻어야 하는 비정규직으로는 대학의 막중한 책임인 입학전형에의 참여가 규정상 불가능한 현실이다. 또한 4년제 대학의

정관 대신 '입학담당관'이라는 용어를 사용하여 명명하고 있다.

36 중앙일보 및 한국교육개발원 주최 제2회 교육포럼 관련기사, 〈중앙일보〉 2009년 10월 8일

37 '정규직으로 보장해주면 열심히 할 이유가 없어서 오히려 업무효율이 떨어질 수 있다'라는 주장은 이해할 수 없다. 중앙일보 및 한국교육개발원 주최 제2회 교육포럼 관련기사, 〈중앙일보〉 2009년 10월 8일

입학처장과 입학사정관 156명을 대상으로 한 설문조사에서는 입학사정관제가 성공하기 위한 조건으로 입학사정관 신분 보장을 가장 많이26.4% 꼽은 결과도 있다.[38] 이러한 딜레마의 해결이 필요하다. 특히 후술할 대학의 입학사정관제 조직과도 밀접하게 관련되는 신분 문제는 입학사정관에 대한 새로운 정의가 그 출발점이 된다.

이렇듯 비정규직이 대부분을 차지하는 전임 계약 입학사정관, 전임 전환 입학사정관, 교수 입학사정관, 위촉 입학사정관의 분류와 정확한 정의와 사회적 합의에 이르지 못한 입학사정관이라는 용어의 사용은 결국 입학사정관제의 공정성과 신뢰성 고양에 걸림돌이 되고 있다. 따라서 입학사정관이라는 용어에 대한 새로운 정의가 필요하다.

위에서 언급한 입학사정관 직무범위가 평가직무(E), 평가지원직무(S), 전형절차진행직무(A) 중에서 핵심적 직무인 평가직무(E) 영역의 역할을 수행하는 자원을 평가자라고 정의하는 것이 옳다. 입학사정관이라는 용어가 가지는 권위적인 색채 및 지원자에 대한 상대적 우위감이 있어서 적합한 용어가 아니다. 따라서 '입학전형 평가관'이 정확하고 용이이며, 굳이 입학사정관이라는 용어를 사용하려 한다면 그 범주에 대한 엄격한 제한을 두어야 한다. 즉 재직교수나 재직교사[39] 또는 기존의 입학사정관 중에서 다년간의 경험과 교수 및 교사들과 같은 정도의 전문성이 있는 정규직 자원을 입학사정관이라 정의함이 타당하고 이들만이 평가에 참여할 수 있도록 제한하는 것이 필요하다. 아울러 이러한 자격을 갖춘 인력자원을 한국대학교육협의회 등에서 인정하여 공표[40]하는 방안도 있을 수 있다.

---

38 국회 교육과학기술위원회 서상기 의원이 조사한 바를 인용한 기사 참조, 〈조선일보〉 2009년 10월 12일

39 재직 중인 교수나 교사들이라 하더라도 입학전형에 장기간 참여한 경험이 있으며, 또 장기적 참여를 위하여 적절한 직무연수와 전문성 개발을 한 경우에 국한해야 한다.

40 평가참여자의 비공개도 앞으로는 지양해야 한다. 부정이 개입되고 사전로비와 같은 가능성이 있

현재는 S와 A 영역 직무군에 참여하는 자원들도 모두 계약직 입학사정관으로 호칭되거나 정규직 입학부서 교직원으로 되어 있어, 입학사정관제 전형 자체의 비효율성과 입학전형 진행의 혼선, 무엇보다도 입학사정관제의 전면적 정착에 걸림돌이 되고 있다. 따라서 S 및 A 직무군을 수행하는 대학과 고등학교 내의 자원들을 '입학전형 지원관'으로 칭하거나 '입학전형관'이라는 용어로 정의한다. 특히 S 직무군과 A 직무군은 서로 밀접한 관계가 있으나 현재는 S는 주로 계약직 입학사정관들이, A 직무군은 순환 교직원이 담당하는 상황이 많이 있다. 특히 '계약' 혹은 '순환'이라는 용어는 입학사정관제 전형 자체의 공정성과 신뢰성에 긍정적 영향보다는 부정적 영향을 많이 미치고 있다.

결론적으로 현재 혼재되어 있는 입학사정관이라는 용어를 엄격하게 사용하며 공인된 새롭게 정의되는 입학사정관(입학전형 평가관)과 입학전형관(입학전형 지원관)으로 분리하여 사용해야 한다고 본다.[41]

요약하면, 기존의 입학사정관을

- 입학전형 평가관 *Admissions Officer* : 많은 경험과 전문성을 갖춘 재직교원(부분적이라도 최소 4~5년간 지속적으로 참여) 및 교내・외 전문 핵심 입학사정관 중 E 직무군을 전담하며, A 및 S 직무군에도 정보의 흐름 *information flow*참여하거나 관장할 수 있는 인력

어서 비공개를 원칙으로 해왔음은 이해하지만 앞으로는 공정하고 투명하며 책임 있는 평가의 수행을 위하여 오히려 공개해야 하며, 여러 종류의 입학전형 부정에 대응하는 평가참여자의 윤리적 역량은 필수적이다. 비공개로 할 경우 필요로 하는 윤리적 역량을 고양할 수 없다.

41 현재 교육 관련법에는 교원 및 직원만으로 각급 학교의 인적자원이 구별되어 있을 뿐이다. 계약직과 같은 신분상 문제를 해결하고 입학사정관제의 안정적 착근을 위하여 관련법의 검토도 필요한 실정이다.

• **입학전형 지원관** *Admissions Coordinator* : 입학전형에 관한 실무적 경험을 가진 교직원 및 기존의 입학사정관 중 장기간 A 및 S 직무군에 종사하나, E 직무에는 E1 직무까지만 참여하는 자원, 지속적 경력의 구축과 교육훈련, 자기 전공분야 강의를 통한 선발 학생과의 재학 중 접촉경험 등을 통하여 입학전형 평가관 직무로 발전할 수 있는 인력

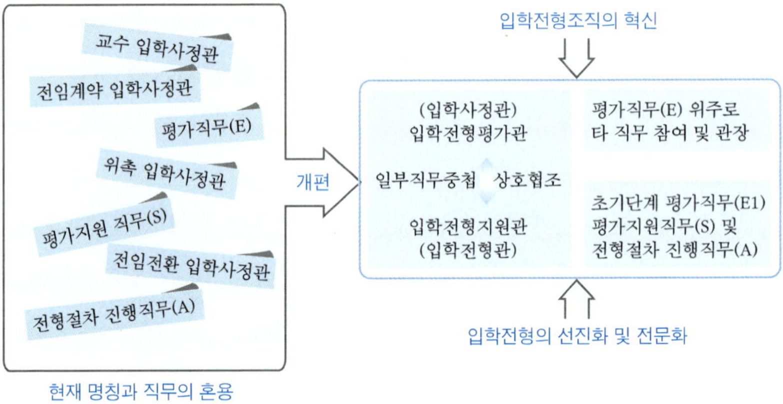

[그림 5-2] 입학사정관의 새로운 명칭 제안에 따른 직무 구분

특히 사회적 유명 인사들이 위촉 입학사정관으로 참여하기보다는 입학전형 진행을 모니터링하고 조언하는 역할, 최종 전형위원회나 전형절차의 투명성 제고를 위한 역할에 한정하는 것이 평가의 공정성을 위하여 바람직하다. 아울러 재직교수들이나 교사들의 일시적 평가 참여 또한 배제하여 최소 4~5년간 입학전형 평가에 지속적으로 참여할 수 있도록 해야 한다. 새로운 정의에 입각한 입학사정관(입학전형 평가관)은 사전에 충분한 교육을 받고 참여하고자 헌신하는 학내 교수나 교사를 핵심적인 입학사정관들과 함께 총장, 교장이 추천하여 한국대학교육협의회, 지역 교육청에서

4~5년 임기로 임명하여 사전 교육훈련, 실행 감독, 사후감사하는 방안이 필요하다.

제5절 입학사정관 직무윤리

현재 많은 대학에서 입학사정관 직무윤리강령을 선포하고 강제하고 있으며, 서류평가 등에 단순히 참여하는 경우에도 서약서를 받고 있다. 이 모든 것들이 요식 행위에서 그치는 것이 아닌 중요한 의미를 갖는 서약이 되도록 최선의 노력을 다해야 함은 물론이다. 이러한 윤리강령을 표현하는데 많은 대학들이 참고하였으리라 예상되는 자료로는 다음과 같은 자료들이 있다.

- *An Introduction to the Statement of Principles of Good Practice, NACAC*
- *Statement of Principle of Good Practice, NACAC*
- *Code of Professional Responsibilities in Educational Measurement, NCME*[42]

다음은 두 대학들의 입학사정관 윤리강령을 예시로 제시한다. K 대학의 경우는 많은 내용을 가지고 있으나 포괄적으로 잘 정리된 강령이라 생각된다. 또한 L 대학의 경우처럼 상대적으로 간략한 윤리강령 또한 나름대로의 적절한 장점을 가지고 있다고 본다.

42 the National Council on Measurement in Education, http://www.natd.org/Code_of_Professional_Responsibilities.html

K 대학 사례

1. 학생선발 전문가로서의 윤리

가. 입학사정관은 지원자인 학생의 존엄성을 존중하며, 대학입학을 위한 노력과 성과를 소중히 여긴다.

나. 입학사정관은 학생선발 전문가로서 전문적 기술과 능력을 계발하고 자질향상에 노력한다.

다. 입학사정관은 학생을 선발할 때 학생과 학부모의 종교, 인종, 성, 연령, 국적, 경제적 지위, 정신 및 지체장애, 출신학교를 이유로 차별대우를 하지 않는다.

라. 입학사정관은 학생선발과 심사 과정에서 외부로부터의 압력이나 회유에 굴하지 않고 원칙과 규정에 입각하여 업무를 수행한다.

마. 입학사정관은 학생선발 과정에서 얻은 개인적인 정보에 대해 철저하게 비밀을 유지한다.

2. 학교와 동료에 대한 윤리

가. 입학사정관은 대학의 건학이념과 교육이념 및 비전을 충실히 이해하고 대학인으로서 대학이 추구하는 목표를 실현하기 위해 창의와 성실로 맡은 바 책임을 다한다.

나. 입학사정관은 높은 윤리적 가치관을 가지고 개인의 품위와 대학의 명예를 유지·발전시킬 수 있도록 노력한다.

다. 입학사정관은 제반 법령과 규정을 준수하여 공정하게 직무를 수행한다.

라. 입학사정관은 공·사를 명확히 구분하며, 자기 또는 타인의 공정한 직무수행을 저해할 수 있는 부당한 지시, 알선 및 청탁, 특혜부여 등 비윤리적·불법적 행위를 하지 않는다.

마. 입학사정관은 타 부서와의 업무 협조에 최선을 다하고, 대학과 개인 또는 부서 간의 이해가 상충될 경우에는 대학의 이익을 우선적으로 고려한다.

바. 입학사정관은 직무 이외의 영리를 목적으로 하는 일에 종사하거나 다른 직무를 겸하지 않는다.

사. 입학사정관은 직무관련 취득정보를 사전 허가나 승인없이 외부로 유출하거나 부당하게 이용하지 않는다.

3. **국가와 사회에 대한 윤리**

가. 입학사정관은 학생을 선발할 때 고등교육에 대한 국가적 목적을 인지하고 양심에 근거해 전문적인 판단을 한다.

나. 입학사정관은 지역사회의 일원으로서 사회 각 계층과 지역주민의 정당한 요구를 겸허히 수용하여 지역사회 발전을 위해 노력한다.

다. 입학사정관은 선발된 학생이 국가와 사회에 이바지할 수 있도록 지속적인 관심과 노력을 기울인다.

(http://ipsi.sch.ac.kr/ao/html/intro/code.asp에서 인용)

L 대학 사례

입학사정관 윤리헌장(안)

제정 2009.5.14

우리 입학사정관은 우리 대학이 추구하는 세계와 국가에 기여하는 과학기술 인재양성의 첫 출발점인 창의적 과학기술 인재발굴과 선발을 담당하는 무한 책임을 가진 전문가이다.

우리는 이러한 긍지와 자부심을 가지고 높은 윤리의식으로 준법 업무수행을 통해 이해관계자들의 사랑과 신뢰를 받는 세계적인 입학사정관이 되고자 한다.

우리는 정직하고 공정한 자세로 업무를 처리한다.

우리는 본 업무가 사회에 미치는 영향력과 공공성을 통감하여 책임 있는 자세로 업무를 실천한다.

우리는 국가 공교육에 영향을 주는 업무임을 알아 이해관계자와 투명한 상호협력을 추구한다.

우리는 개개인의 인격을 존중하고, 공평한 기회와 공정한 평가를 받도록 하며 전문성 향상을 위해 노력한다.

우리는 공정한 업무의 수행을 위하여 월권과 부당한 개입을 거부한다.

우리는 업무관련 정보를 법에 의하여 엄격히 실천하며 이해관계자의 정보를 철저히 보호하는 노력을 실천한다.

우리는 사회의 일부분으로서 공익활동에 적극적으로 참여하고, 끊임없이 새로운 가치를 창조하여 국가와 사회의 발전에 공헌한다.

입학사정관 일동

이 장에서는 입학사정관의 직무 정의, 평가 등을 살펴보았다. 사실 기업에서도 평가자를 길러내는 것은 비전과 안목을 가진 경영자를 길러내는 것과 동일하다고 본다. 입학사정관은 해당 학교의 비전과 사명, 인재상, 중장기 계획 그리고 이에 따른 전형목적의 연차별 변화 등 파악하며 평가요소의 비중 등을 판단할 수 있는 거시적 안목도 있어야 한다. 또한 입학사정관들의 전문성 못지않게 필요한 것이 권위[43]이다. 미국 대학의 경우 입학사정관들 중에는 대학에 오래 근무한 교수들도 있어 그 결정에 권위가 실린다는 언급도 있다.[44] 무엇보다도 입학사정관의 도덕성이 공정성 및 신뢰성에 전제되는 것이고, 입학사정관제의 전체적 운영과 입학사정관의

43 '전문가를 경시하고 관리자를 우대하는 구조'까지 있어 입학사정관의 전문성에 권위가 실리기에 어려운 면도 있다. '안철수 교수 인터뷰' 중에서, 〈위클리 경향〉 2009년 10월 13일, p.40

44 장영수, 입학사정관제 2년의 반성, 〈한국경제〉 2010년 2월 5일, A38면

직무 정의 및 평가 등 또한 각각의 대학 현황에 정합하도록 설계 운영되어야 한다.

2011년 7월에는 전직 입학사정관이 사교육 시장에서 대학입학 전형 컨설팅을 하고 있는 것으로 밝혀져 입학사정관 직무 윤리강령에 대한 논의와 더불어 공직자윤리법, 변호사법에서 퇴직 후 취업·수임을 제한하는 것에 버금가는 사교육업체 취업을 제한하는 법률안도 검토되고 있다. 이와 더불어 입학사정관제의 핵심인 입학사정관의 직무에 관한 사회적 합의와 이에 따르는 고용안정에 관한 사항들이 선결되어야 한다고 본다.

06

입학사정관의 교육 및 훈련

입학사정관 전문성은 실로 중요하다. 또한 해마다 반복되는 입학전형 업무 특성으로 인하여 자칫 창의적 발상이나 혁신에서 한발 물러나 있기 쉽다. 즉 입학사정관 직무를 시작하기 위한 교육 및 훈련과 보수교육 등이 전문성 함양을 위해 절대적으로 필요하다. 또한 입학전형이 타당성을 얻으려면, 정교한 전형 기획 및 평가설계가 필요한데, 이런 타당성은 시간이 지난 후에 학생들의 성취와 적응 등에 의하여 확증된다. 따라서 전형, 그 중 특히 평가가 후판단 편파*behindsight bias*[1] 등에 빠지지 않으려면 사전교육과 모의평가, 실지평가가 필요하며, 이를 준비하기 위한 교육훈련 또한 필수적이다.

이러한 필요성에 의하여 한국대학교육협의회에서는 입학사정관 전문양성 훈련과정을 2009년부터 시행하고 있으며, 많은 대학에서는 직무 중의 현장훈련이나, 한국대학교육협의회 주관 각종 연수 및 워크숍을 통하

---

1 '내 그럴 줄 알았어!' 하는 식으로, 일이 다 벌어진 다음에 사정을 알게 되는 뒤늦은 깨달음을 가리킨다.

여 직무의 전문성을 함양하고 있다.

이 장에서는 먼저 이러한 입학사정관 교육의 필수적 교과내용에 대하여 살펴보고, 예시로 과학고등학교 입학사정관 연수 교육과정을 제시한다. 2절에서는 직무 중에 현장에서 일어나는 교육훈련*workplace learning, OJT(On the job training)*과 평가를 앞두고 당해 연도 입학전형을 위하여 실시하는 교육을 보다 체계화하는 방안에 대하여 간략히 제언하며, 3절에서는 지속적인 전문성 함양을 위한 국내외의 교육 프로그램에 대하여 살펴본다.

제1절 입학사정관 기본 교육의 주제들

면접에서도 닫힌 질문이 아니라 지원자가 가진 역량들을 제대로 이끌어 내는 열린 질문을 해야 한다. 면접이 지원자를 탈락시키기 위한 수단이 아니라 학교의 인재상에 맞는 평가요소에 대하여 평정을 하는 중요한 평가자료라면 면접에서 입학사정관이 어떤 질문을 어떻게 하느냐는 매우 중요하다. 하나의 예이지만 이러한 면접 질문을 작성하는 방법들이나 면접을 이끌어 나가는 기능*skill*을 훈련하는 것은 입학사정관들의 기본적인 직무 중의 하나이다. 이러한 직무들에 대하여 입학사정관을 교육하고 훈련하는 체계는 매우 중요하다.

또한 주관적이고 종합적인 평정결과를 얻어야 하는 입학사정관으로서는 편견과 비합리적 추론에 의한 의사결정 오류를 극복해야 하므로, 이런 오류들을 제거하는 부단한 교육과 훈련이 필요하다. 평정결과를 지배하는 것은 지극히 비합리적이고 상황적인 '심리적 가치'[2]에 의할 수도 있으므로 지원자들의 평가자료를 보다 합리적으로 추론하는 모의평가와 같은 훈련

2 행동경제학의 주장으로 인간은 재화의 효용적 가치에 기초하여 행동하는 것이 아니라는 주장

은 입학사정관 교육에서는 필수적이다. 앞에서 살펴본 입학사정관의 직무 분류를 중심으로 필요한 기본적인 주제들을 살펴보자.

신뢰성 있는 '평가E직무'를 위한 교육주제들

1. 평가요소 목적 항목들에 대한 이해 : 예를 들어 창의성이 인재상에 포함된 경우 이를 평가요소 목적 항목으로 설정하기 위하여 창의성을 이해하고 현재의 창의성 검사들에 관하여 알아볼 필요가 있다. 많은 학교들이 공통적으로 추구하는 인재상이 있으므로 이들에 관련된 배경지식을 폭넓게 학습한다.

2. 교육평가에 관련된 지식들 : 교육측정과 평가에 관한 모든 것이 필요한 것도 아니며, 입학사정관제의 평가는 다른 면이 있으나, 평가 및 측정의 개념과 종류, 그리고 인지검사 혹은 정의적 검사 등에 대하여 숙지하는 것이 필요하다.

3. 중학교, 혹은 고등학교 교과과정과 그 변화에 대한 이해와 대학의 교과과정 등에 대한 개괄 : 대학이라면 고등학교 교과과정의 범주와 깊이에 대하여 이해하고 있어야 하며, 그 운영의 변화와 과학중점학교 등 고등학교가 가진 특성에 대하여 잘 알고 있도록 교육하는 것을 이른다.

4. 면접에 대한 이해 : 면접의 유형, 실시방법 등 기본적인 사항들로부터 지원자의 응답으로부터 목적하는 평가요소를 발견하여 평정하는 것에 대하여 학습이 필요하다.

5. 총합평가 오류를 배제하도록 하는 내용 : 사람들이 일반적으로 범할 수 있는 오류들과 그 유형들을 학습함으로 총합평가에서 발생할

수 있는 평정의 오류들을 줄일 수 있다.

6. 평가자료에 대한 이해 : 지원서류에 포함되는 각종 평가자료, 학생생활기록부, 대학수학능력시험, 추천서, 자기소개서 등에 대하여 그 의미를 이해할 수 있도록 학습할 필요가 있다.

7. 지원자의 맥락을 이해하고 배경변인을 파악할 수 있는 자료들에 관한 학습 : 청소년기의 발달 특성을 알아야 하며, 학교 관련 각종 통계 및 정성적 자료를 이해하고 평가와 연결할 수 있는 능력을 기를 필요가 있다.

8. 평가 실습 : 모의평가라고 불리는 이 과정은 필수적이다. 각각의 평가자료를 가지고 평가요소를 평정하는 훈련을 하는 것과 몇 개의 평가자료를 통합하여 평가요소를 평정하는 모의실습은 평가에 관련한 교육의 종결이며, 이러한 평가결과를 같은 피교육자 집단에서에서 반복 토론하고 교육자가 코멘트 하여 마무리하는 일련의 과정들이 절대적으로 필요하다. 이 범주에 서류 혹은 면접평가서 작성과 평가의견을 기술하는 방법에 대하여도 학습한다.

공정성 있는 '평가를 지원S직무'하기 위한 교육주제들

1. 평가기준 설정과 지침서 개발 : 인재상 및 전형목적에서 투사된 평가요소를 평정하기 위한 평가기준을 설정하고 평가자들이 이를 잘 숙지하여 사용할 수 있도록 하는 지침서 개발을 위한 방법론을 학습하고 개발을 실습하며, 무엇보다도 이들 평가기준들과 지침서에 대한 모의실험*simulation*을 해보는 것이 절대적으로 필요하다. 이는 평가자가 행하는 모의평가와는 다른 것으로 평가기준과 평가도구의 신뢰

성을 높이기 위한 사전검증이다.

2. 평가도구 개발 : 입학사정관제에서는 각종 서류평가서 및 각종 면접 평가서와 면접질문지 등을 개발하는 방법론을 알아야 하며, 전 항의 교육주제와 연결되어 평가지원의 가장 핵심적인 교육으로 여겨진다.

3. 1, 2항의 교육내용을 위한 배경지식의 교육 : 문항작성 일반과 문항 반응 이론과 같은 주변지식에 대한 학습이 필요하다.

4. 평정결과 자료처리를 위한 교육 : 평가서의 기입사항, 면접결과의 자료축적과 다음 단계의 평가를 위한 자료처리에 관하여 학습할 필요가 있다. 이를 위하여 교육통계 등 일반적 내용을 숙지해야 하며, 자료처리 소프트웨어[3]를 사용하는 것을 학습한다. 아울러 자료처리 결과가 평가대상 집단에 주는 의미를 다각도로 분석하여 표현하는 것 등을 학습한다.

5. 상담과 관련된 교육과 실습 : 선발한 입학생의 추적조사 등을 위한 상담 기법[4]등에 대하여 학습할 필요가 있다.

6. 질적 연구방법론 등 일반적인 연구 방법론에 대한 지식 : 종단연구나 여러 종류의 만족도 조사를 위한 질적 연구와 같은 체계적 연구 방법론을 학습하고 실습한다. 아울러 평가자 평가를 위한 메타평가방법론 등에 대하여 학습하고 이를 실습하여 결과분석 등을 훈련한다.

---

3 SPSS, Excel, 최근에는 R 등을 사용하나, 입학사정관 조직 내에서 많은 사람들에게 지속적으로 활용될 수 있는 손쉬운 패키지를 결정하여 사용하는 것이 좋다.

4 참여적 관찰자*participant –observer* 혹은 참여적 촉진자*participant –facilitator*와 같이 상담자로의 역할을 알아야 할 필요가 있다.

투명성 있는 '전형을 진행A 직무'하기 위한 교육주제들

1. 입학전형 정책에 대한 숙지 : 국가, 지역 교육청의 대학교 및 고등학교 입학 전형 정책에 대한 이해가 필요하다. 또한 사례연구로서 몇몇 대학들의 입학 요강을 분석하는 실습을 할 수 있다.

2. 전형 기획 및 전형 요강 개발 및 실습 : 해당 대학의 한정된 가용자원을 고려하는 전형 기획과 이를 사용하여 전형 관련 의사결정을 한 후 공표되는 전형 요강을 작성하는 것을 학습하며 실습한다.

3. 교외기관과 고등학교 연계활동을 위한 사전지식 : 각종 고등학교들과 그에 따른 교육과정, 관련 연구기관의 전형 관련 통계분석 및 연구보고서 등과 같은 참고자료들의 수집과 추적에 관한 것

4. 대학 행정체계에 관한 일반적 관찰 : 해당 대학에서 문서작성, 결제절차, 예산집행과 결산과 같은 해당 대학의 행정체계에 대한 숙지

5. 입학전형 및 대학 행정 관련 IT 시스템에 관한 지식 : Blackboard 등 강의에 사용하는 시스템과 대학 행정 정보처리시스템, 최근의 자기소개서 확인모사 방지 시스템 등 IT 관련 시스템에 대한 일반적 지식을 학습할 필요가 있다.

6. 홍보의 방법, 특히 입학전형에 관련된 홍보에 대한 전략과 실습 : 선발대학과 모집대학 등과 같이 해당대학의 위치를 고려하면서 입학학령세대 및 학부모, 교사에게 잘 인식되는 홍보전략의 수립과 실습에 대한 교육이 필요하다.

그 외의 입학사정관제를 위한 교육주제들

1. 입학사정관 조직의 특성을 고찰하기 위한 조직 이론에 대하여 학습할 필요가 있다.
2. 통섭적 지식의 획득을 위한 특강과 같은 교육과정이 포함될 수 있다.

위와 같은 주제들이 표준화된 교과과정은 아니지만 미국 NACAC 등에서 실시하는 직무연수 등에서 부분적으로 혹은 중첩되어 다루어지고 있는 주제들이다. 우리나라의 경우 입학사정관 전문양성 훈련과정에서도 비슷한 주제들을 커리큘럼화 하여 140시간 정도를 교육하고 있다. 2009년에는 경북대, 고려대, 서울대, 이화여대, 전남대에 총 11억 4천만원을 지원하였으며, 2010년에는 11개 대학이 신청하여 이중 7개 대학(고려대, 서울대, 이화여대, 전남대와 부산대, 아주대, 한국외대)이 12억 2,700만원을 지원받고 있다. 다음 표는 2009년 6월부터 2010년 5월까지 지원사업으로 실시한 5개 대학의 현황을 나타낸 표이다.

〈표 6-1〉 입학사정관 전문양성 훈련과정 지원 대학

		경북대	고려대	서울대	이화여대	전남대
지원액(만원)		2억 1000	2억 4000	2억 7000	2억 1000	2억 1000
수업시간		137시간	140시간	138시간	135시간	144시간
수강 인원	입학사정관 희망자	28	45	0	25	33
	현직 입학사정관	8	45	71	40	1
	교사	22	150	0	18	26
	합	58	240	71	83	60
입학사정관 취업자 수		22	8	0	7	3

출처 : 한국대학교육협의회

그러나 이 사업은 몇몇 논란을 안고 진행되고 있다. 각 대학에서는 지원자격에 관한 논란도 있었고, 전문양성훈련이 목적이 아닌 재교육이나 고등학교 선생님들에게 입학사정관제를 설명하기 위한 목적도 있다고 언급하기도 하였다.[5] 훈련의 목적이 불명확하면 그에 따른 교과과정 수립 등에 있어 혼란이 오게 되어 있다. 또한 일정부분 통일된 교육과정과 내용이어야 하는데 제각기 다른 교과과정으로 운영되어서 입학사정관 제도에 대하여 상이한 체감을 주었다는 지적도 있었다.

이 장 끝에는 2009년 하반기에 실시되었던 과학고 입학사정관 전문연수[6]에 관한 교과과정을 첨부하였다. 이는 고등학교의 입학사정관제를 위한 교육훈련이었지만 이론과 실습, 현지 방문 등 짜임새 있고 충실한 교과과정으로 과학고등학교의 자기주도학습 전형이 안착하는데 주춧돌 역할을 하였기 때문에 연수 교과과정의 예시로서 별첨한다.

제2절 직무중 교육과 평가대비 교육

미국의 경우 전형을 준비하는 8월에 입학사정관 내부 연수가 실시되며 이는 곧바로 직무 중 교육훈련과 연결된다. 입학사정관 직무를 처음 시작하는 사람들을 위하여 멘토가 정해져서 접수되는 원서를 가*pseudo*평가하고 그것에 대하여 연륜이 있는 입학사정관[7]을 멘토로 하여 상의하는 체계를 갖추고 있다. 이 과정을 통하여 새로운 입학사정관의 평가능력을 대학

5 〈동아일보〉, 2010년 6월 8일 및 2010년 9월 13일.

6 교육과학기술부 지원으로 KAIST 과학영재교육연구원(원장 이광형교수)에서 실시되었다.

7 UC Berkeley의 경우 약 100여명의 입학전형 조직 규모이며, 이중 60여명이 정규직이고, 또 이중 10여명이 바로 그 멘토 역할을 하는 입학사정관들이다. Director 직위로 입학전형 관련 각종 업무를 분담하고 있다.

의 평가수준으로 끌어올려서 공정성을 확보하며, 이러한 실질적 현장교육이 직무능력을 단기간에 발휘할 수 있도록 돕고 있다. 평가 외의 직무훈련은 미국 조직체계가 잘 갖추고 있는 지침*manual, guideline*에 따라서 역시 멘토들과 협의하고 동행하며 배우고 있다. 또한 평가작업 부하가 약간 덜한 1월, 2월에 내부 워크숍이나 외부 학술회의 등을 참여함으로 직무 중 교육훈련을 하게 된다. 또한 3월~6월 사이에는 마지막 평가를 하고, 전년도 전형을 마무리하는 작업을 수행함으로 1년 동안의 직무 주기를 마치게 된다.

이러한 직무 중 교육훈련은 효율적으로 공정성을 높이고 조직 내 팀워크을 견실하게 한다는 장점은 있으나, 멘토의 높은 자질이 요구되며, 교육내용이 체계화가 어렵다는 난점이 있다. 따라서 직무 중 교육훈련은 입학사정관 초임자에게 적용되어 앞서 설명한 E1, 혹은 E2 직무 정도에 임하는 리더*reader* 수준의 입학사정관에게 적용되는 교육훈련 방법이다.

우리나라의 경우도 처음 입학사정관에게는 이 직무 중 교육훈련이 매우 효과적인 방법으로 활용될 수 있으나, 조직문화와 조직 내에 연륜이 있는 입학사정관이 존재할 수 없는 구조로 말미암아 각 대학 현장에서 제대로 사용되고 있지 못한 교육훈련 방법이다.

위와 같이 초임 입학사정관에게 적용할 수 있는 직무 중 교육훈련은 미국 대학에는 있는 반면 우리나라 대학에서는 운영되기 어려운 교육훈련이나, 반대로 미국 대학에는 없으나 우리나라 대학에는 있는 교육훈련이 있는데 그것이 바로 교수 입학사정관을 위한 평가 전 교육훈련이다. 미국의 경우 학생을 선발하는 대부분의 역할은 입학사정관들이 하며 교육하는 학부, 학과, 단과대학의 교수들은 단순 참여나 자문 정도에 머무르기 때문에 이러한 평가 전 교육훈련이 불필요하다. 그러나 우리나라의 경우 입학사정관의 절대수가 부족하고, 신분이 불안정하며, 학생 선발 권한이 해당 대학 교수들에게 속하여 있으므로 입학전형에 있어서 재직교수들이 대거 입학전형 평가에 참여할 수밖에 없는 현실이다. 이때 입학사정관제의 공정성을 훼손하지 않도록 평가 전 교수 입학사정관 교육은 필수적이다. 그러나 실질적으로는 그렇게 운영되고 있지 못하다는 지적이 있다.[8]

A 대학 사례

A 대학 입학사정관 지원 사업 수행결과 보고서에는 면접 및 서류 전형 평가를 위하여 집체 교육과 유인물 교육을 40시간 받았다고 기록되었으나 실제로는 한 번의 소집조차 없었다. 소집해봐야 교수들이 전부 참석하지 않을 것이며, 일부 참석이 오히려 평가의 차이를 확대할 수 있다고 생각했다고 한다. 담당 교수들도 유인물을 제대로 검토하지 않은 채 평가에 임하여 유인물에 이미 설명된 것들에 관하여 질문을 하기도 했다.

사실 우리나라의 현실에서 계약직이고 사회적 경험이나 해당 대학의 재직 경험도 일천한 몇 명의 입학사정관이 수 십명의 재직교수들의 교육훈련을 기획하고 운영해야 한다는 것은 쉬운 일이 아니다. 그러나 평가자의 주관에 의존하는 입학사정관제 평가에서는 평가서 등 평가도구의 이해, 평가기준의 숙지, 그리고 모의서류평가 및 모의면접을 통한 실질적 훈련 등이 평가의 공정성, 나아가 입학사정관제 전형 전체의 공정성에 미치는 영향은 실로 막대하다 하겠다. 따라서 꼭 필요한 이런 교육훈련을 구현하는데 있어 다음과 같은 몇 가지 방안을 제언한다.

8 전체적으로 평균 교육시간은 약 19시간이라고 조사되었다. 그러한 교육훈련에 있어서 모의평가, 모의면접의 중요성을 강조하고 있다. '1년에 55분 교육받고 학생을 심층평가?' 〈시사인〉 2010년 9월 11일, p.32

1. 해당 대학에서 교수 입학사정관을 위촉 임명하여 최소 3~5년[9] 교수 입학사정관으로 활동하게 하는 것이다. 보통 각 대학마다 입학전형 위원회 등 입학 관련 위원회가 구성되어 있는데 이들 위원회 참여 교수를 중심으로 평가단을 구성[10]하는 것이다. 이때 교수업적평가 등에서 단순한 위원회 참여보다는 더 높은 가점을 부여하고, 국내・외 재교육 기회를 주거나 활동비도 지급하는 것과 같은 인센티브가 필요하다. 입학전형의 중요성에 비추어 동기가 있는 재직교수들이 틀림없이 많이 있으므로 학교 리더십의 의지가 있다면 구성될 수 있다.

2. 이렇게 평가단이 구성된다면 입학사정관들이 상시 접촉을 갖는 것이 필요하다. 학생선발보다는 교육과 연구 및 교외 활동이 대부분을 차지하는 재직교수들을 입학사정관들이 상시로 접촉하여 평가에 관한 대면 교육, 자료전달 등을 하는 것이 한 방법이다.[11] 자주 접촉하여 전형목적에 대한 공감대를 형성하고 평가에 관한 의견을 수렴하고, 평가방법 등을 전달해야 평가가 좀 더 공정하게 진행될 수 있다.

3. 재직교수 중에 교육과 연구의 비중을 줄이고 입학사정관 직무에 전적으로 임할 수 있는 재직교수들이 필요하다. 직원들이 직무를 전환하여 입학사정관이 되는 것도 필요하겠지만 선발권이 교수들에 있는 우리나라의 현실에서는 재직교수들이 입학사정관으로 전환하는 것도 필요하다. 재직교수들이 입학에 전적으로 관여하는 경우는 짧은

9 종단연구가 가능한 기간, 장기간 입학전형에의 참여로 부정이 개입될 수 있다는 우려가 있으나 엄중한 책임을 묻는 등 방법이 있을 수 있다. 또 투명한 요즘의 사회상에 비추어 볼 때 오히려 부정의 소지를 줄일 수 있다.

10 이때 이해당사자*conflict-of-interest*는 피해야 한다.

11 이런 직무들을 위해서라도 입학사정관의 대인관계 역량은 필수직무역량들 중 하나이다.

기간의 보직 수행기간 동안뿐이어서 이는 제도의 발전이나 조직의 혁신을 꾀할 수 없다고 본다. 사실 앞으로는 학생선발이 대학교육의 중요한 비중을 차지하는 임무가 될 것이며, 최근 등록금 관련 논란들과 더불어 강화되어야 하는 장학제도 관련 업무를 고려하면 학생선발은 대학에 있어서 더더욱 중요한 부분을 차지하게 된다. 역량 있는 외부인사의 영입과 같은 방법을 통하여 제도의 안착을 빠른 시간 안에 이룰 수도 있다. 이런 인적 자원이 주축이 되어 평가전 교수 입학사정관 교육훈련을 실시할 때 평가의 공정성 등은 더욱 높아질 수 있다.

사실 평가를 위하여 평가전 20시간 정도의 교육이 내실 있게 지속적으로 실시되어도 평가를 위하여 전형목적에 기반을 둔 절대감 등을 공유할 수 있어서 평가의 공정성을 보장할 수 있다. 또한 평가 후에나 전형이 종료된 후에 구성된 평가단에 대하여 메타평가를 실시하여 평가 변별력 등이 부족한 평가자는 평가단에서 제외시키는 조치도 취할 수 있어야 한다.

제3절 직무 보수교육훈련 기회

대부분의 직무가 그렇듯이 입학사정관 직무 또한 재교육 혹은 보수교육훈련 등이 필요하다. 한정된 예산 등으로 인하여 해당 대학에서 어느 정도의 지원이 있을지는 모르지만 다음과 같은 자료를 나열한다. 무엇보다도 자기 직무에 대한 전문성을 함양하고 끊임없는 배움을 추구하려는 입학사정관 스스로의 자세가 견지되어야 함은 물론이다.

국내에는 한국대학교육협의회http://uao.kcue.or.kr의 입학사정관 전문양성

프로그램이 가장 용이한 보수교육 기회이다. 한국대학교육협의회는 많은 유용한 자료들을 소장하고 있다. 이외에도 일반적인 교육을 위하여 관련 한국교육과정평가원*www.kice.re.kr* 등과 같은 다양한 연구원과 한국교육평가학회*www.koseev.or.kr* 등과 같은 많은 학회의 여러 워크숍, 발표회를 활용할 수도 있다.

미국의 경우 교육 측정 및 평가학회*www.ncme.org* 연차 총회 및 워크숍이 매년 4월에 개최되며2012년은 4월 12일부터 16일까지 캐나다 밴쿠버에서 개최 예정 평가에 관한 다양한 교육훈련과정이 있다. NACAC*www.nacacnet.org*에는 16개 주제의 온라인 과정인 "Training for Admission Counselor Professionals"가 있으며, Journal of College Admission을 간행하고 있다. 매년 9월 연차 총회와 각종 교육훈련 프로그램이 있다2011년은 9월 22일부터 24일까지 루이지애나 뉴올리언즈에서 개최 예정. 보다 양질의 직무 보수교육 체계를 정립하는 것이 시급하다. 현재 몇 대학으로 불사되어 실시되고 있는 전문양성과정을 통폐합하여 표준화된 교과과정과 깊이 있는 교육내용을 구현하여야 한다.

과학고 입학사정관 전문연수 개요

연수명	과학고 입학사정관 전문연수
연수목적	본 연수는 전국 과학고등학교에서 과학적 창의인재 선발을 위한 입학사정관제를 주도적으로 이끌어갈 전문 입학사정관을 배양하는 데 목적이 있다. 본 연수를 통해 배출된 입학사정관은 개별 학교의 학생선발과 관련하여 특수상황 및 사회적 변화에 적절하게 대처함으로써 사회적 책무를 다할 것이다. 이는 자고自高의 입학전형방법의 정상화뿐만 아니라, 우리나라 과학고 입학사정관제의 순조로운 정착에 기여하게 될 것이다.
연수목표	1. 입학사정관에게 필요한 전문지식 습득과 인성 함양 2. 과학적 창의인재 선발을 위한 입학사정관 전형을 기획, 운영하는 기초, 핵심, 실무역량의 배양 3. 입학전형 자료를 수집, 관리, 분석하여 학교의 설립목적에 적절한 입학전형제도를 개선해 나가는 능력 함양
연수내용	1. 연수기간: 2009년 9월 14일(월) ~ 2010년 2월 19일(금) (약 6개월간) 2. 연수시간: 총 약600시간, 3Modules, 총23주, 주당 24시간, 1일 3~6시간 3. 연수대상: 전국 과학고등학교 입학사정관 40명 4. 강사진: 영재교육전문가, 교육측정 및 평가 전문가, 국내외 입학전형관련 전문가, 국내외 입학사정 실무위원, 국내·외 저명인사, HRD 전문강사 5. 연수 구성: Main 프로그램, Catch-up 프로그램, Follow-up 프로그램 6. 연수 내용[main 프로그램]: 1st Module, 2nd Module, 3rd Module (1) 1st Module (12학점, 180시간) ▪ 과학영재 및 교육기관의 이해 ▪ 교육측정 및 평가 ▪ 통계학의 이해와 활용 ▪ 입학사정관의 이해 ▪ 글쓰기와 의사소통 (2) 2nd Module (5학점, 240시간) ▪ 국내외 입학사정관제 운영 사례 ▪ 소속 과학고 입학전형자료 수집 및 분석 ▪ 연수결과보고서 작성 (3) 3rd Module (12학점, 180시간) ▪ 입학전형자료의 분석 ▪ 입학사정 실습 I ▪ 입학사정 실습 II ▪ 과학창의성 전형 ▪ 입학 홍보 및 상담 (4) 통합 교과영역 ▪ 특강(2) ▪ 자율연구, 평가, 행사(2학점) 7. 연수평가 ▪ 출석 ▪ 형성평가 ▪ 과제, 발표 및 토론 ▪ 보고서

과학고 입학사정관 연수 교육과정 편성표

▶ Module I

영역	학점	교과목명	강사	시수	
과학 영재의 이해	2	국가 과학영재교육 현황		3	24
		창의성의 이해 및 창의성 검사		6	
		과학적 창의성과 과학 영재		3	
		영재의 판별과 선발		6	
		청소년기의 발달 특성		6	
과학 영재교육기관의 이해	1	국외 영재교육기관의 이해		3	15
		과학고 교육과 입학전형제도		6	
		중학교 교육과 그 실태		3	
		영재교육원의 운영 실태		3	
교육 측정 및 평가	2	교육평가의 개념 및 기능 (전반적인 평가의 개요)		6	30
		평가의 종류 및 적용		6	
		인지검사의 유형 및 활용		3	
		정의적 검사의 유형 및 활용		3	
		연구 설계 및 방법론		12	
통계학의 이해와 활용	1	EXCEL 100% 활용하기		6	21
		기초통계		9	
		중급통계 및 활용		6	
입학사정관의 이해	2	입학사정관제 입문		3	30
		입학사정관의 자질, 역할 및 윤리		3	
		국내외 입학사정관 운영 현황과 사례		6	
		과학고 입학사정관제의 운영		18	
입학사정관 세미나 I	1	입학사정관 세미나 I		15	15
글쓰기와 의사소통	1	논술실습		9	15
		파워포인트 활용과 프레젠테이션		6	
특강	1	미래를 발견하는 지혜 (고문)		3	15
		과학사 및 과학철학 (교수)		3	
		미래사회와 창의인재육성 (차관)		3	
		과학과 여성 (자문위원)		3	
		첨단과학기술의 동향 (처장)		3	
자율연구 평가 및 행사	1	자율연구		9	15
		형성평가 및 개강식		6	
계	12			180	

▶ Module Ⅱ

영역	학점	교과목명	시수	
국내외 현장연수	2	국내 현장연수	20	80
		국외 현장연수	60	
입학전형 실습	2	소속 과학고 입학전형 실습	120	120
연수결과 보고서 작성	1	연수결과보고서 작성	40	40
계	5		240	240

▶ Module Ⅲ

영역	학점	교과목명	강사	시수	
입학사정 자료분석	1	EXCEL을 활용한 소속 과학고 입시 DB 구축		6	15
		SPSS를 활용한 소속 과학고 입시자료분석 연습		9	
입학사정실습 I	3	서류 판독 실습 및 평가준거 개발		9	45
		영재성 입증자료 평가 실습 및 평가준거 개발		9	
		판독		6	
		평가양식개발		6	
		입학사정관 세미나 II		15	
입학사정실습 II	1	면접의 유형과 면접기술		6	15
		면접전형의 기획		6	
		다면면접평가 사례		3	
과학창의성 전형	1	과학창의성의 개념과 유형		3	15
		과학창의성 전형 기획		6	
		과학창의성 전형 실무		6	
입학홍보 및 상담	2	상담의 기술과 실습		9	30
		입학상담의 사례		3	
		홍보기술 및 기획		6	
		홍보의 실무(대상, 방법, 유형별)		6	
		화법과 대인관계의 기술		6	
입학전형기획 실무	2	기획서 및 보고서 작성 기법		6	30
		입시요강의 분석과 개발		6	
		연간 입시기획안		18	
특강	1	과학과 봉사 (교수)		3	15
		대기업의 인재선발 (인사부장)		3	
		한국교육의 국제경쟁력 (기업인)		3	
		미래제시형 한국교육 (이사장)		3	
		사회계층 및 지역 간 교육격차 해소(교수)		3	
자율연구 평가 및 행사	1	자율연구		9	15
		형성평가 및 개강식		6	
계	12			180	180

** 추후 일부 교과목명이 변경될 수 있음

07

입학사정관제 운영조직

어떠한 조직구조를 구현하든지 그 시스템 자체보다도 우위에 있는 것은 그 시스템을 이루는 구성원들이고, 조직을 이끄는 리더십이며, 또한 조직 목적과 개혁에 대한 의식의 변화가 항상 선행되어야 한다. 앞서 입학사정관들에 대하여 살펴볼 때 그 입학사정관들을 아우르는 조직의 중요성에 대하여 강조했다.

본장에서는 1절 입학사정관제 조직이 가지는 특성들과 기본 요소들에 대하여 살펴보고, 2절 입학사정관제 조직 내부 구성원의 가능한 갈등구조에 대하여 논의하고, 3절에서는 입학사정관제의 바람직한 운영조직에 대하여 논하도록 한다.

제1절 입학사정관제 조직의 특성과 기본적인 요소들

일견 입학사정관제 운영조직이 입학사정관제 전체의 공정성과 신뢰성에 직접적인 관련이 없어 보일 수 있다. 그러나 일반적인 조직에서와 마찬

가지로 입학사정관제 조직은 합리성과 투명성에 의하여 그 효율을 극대화할 수 있고, 이는 바로 입학전형의 신뢰성 및 공정성과도 직결되는 것이다. 결국은 조직 관리를 통하여 입학사정관들이 변화에 대응할 수 있도록 핵심 역량을 관리해야 하며, 입학사정관들이 소속 대학을 떠나지 않고[1] 지속적으로 대학 입학전형의 선진화와 경쟁력을 높이는 데 기여할 수 있는 조직문화를 함양해야 한다. 궁극적으로 입학사정관제의 성공 여부는 사람, 즉, 입학사정관에 달려있고, 이는 그들이 직무를 수행하는 조직과 밀접하게 관련 있기 때문이다. 입학사정관제가 목적하는 바를 효율적으로 수행함에 있어 입학사정관들의 소속 조직인 각 대학 입학부서의 조직문화, 의사결정 시스템은 잘 드러나지 않는 필수적 요인이다.

입학사정관제 운영을 위한 바람직한 조직의 특성으로는

- 투명한 구조(전형의 신뢰성 확보),
- 독립적 직무수행(전형의 공정성 확보),
- 창의적 아이디어가 받아들여지는 분위기(새로운 전형의 개발),
- 생동감있는 역학관계(대학 입학 세대와 눈높이를 맞추는 소통),
- 융화적 문화(입학전형의 경쟁력, 효율성 보장)

등이다. 그러나 이 같은 특징들은 기존의 대학 행정조직의 보수성과 안정적 운영방식 및 권위적 위계적 문화 등과 큰 차이가 있는 것이 사실이다.

문화, 구조 등을 포함하는 이러한 입학사정관제 조직의 문제는 실상은 시급한 고려의 대상이다. 이미 N세대가[2] 30대 초반으로 사회 중심 세대로 성장하고 있는 사회・문화적 조류의 흐름 앞에 있으며, 입학사정관제 대

1 근래에는 이직하는 중요한 이유가 연봉보다는 그 조직의 생동감, 투명한 구조, 창의적 아이디어가 살아있는 곳인가로 결정한다고 한다. 〈조선일보〉 뉴스와 사람, 2008년 9월 8일

2 *Grown Up Digital*의 저자 Tapscott이 정의한 베이비부머 세대의 자녀들로부터 1977년~1997년 사이에 태어난 세대.

상인 후속 세대는 이들 N세대의 특징[3]이 더 강화되고 있다. 이에 반하여 입학사정관제를 실행하는 조직의 문화가 오히려 다른 조직의 문화에 비하여 퇴보된 상태에 있다면 입학사정관제의 의미 있는 정착은 더욱 요원할 수밖에 없다.

미국 입학사정관제가 객관성과 공정성을 보장받는 이유들 중 중요한 하나가 조직운영의 합리성이다. 미국사회가 가진 조직문화의 장점들에 기반을 둔 것 외에도 입학사정관제는 직무수행의 특성상 조직 내에서 각 개인들은 독립적이고, 한편 유기적인 개념을 가지고 직무를 수행하고 있다. 지원자, 지원자 보호자, 학교 내의 상위조직, 외부 감독기관 및 일반인 등 모든 이해 당사자들이 받아들이는 입학사정관 조직 운영의 합리성에 대한 믿음이 있으므로 입학사정관제 전체에 대한 객관성이 한층 더 보장되는 것이다. 그러나 이러한 조직운영의 합리성이 단시일에 이룩된 것이 아니라 미국사회 전반의 풍토와 입학사정관 조직 스스로의 많은 노력이 있어 왔기 때문이다. 입학사정관 조직의 스스럼없는 공개와 구성원의 직무 및 개인 프로파일의 공개는 물론, 출장 일정 등까지도 밝히는 등 투명성을 위하여 노력하여 왔으며, 조직 내의 직무흐름*workflow* 및 과업부담*workload*, 권한, 직무분장 등에 있어서도 조직 내 누구나가 공감할 수 있는 합리성을 위하여 노력하여 온 결과이기도 하다.

이제 입학사정관제 조직의 기본적 요소[4]들 중 입학전형과 관련된 몇몇을 살펴본다.

---

3 위 각주의 저서에는 이들 N세대의 특징으로 선택의 자유, 협업, 재미와 스피드 추구 등을 들었다.
4 조직의 정체성*identity*, 유연성*flexibility*, 네트워킹*open innovation*, 수월성*excellence* 등을 기본적 요소로 들 수 있다.

합리성 및 투명성을 보장하는 문화

미국 입학사정관제는 사회 전체적인 조직문화의 틀 안에서 자연스럽게 일정 부분 그 운영의 합리성과 투명성을 보장받고 있으며, 직무의 특성상 개인적 판단의 독립성과 대등한 토론의 중요성을 강화하여 왔다. 우리나라의 입학사정관제가 객관성 및 공정성을 보장받기 위한 중요한 단서들 중 하나가 바로 입학사정관 조직운영의 합리성과 투명성이라 할 때 이러한 요소들은 필수적으로 구현되어야 한다. 조직 내에서의 무조건적인 상명하복 관계들이 입학사정관제의 학생선발을 위한 평가에서도 적용되는 문화라면 입학사정관제 신뢰성은 심각하게 손상될 수밖에 없다. 특히 조직운영의 핵심이 인적구성이라 할 때 입학사정관제로 학생을 선발하는 조직의 경우는 그 조직구성에 있어서 외부적 신뢰와 내부적 효율을 담보할 수 있는 구성*line up*을 고려해야 한다.

운영 표준의 실행

합리적이고 투명한 조직문화를 함양하는 가장 기본적 조건은 조직 내 운영에 관한 명확한 기술을 바탕으로 하는 실효성 있는 운영표준이다. 입학사정관 조직으로서 갖추어야 하는 윤리적인 선언을 필두로 하여, 직무의 분장과 그 직무를 위한 기본적 자격, 직무를 중심[5]으로 하는 집행권한과 제한 등에 관한 것 등이 구성원들의 공감대 위에 설정되고, 실행하며, 보완되어야 한다.

---

5 그 직무를 담당하는 인적 요인으로 말미암아 직무의 고유성이나 권한이 시시때때로 변한다면 합리적인 입학전형을 수행할 수 없을 뿐더러, 전형결과에 대한 신뢰성에도 손상을 줄 수 있다.

조직의 인적 구성

입학사정관제 조직을 구성하는 인적 구성에 대한 명확한 정의와 실행이 있어야 한다. 입학사정관제 조직이 행하는 직무가 바로 그 인적 구성에 바탕을 두고 있기 때문이다. 지금처럼 혼재된 입학사정관 직무와 자격 등으로는 입학사정관제의 전반적 실현이 불가능하고 오히려 전형 전체를 왜곡할 수 있을 뿐이다. 앞서 5장에서 전개한 것에 바탕을 두어 입학사정관전형 평가관과 입학전형관전형 지원관을 엄격히 분리하고, 입학사정관에게는 그들이 행하는 평가에 대하여 신뢰성 및 공정성을 보증해주는 장치를 강구하는 한편 입학전형관도 그에 못지않은 직무적 전문성을 인정하는 제도적 장치를 통하여 입학사정관제 조직의 인적 구성을 구축해야 한다. 또한 적절한 경력 직접과 교육훈련을 통하여 입학전형관들이 입학사정관으로 진입할 수 있는 제도적 통로를 마련하거나, 입학사정관이 입학전형관의 직무를 수행하는 데 있어서도 아무런 망설임이 없도록 하는 등 조직 내에서의 소통을 꾀해야 한다.

전형절차와 평가의 분리

평가는 절차의 일부분이어서 전체적인 흐름상에서 분리할 수는 없다. 그러나 현재처럼 입학사정관이 E, S, A 모든 직무군에 부분적 혹은 전체적으로 참여하는 것은 평가가 갖추어야 하는 공정성에 지장을 초래할 수도 있다. 평가하기 이전에는 지원자 평가자료에 대한 부분적 열람이나 평가대상 파일 일부만을 사전관찰할 수 있는 것은 평가결과에 유의한 영향을 미칠 수 있기 때문이다. 따라서 전형절차에서 취득할 수 있는 평가에 대한 사전정보를 차단하는 것이 필요하며, 이를 위하여 평가직무 E와 S 및 A의 직무를 분리하는 것과 같은 정보의 흐름에 대한 세심한 관찰이 필요하다.

A 대학 사례

A 대학은 입학사정관이 지원서 접수에 참여하고 평가에도 참여하였는데 지원서 접수에서 실제 대면을 한 인상적이었던 몇 명의 지원자들에게 서류평가에서도 우호적 평가를 행하게 되었다. 또한 몇몇 면접평가의 결과에 대한 미흡함을 보충하기 위하여 평가의 흐름에 역행하여 이미 평가가 종료된 서류평가의 결과를 개별적으로 보정했다. 이와 같은 경우가 평가결과에 유의한 영향을 미칠 수 있음이 알려지자 A 대학은 지원서접수 등 단순처리는 다른 인원의 도움을 받아 처리했다.

평가와 최종 의사결정과의 분리

많은 대학이나 고등학교에는 입학전형의 공정성을 이유로 평가자가 최종 의사결정에 참여하는 것을 금지하고 있으며, 이는 입학사정관들의 직무에 대한 전문성 배양에 어려움을 미치고 있다. 회의 참여를 원천 봉쇄하는 이러한 분리를 입학사정관이 최종 합격이나 불합격을 가리는 의사결정에 참여해서는 안 되는 것으로 오해하는 경우가 있다. 그러나 물리적 참여 배제를 통하여 분리를 도모하는 것은 가장 단순한 방법이다. 입학사정관이 전형절차 과정에서 평가하는 것과 입학사정관이 최종평가 연석회의 의사결정에 참여하는 것은 직무수행상 충분히 다른 목적을 가지고 있다. 앞장에서 새롭게 정의된 입학사정관전형평가관이라면 최종평가 연석회의에서 자신이 평가를 행한 지원자 서류를 전형의 목적에 반하며 강제하지도 않을 뿐더러 그럴 수도 없다. 그보다는 새롭게 정의된 핵심적 입학사정관전형평가관은 최종평가 연석회의에서 선발 대상 학생들 전체의 특징이나 다양한 구성, 진행되어온 전반적인 전형절차에 대한 보고 및 전형결과에 대한 예측과 파급, 기대효과 등에 대하여 최종평가 연석회의에서 논할 필요성이 더욱 크기 때문이다.

제2절 입학사정관제 조직 내재 갈등구조

어떠한 조직이든지 구조적인 갈등요인을 가지고 있으며, 이는 입학담당부서 또한 다르지 않다. 그러나 다른 조직과 달리 입학담당부서의 갈등구조는 입학전형의 공정성과 신뢰성을 훼손하게 되어 그 폐해가 입학전형 당사자인 지원학생들에게 미칠 여지가 많다. 이런 의미에서 조직 내재 갈등요인을 순화시키는 조직관리 및 운영이 더욱 필요하다. 인적 갈등요인을 무시하면 아무리 훌륭한 시스템을 갖춘다하더라도 조직의 성공은 기대할 수 없다. 그런 의미에서 조직의 시스템적인 또는 구조적인 면을 살펴보기에 앞서 인적 갈등요인들을 일견한다.

입학사정관 대 기존 교직원

기존의 대학 행정직원과 새로운 직무영역으로 설정되고 있는 입학사정관들과의 관계설정은 단순한 문제가 아니다. 기존 교직원들 중 일부[6]가 갖고 있는 구태의연한 직무능력과 무사안일과 같은 습관은 입학사정관제의 정착과 입학사정관 조직문화에 심각한 위해요소임에는 틀림없다. 이러한 문화 자체가 개선이 되지 못하면 새로운 인원들이 들어오더라도 그러한 조직문화에 젖어들어 조직의 발전을 기대할 수 없게 된다. 더욱이 입학사정관제를 위하여 추구하는 조직의 문화가 협업적 관계와 원활한 소통, 그리고 투명성과 개방성 등이라고 할 때 변화되지 못하는 조직문화는 입학사정관제 발전의 큰 장애가 될 수 있다.

---

[6] 그러한 '일부'의 사례, '교직원 중에 나이가 많다고 반말하고 큰소리치며 화내고 … 등', '돈 들여 외국학생 초청해 한국을 미워하게 만들어', 〈조선일보〉 2009년 9월 23일

B 대학 사례

새로 임용된 B 대학의 경력직 입학사정관은 대학에 근무한 지 20년되는 기존 직원이 학교 체육관에서 보자는 문자를 받고 텅 빈 체육관에서 그 직원에게 자기를 대하는 태도에 관하여 훈시를 들었다. 또한 그 직원은 새로 부임한 입학부서장도 참가하는 전체회의에서 입학사정관의 직무수행에 대하여 비난하는 등 입학사정관들의 근무 의욕이나 직무수행에 부정적 영향을 미치고 있음에도 불구하고 의도된 조직 관리인지 혹은 방치한 것인지는 모르나 계속해서 입학사정관들과 함께 근무하고 있다.

반대의 사례도 물론 있다. 입학사정관으로 임용되었다는 이유로 입학관리 업무에 바쁜 기존 입학담당 교직원의 일손 외면하는 입학사정관들이 있으며, 학력, 경력 우위를 이유로 기존 직원을 경시하는 입학사정관들도 있다. 이러한 사소한 감정적 불협화음, 미숙함들이 모두 조직 내의 갈등요인이 된다.

입학사정관 대 리더십

우리나라는 전문가를 경시하고 관리자를 우대하는 구조가 모든 조직구조에 스며있고, 이는 대학 입학전형 부서 또한 예외가 아니다. 선진화된 조직의 경우는 그 분야의 전문가도 결정과정에 참여하는데 반하여 '결정은 관리자가 전문가의 보고서, 그것도 한 장짜리 요약만을 보고, 감으로 결론을 내리는 실정'이며,[7] 이는 전문가적 열정과 전문가 자질을 가진 입학사정관들이 속해 있는 입학부서 또한 예외가 아니다.

많은 대학의 입학사정관들은 입학부서장 혹은 학내 다른 부서장, 혹은

7 '이종탁이 만난 사람 : 안철수 KAIST 교수', 〈weekly 경향〉 845호, 2009년 10월 13일, p.40

총장 등 대학 리더십들로부터 입학전형 전문가라기보다는 비정규직이라는 이유로 정규직 교직원 이하의 처우나 인정을 받는 경우가 대부분이다. 이러한 인식은 암암리에 다른 구성원들에게도 전파되어 입학사정관들이 전문가로서의 자질을 함양하고 발휘하기에 장애가 되는 면이 있다. 특히 입학전형 평가를 수행하는 경우 평가에 관한 중요한 의사결정에 입학사정관들이 비정규직 등을 이유로 직접 참여할 수 없고, 입학사정관의 전문가적 의견조차도 리더십의 의사결정에 보고되지 못하거나 반영이 안 되는 경우 갈등요인이 되며, 중도 퇴직과 같은 인재 유실의 중요 원인이 된다. 특히 리더십이 정해진 절차를 벗어나 입학사정관들의 서류 및 면접평가에 간섭하는 경우 입학사정관과의 갈등요인은 심화될 수밖에 없다.

입학사정관 대 입학사정관

직무외적 갈등구조는 어느 조직에나 있으며, 비정규직 입학사정관들 사이에 발생하는 직무적 갈등구조 또한 조직에 내재된 갈등구조 일반과 큰 다름은 없다. 보다 어려운 경우는 한국대학교육협의회가 입학사정관 직무의 효율성 등을 이유로, 또 대학에서는 인건비 확보와 유휴인력 흡수 등을 이유로 제도화한 학내 근무 경력이 있는 직원들 중에서 임명하는 정규직 전환 입학사정관들과 갈등구조이다. 우선은 정규직, 비정규직 등에서 나타나듯이 구조적 갈등요인을 가지고 있다. 또한 새로운 직업 목표를 가지고 직무에 임하는 비정규직 계약 입학사정관과 학내의 관습적 직무문화에 익숙한 정규직 전환 입학사정관들과는 직무를 수행하는 기본적인 관점이 크게 다를 수밖에 없다. 직무수행의 '다름'은 입학사정관제의 공정성을 조각하는 원인으로까지 비화될 수 있다. 또 우려되는 현상은 전환 입학사정관은 정규직이어서 대부분 직무를 지속할 수 있으나 계약직 입학사정관은 대부분 2년 만에 퇴직한다는 것이다. 결국은 우리나라에서 입학사정관제가 지금처럼 그대로 진행된다면 대학 행정직무에 입학 전형 평가라는 직무를 추가하는 것이 된다. 이것이 우려되는 이유는 입학 전형 평가는 대학 행정이 아니라 교육의 영역에 속하는 것이기 때문이다.

이 절에서는 세 가지 측면에서 발생할 수 있는 갈등요인을 살펴보았다. 근래 창의성은 거의 대부분의 경우 필수적 구인으로 인식되고 있다. 입학사정관제 전형을 운영하는 조직 또한 다르지 않다. 그러나 창의적 발상들이 조직문화에서 용이하게 논의되고, 특히 입학전형의 절차나 평정 등이 경도됨이 없이 진행될 수 있기 위하여 조직 내에 토론문화[8]가 정착되어야 한다. 이를 위하여 선결되어야 하는 것이 바로 입학사정관 조직 내 갈등구조를 희석시키는 것이라고 할 수 있다.

제3절 입학사정관제 조직

현재 우리나라 대학의 입학부서 조직은 입학사정관제를 수용하기에는 근본적으로 다른[9] 조직철학을 가지고 있다. 입학전형이라는 중요한 업무를 수행하기 위하여 입학부서는 민감한 입학전형의 부정방지 및 책임을 명확히 해야 함으로 관료화 및 보수화 경향이 있음은 충분히 납득할 수 있는 것이다. 이러한 경향이 가져오는 부정적 요인에 대처하기 위하여 부서장을 비롯한 구성원의 주기적 보직 변경과 자료의 폐기와 같은 방법을

---

8 자기의 생각을 조리 있게 구체적으로 표현하는 것을 금기시하고 남의 의견을 잘 따르는 것을 미덕으로 여겨 왔으므로 이러한 토론문화는 어려울 수 있다. 그러나 창의적 조직, 입학전형의 공정성, 신뢰성을 위하여 반드시 필요한 문화이다. '이스라엘 키운 건 철면피 후즈파*chutzpah* (뻔뻔함, 오만, 배짱) 정신, 의견이 다를 땐 끝장 토론', 〈한국경제〉 2011년 6월 28일, A4면

9 우열이나 선악이 아닌 단지 지향하는 바의 차이이다.

사용하며, 변화에 소극적으로 대처하는 현상이 나타날 수 있다.

현재 우리나라 대학의 입학부서의 조직은 주로 다음과 같은 구조를 기본으로 가지고 있다. 소규모의 조직에서는 하위 조직이 통합되어 있는 경우도 있으며, 보다 큰 조직에서는 세분화되어 있는 경우도 있음은 물론이다.

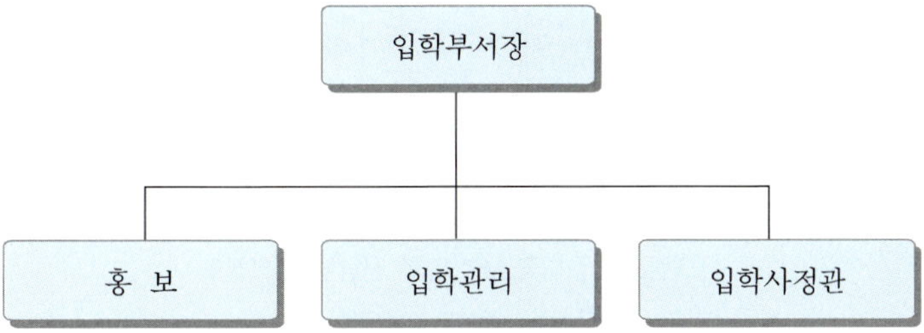

[그림 7-1] 현재 입학부서의 일반적 모델

이에는 부서간의 경계가 있으며, 특히 부서 내에서도 업무에 대한 주무 직무 분장이[10] 되어 있어 업무가 고착화되어 있다. 대부분의 대학들의 입학전담부서 조직의 속 내용은 입학사정관과 일반 교직원들의 분리를 초래하고 있다는 것이다. 기본적으로 정규직/비정규직의 차이로 인한 분리인 듯하다. 또한 경직된 관료체계로 인해 변화에 대한 적절한 대응이 불가능할 수 있으며, 보수적 업무수행으로 능률적이지 못하다. 특히 계급*hierarchy* 조직으로 인하여 구성원 개인의 독립적 판단과 적극적 업무수행이 필수적

10 이러한 분리는 현재 대학의 입학부서가 중요한 원칙으로 가지고 있는 순환보직의 근본 이유 –부정 방지–를 위한 것이기도 하다. 실상 현재의 입학부서 내에서조차 자기의 주무가 아닌 업무에 대한 이해와 변화를 도모하는 것은 불가능하다. 따라서 같은 입학부서 내에서조차 타 업무의 부하*workload*나 예산집행 등에 대하여 알거나 관여할 수 없으며 이는 순환보직의 의미를 무색하게 하는 것일 수도 있다.

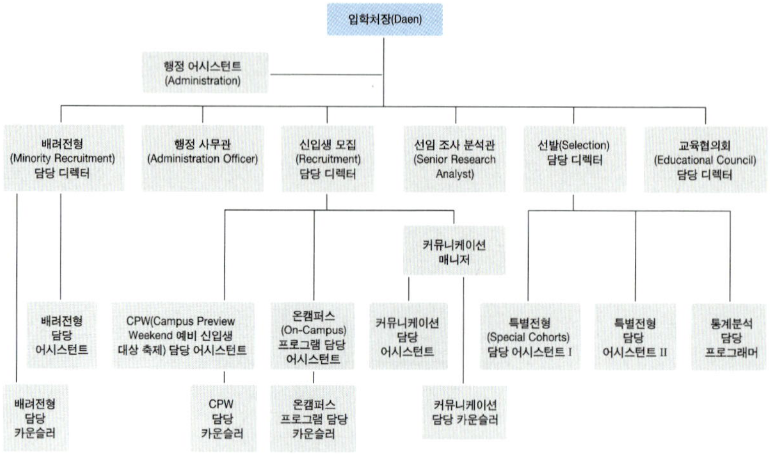

[그림 7-2] 미국 MIT 입학 전담부서 조직도

〈주간조선〉 2010년 6월 7일, p.41

인 입학사정관제에는 전혀 적절하지 못한 실정이다. 특히 단위 조직간 소통의 부재는 구성원들 사이의 감정, 단위 조직 리더의 자질 등을 이유로 상존한다. 우리나라의 조직은 규모가 작지만 '사람 중심'인데 반해 MIT의 경우 조직이 '직무 중심'으로 보인다[그림 7-2] 참조.

입학사정관제 조직은 기본적으로 벨크로*velcro* 조직[11]을 취해야 한다고 본다. 이는 행렬*Matrix* 조직 모델의 단점을 극복할 수 있을 뿐더러 입학사정관제의 앞서 언급된 조직 내 투명성, 독립성, 창의성, 소통성, 유연성 등을 극대화할 수 있기 때문이다. 다만 알려진 벨크로 조직 모형에서는 변화하는 과제에 따른 조직 구성이 유연하게 작용되는 것이지만, 여기에서 제시하려는 조직 모형은 인적 구성의 유연성 및 순환성에 중점을 두는 변화

11 Harvard Business School의 Joseph L. Bower이 주장한 조직 이론, Joseph L. Bower, ***Velcro Organization***, Havard Business Review, 1997

된 개념의 벨크로 조직 모형이다[그림 7-3] 참조. 이는 앞으로는 조직의 새로운 패러다임이 상상력을 기초로 한 창조와 혁신이라는 일반적 담론에 비추어서도 당위적이며, 정보 공유의 리더십을 지향하는 조직문화*self-managing team*에 비추어서도 필연적인 모형이다.

이러한 벨크로 조직은 과제나 업무 중심의 조직으로 계급적이기보다는 공평*flat*한 조직구조를 가지고 있다. 직위가 아닌 역할에 따른 권한과 책임이 부여되는 것이다. 입학부서의 제반 과제들—각종 전형 및 필수 업무 등—을 중심으로 한 업무수행을 순환적으로 수행함으로 입학사정관들의 전문화[12] 및 다른 업무에 대한 이해를 도모할 수 있다.

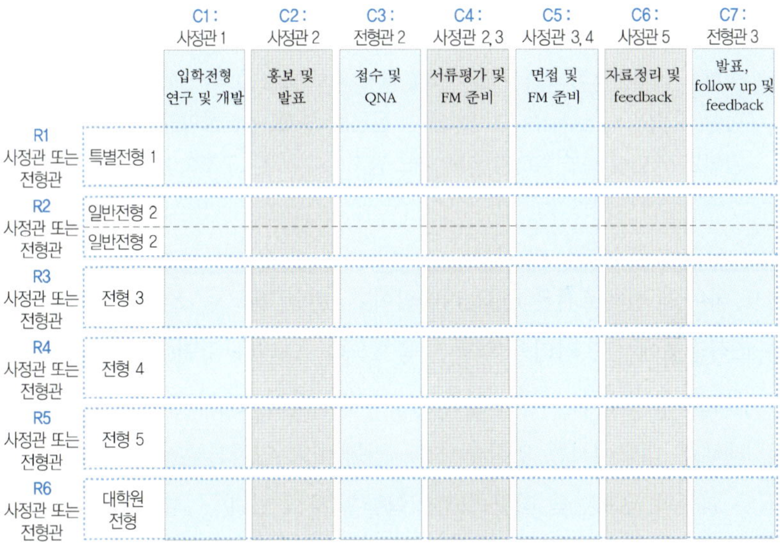

[그림 7-3] 벨크로 형태의 입학전담부서 조직

12 입학부서 내의 특정 업무의 전문화가 아니라 입학부서 관련 전체적인 과제 및 업무수행능력 전문화를 이른다.

다만 이러한 조직의 구현을 위하여 전제조건들 중의 하나로 정보들의 공유를 위한 안전한 정보 시스템의 구축을 들 수 있다. 자료들에 대한 접근 권한과 로그*log*기록, 사용자 인증 시스템을 갖춘 정보시스템은 사후감사, 책임소재 및 자료의 신뢰성 있는 구축을 위하여서 필수적이다.

C 대학 사례

C 대학의 입학부서에는 입학전형 자료를 주무로 하는 구성원 D가 있다. D의 컴퓨터에는 입학전형의 시작부터 제일 마지막 최종 합격자 발표까지의 모든 자료가 축적되어 있으며, 그 자료를 가공하여 리더십들에 보고하는 것도 D의 업무이다. 여기에는 입학전형 자료의 보안이라는 절대적 명분이 있으나, 이러한 입학전형 자료의 집중과 불통으로 인하여, 입학부서장이 몇 번 바뀌는 동안에도 새로운 입학부서장들은 D에게 전적으로 의존하고 있을뿐더러 D가 가진 자료들을 필요로 하는 입학사정관들도 입학전형 자료의 보안이라는 명분 때문에 접근할 수 없는 실정이다. 이는 자료관리가 사람에게 의존하는 전혀 시스템적이지 않은 구조이다.

또 하나의 전제조건은 바로 리더십이다. 비단 벨크로 조직뿐 아니라 많은 조직구조에서도 리더의 역할은 중요하다. 그러나 평면*flat* 구조를 가지는 벨크로 조직에서는 특히 입학부서장의 현장리더로서의 역할이 중요하다. 대부분 대학에서는 입학부서장－입학처장, 입학본부장, 혹은 교무처장 등 교수가 보직으로 현장리더의 역할을 하고 있다. 입학전담부서 조직모델은 입학부서장을 중심으로 전개될 수밖에 없다. 그러나 현실은 앞서 언급한대로 보직 교수가 가지는 한계, 즉 본인의 강의와 연구를 지속해야 하므로 전적으로 입학부서장의 역할에 몰입할 수 없다는 것이다. 특히 입학사정관들 같은 지식 근로자의 관리자는 감독만을 하는 것이 아니라 업무도 함께 수행하는 '코치 겸 선수식'의 관리자일 필요가 있다. 또 위계질서가 아닌 공동체로, 채용과 해고가 아니라 인재 스카우트와 보유로, 관료주의가 아닌 지식 친화적 문화로 바꾸는 식의 변화 등이 필요하다. 입학사정관들에게 효율적으로 동기를 부여하고 자율에 대한 욕구를 충족시키며, 관리하는 것은 입학부서장에게 새로운 과제가 될 수밖에 없다. 즉 입학사정관 조직을 지휘하기 위해서는 창조적 리더십[13]이 절대적으로 요구된다. 뿐만 아니라 조직, 경영과 같은 조직 리더로서 제반 요건을 갖추어야 한다. 평균 2년 정도의 보직으로 임무를 수행하는 입학부서장이 리더십을 가지고 지속적으로 조직을 발전시키고 입학전형 선진화를 도모하기에는 구조적으로 어렵다. 대학에서의 보직 교수들은 모두 학내에서 뛰어난 자질과 연구 및 교육성과를 가진 교수들이다. 그러나 평균 2년 후는 입학부서를 떠나서 다른 부서의 장들도 경험하면서 학교의 리더십 대열에 참여해야 하고, 보직 이외에 활발히 수행해야 하는 연구와 강의 등이 있으므로 굳이 입학부서의 선진적 개혁이나 지속적 발전을 위하여 매진할 여력이 없는 실정이다.

이 장에서는 입학사정관을 가지고 있는 대학의 입학전담부서에 대하여 그 특징, 조직문화 요건, 그리고 내재되어 있을 가능성이 있는 갈등구조를 살펴본 후, 입학사정관을 아우르는 효과적인 입학전형 전담조직형태로 벨크로 조직을 살펴보았다. 또한 조직의 리더십은 운영혁신*operation innovation*과 더불어 관리혁신*management innovation*을 추구해야 한다는 점도

13 권위적 리더십은 채찍 중시, 위계질서 중시, 단선적, 예스 혹은 노의 명쾌함 중시, 옳은 판단인지 따지기, 장군(將軍)처럼 행동하기, 실수 회피, 제한된 피드백만의 허용으로 대표된다는 설명이다. 반면 창조적 리더십은 당근 중시, 네트워크 중시, 다층적, 아마도*maybe*와 같은 모호함의 인정, 현실적 판단인지 따지기, 예술가처럼 생각하기, 실수로부터의 학습 환경, 비판 허용으로 상징된다. 〈조선일보〉 Interview in Depth, 2009년 7월 4~5일. 창조적 리더십 역시 신뢰를 바탕으로 구성원을 통제할 수 있다.

알아보았다. 입학사정관 개인뿐만 아니라 입학전담부서 집단 전체의 역량*vital capability*이 강화되어야만 입학사정관제의 발전이 가능해진다고 본다.

08

입학사정관제 연계체계의 구축

홀로 성장하며, 지속적 변혁을 자동적으로 일으키는 제도는 없다. 모든 제도와 정책이 그러하듯이 입학사정관제 또한 외부와의 연계와 소통, 자극, 그리고 도전과 응전을 통해서 날마다 새롭게 발전할 수 있다. 입학사정관제 성공적 정착과 발전에는 필수적으로 동반해야 하는 중요한 상호작용 객체들이 있는데 가장 중요하다고 할 수 있는 것이 바로 고등학교이다.

사실 고등학교 교육과정의 다양성[1] 등으로 각각의 교육과정의 일반적 특징과 개별 학교들의 장점들은 파악하는 것은 용이한 일이 아니다. 따라서 입학사정관제는 보다 많은 자원을 사용하여 고등학교와의 연계에 진력해야 할 필요가 있다. 다음 표는 일반계 고등학교와 과학중점 고등학교 그리고 과학고등학교의 몇 가지 사항을 비교한 것이다.

1 미국의 공립학교 경우도 일반적인 학교 외에 수학, 과학 영재 고등학교를 비롯하여 특성화 교육과정을 운영하는 마그넷 스쿨*magnet school*, 주 예산에 의하여 운영되나 독립적인 권한을 갖는 차터 스쿨*charter school* 등이 있다. 우리나라는 일반고, 특성화고, 특목고, 자율고로 대별되며, 특목고에는 과학고, 외국어고/국제고, 예술고/체육고, 마이스터고가 있다.

〈표 8-1〉 고등학교 비교

	일반계 고등학교	과학중점(고등)학교	과학고등학교
모집 대상	일반학생	과학에 흥미와 관심이 높은 학생	과학적 성취능력과 잠재력이 매우 뛰어난 학생
학교 규모	학급당 35명 기준, 지역 여건에 따라 규모 결정	일반계 고등학교의 규모, 30명 이상 학급으로 과학중점과정 2~4학급 이상 포함	학급당 20명 기준, 지역 여건에 따라 학교 규모 결정
교과 교육과정	교육과정에 준하는 교육과정 이수	교육과정에 과학수학 교과 이수기회 확대, 과학소양 함양을 위한 특별교과 신설	과학계열 전문교과 교육과정에 준하는 과정
수학·과학 비율	30% 내외	45% 이상	60% 이상
비교과 교육과정	교육과정에서 제시하는 재량활동, 특별활동	재량활동, 특별활동 포함하여 범교과활동을 통해 과학중점과정 학생에게 과학탐구 및 체험 기회 확대하고, 과학중점과정 이외의 학생에게도 과학소양 함양	재량활동, 특별활동 포함하여 R&E, 개인 연구 등 과학연구 관련 집중 비교과 활동
교원 조직	중등교사자격자 (수학·과학 담당교사 비율 25% 내외)	정규 교과교육과정은 중등교사자격 소지자, 비교과과정 및 특별교과에 이공계열 전문가 활용 가능 (수·과학 교사 비율 40% 내외)	중등교사자격교사와 일부 이공계열 전문가 (수학·과학 담당교사 비율 60% 내외)
규모	1,431교(2008년)	100교(2010년)	21교(2008년)

출처: 「다양화된 고등학교급 과학영재교육기관의 역할」, 〈2011년 영재교육 전문가 포럼〉, p.13

또한 일반적으로 자율형 사립고등학교라고 통칭되지만 사실은 다음과 같은 차이점이 있다.

〈표 8-2〉 자율형 사립고등학교 유형간 차이점

구 분	유형 I (자립형에서 전환)	유형 II (일반고에서 전환)
지정권자	교육감	교육감
학생선발	전국 또는 도 단위 학교별 자율(필답고사 금지)	• 광역시 · 도별 평준화 지역 : 교육감 결정 • 비평준화 지역 : 학교별 선발 (필기고사 금지) • 사회적 배려자 : 정원의 20%
납입금	교육감이 정함 (당해지역 일반계고의 3배 이내)	교육감이 정함
법인 전입금	학생납입금 총액의 20%	• 특별시, 광역시 : 납입금의 5% 이상 • 도 : 납입금의 3% 이상

출처: 「다양화된 고등학교급 과학영재교육기관의 역할」, 〈2011년 영재교육 전문가 포럼〉, p.13

본 장에서는 고등학교와의 연계의 필요성을 논하며, 중복된 연계로 인한 각 대학의 자원 낭비와 고등학교의 입학사정관제 관련 업무 부담을 피하기 위한 범대학적인, 나아가 정책적인 제도의 필요성과 그 방안에 대하여 논한다.

또 다른 필수적인 요소로는 여론과의 소통이다. 언론 매체들을 통한 소통, 인터넷, 학교 캠프 등을 활용하는 여론과의 연계가 강화되어야 한다. 또 하나의 필수적 요소가 바로 전문가 집단과의 소통이다. 교내 구성원 중의 전문가와의 소통은 물론이고 외부 전문가들과 전형에 대한 광범위한, 혹은 세부적인 연계를 지속적으로 가짐으로 입학사정관제의 투명성과 전문성을 높여 객관성을 확보할 수 있기 때문이다.

제1절 고등학교와의 연계

UCLA의 입학부서의 명칭이 Undergraduate Admissions and Relations with Schools라는 것은 시사하는 바가 크다.[2] 또한 UC Berkeley는 캘리포니아주 소재 1천여 개 전체 고교에 API*Academic Performance Index*라고 불리는 등급[3](1~10)을 부여하여 평가에 활용하고 있으며, 지원자의 고교에 대한 정확하고 새로운 정보를 유지하기 위해 미국의 전 고교를 지역별로 분할해서 각 지역을 일정수의 입학사정관이 담당하도록 하고 있다.

입학사정관제에서는 고등학교[4]와의 연계가 필수적이다. 고등학교 교사들의 입학사정관제에 참여하는 정도가 바로 입학사정관제의 질적인 측면을 강화하는데 있어 기초가 된다. 아울러 전형의 공정성과 평가의 신뢰성을 제고하는데 중요한 요소임에 틀림이 없다. 그러나 공립 고등학교 교사들의 경우 근무 학교가 바뀌면 지원자에 대한 지속적 관찰 결과를 생산할 수 없는 경우도 있으며, 고등학교 내에서 행정 직무 변경, 과중한 행정 업무의 부담 및 수업 등으로 인하여 대학에서 원하는 만큼의 참여가 자의반 타의반으로 어려운 것이 사실이다. 이 모든 난점들에도 불구하는 입학사정관제가 고등학교와의 연계를 진지하게, 심도 있게, 그리고 효율적으로 유지하고 발전시키는 것이 바로 공교육의 강화를 가져오는 선순환을 유발시키게 된다. 그런 의미에서는 현재 혼란해 보이는 고등학교와의 연계[5]에

2 우리나라의 경우도 고등학교와의 연계를 강화하고 있다. 서울대학교는 2005년부터 전국 고교 추천서를 DB화하고, 일선 고등학교를 방문하여 교과과정 등을 조사하고 있다고 한다. 많은 대학들에서 고등학교 진학담당 교사 등으로 자문위원회 등을 구성하고 있기도 하다.

3 고등학교 등급제가 아니라 고등학교의 교육과정, 성장모델기반 평가결과 등 오히려 분류에 해당하는 등급이다.

4 전국 100개의 과학중점고 등 다양한 고등학교 및 관련 교육과정, 통계 등에 대한 것들은 입학사정관제의 기본사항이다.

5 대학 입학전형과 고등학교와의 연계에는 일면 오해의 소지도 있다. 이러한 연계활동들이 고등학교에 대한 신뢰를 바탕으로 해야 함에도 불구하고 입학사정관제가 고등학교 교육현장까지 깊숙

대하여 정책적인 동력이 부여되어서 긍정적 방향을 잡아야 할 필요성이 시급하다 하겠다.

1. 다양한 방식으로 고등학교와의 연계가 필요하다. 현재 각 대학들이 여름방학 기간 중에 제공하고 있는 각종 캠프[6]들과 대학과목 선이수제*UP, university-level program*, 단기 학과탐방 프로그램 등이 대표적인 연계방식이 된다. 학생들이 대학으로 오는 경우이기도 하지만 대학에서 고등학교를 가서 직접 캠프를 여는 방법들도 있을 수 있다. 또 대학에서는 지역 고등학교를 대상으로 한 지역 교육청에서의 캠프 등을 기획하여 고등학교와의 연계를 강화할 수 있다. 특히 사회・경제적 약자를 대상으로 수준 있는 교과 혹은 비교과 활동을 하는 프로그램*Academic/Extracurricular Talent Development Program*을 대학이 운영하는 것은 대학의 책무성과도 관련이 있다고 본다.
2. 입학사정관제에서 요구하는 자료 등에 대한 시스템적인 처리 및 표준적인[7] 처리가 요구된다. 고등학교장의 직인 없이도 지원자가 대학에 지원할 수 있는 현실에서는 학생들이 지원하는 많은 대학들마다 요구하는 입학사정관제 관련 자료를 준비하기에 낭비적 요소가 많이 있다. 아울러 특정 대학을 위하여 작성된 입학사정관제 서류가 아니라 지원학생에 대한 꾸준하고 전반적인 심층적 관찰의 결과가 필요한 것이다. 이러한 표준적 자료, 체계적으로 생산된 자료를 가지고 각 대학의 입학사정관들은 배경을 파악하고 맥락을 짚어 평가하게

이 개입하여 고등학교 현장의 권위를 훼손한다든지, 고등학교가 준비하는 전형 자료에 대해 무조건적인 불신을 한다든가하는 것은 지양해야 한다.

6 일부 대학에서 개설하는 비싼 비용의 캠프는 바람직하지 않다.

7 최근 공통 추천서 양식 사용과 같은 논의가 제기되기도 하였으나, 교사들의 입학사정관제 참여 부담을 줄일 수 있는 보다 진전된 방법이 필요하다.

되는 것이다. 현재의 학생생활기록부를 넘어서는 보다 정밀한 진정성 있는 기록들이 필요하다. 즉 입학사정관제를 견고하게 할 수 있는 제도적 장치들을 고등학교에 많이 제공해야 한다. 이는 각개의 대학이 나름대로의 정책으로 행할 수 있는 것이 아니라 보다 거시적 안목에서의 중등교원 전문성 제고[8] 방안 등과 연계되는 통합적 장치들이 정책적으로 마련되어야 한다.

3. 고등학교 교사[9]들과의 상호 호혜적 관계를 구축하는 것이 중요하다. 먼저 교사들의 추천서를 인정하고 추천받은 학생들의 전형결과, 입학 후의 자료들이 축적되어야 한다. 교사들의 추천이 실효성과 사실성이 입증되면 그 교사들에게는 전형에 대한 보다 적극적인 참여의 기회나 추천 비중의 확대 혜택을 선별적으로 부여함으로 교사의 진학지도 등 전형 관련 활동 여건을 용이하도록 돕는 한편, 지속적으로 대학의 인재상에 부합하는 학생들을 추천하도록 요구할 수도 있다. 여기서 언급된 교사는 한 개인을 지칭하는 것이겠으나, 교사 집단 혹은 학교가 될 수도 있다. 즉 대학의 입학사정관제는 모든 접촉점을 열어놓고 고등학교와의 적극적 연계를 도모하여 한다. 학교 교장 및 교사의 리더십,[10] 교사들의 열정에서 나오는 고등학교 교육 효과를

8 좋은 교사들에 대한 필요성은 어느 나라에서든지 공감하는 사회 발전의 핵심 사항이다. 미국 RAND 연구소 보고서 참조*www.rand.org/rep1125*, 많은 논란에도 불구하고 미국 워싱턴 DC 교육청은 '워싱턴 공립 고등학교 교원들의 업무수행 평가 시스템*IMPACT*'에 의하여 약 5%의 교사에게 해고를 통지하고 16%의 교사에게 성과급을 차등 지급했다. 프랑스는 2010년 9월 교원양성제도를 20년 만에 대폭 개편했다.

9 우리나라 중등학교 선생님들의 자질은 어떤 직업군에 비하여도 떨어지지 않는다. 치열한 경쟁으로 교직에 진입한 우수한 선생님들이 열정으로 학생들을 가르치고 지도할 수 있는 동기가 주어진다면 공교육이 힘을 발휘하는 것은 그렇게 많은 시간이 필요하지 않다.

10 전국 모든 초·중등학교 교장 교사를 공모 방식으로 뽑을 수 있도록 관련법 개정안이 입법예고됐다. 사회 각계에서 능력을 검증 받은 인재들이 교장직에 도전할 수 있는 길이 열려 보다 경쟁적 리더십을 예상할 수 있다.

반영하지 않는 입학사정관제의 의미는 없다.

4. 고등학교 교사들에게만 우선적으로 입학전형 정보를 입학사정관제를 통하여 제공함으로 교사들의 진학지도 및 상담에 유의성이 실리도록 해야 한다. 교사들의 진학지도에 필요한 정확한 정보를 시의적절하게 제공함으로 지원학생들이 교사의 조언을 믿고 지도를 받을 수 있도록 해야 한다. 입학사정관제가 착근하기 위하여 입학사정관제 시행 대학의 노력 못지않게 중등학교의 학사관리시스템을 선진화하고 고등학교 교사들이 입학사정관제에 적극 참여할 수 있도록 해야 한다.

5. 고등학교와의 연계에서 중요한 점은 해당 고등학교가 어떤 배경을 가진 입학생 자원들을*input* 고등학교 3년간의 교육을 통하여 얼마만큼 성장시킨 졸업생을 만들어 내느냐는*output* 것에 유념해야 한다. 우수한 입학생을 받아 사교육 시장에 맡기면서 큰 노력이 없이 우수한 졸업생을 배출하는 고등학교와 열악한 여건의 입학생 자원을 가지고 최대한 교과적, 전인적 교육을 시켜 성장 기울기가 높은 졸업생을 배출하는 고등학교의 차이를 입학사정관제에서는 확연히 구별해 주어야 한다. 이런 의미에서는 외국어고등학교, 과학고등학교 등 우수한 입학 자원을 가진 고등학교가 입학사정관제에서 유리한 것만은 아니다.[11] 다행히 한국교육과정평가원에서 학교효과에 대한 자료를 제공하고 있다.[12]

11 대학이 손쉽게 학생선발을 하려 한다면 이와 같은 특수목적 고등학교를 우대할 우려가 있다.

12 한국교육과정평가원에서는 고등학교 1학년 학생들의 학업성취도 평가결과를 2년 후 같은 학생들의 대학수학능력시험 점수와 비교하여 가정 배경효과를 제어하면서 학교 교육력과 같은 학교효과를 도출할 계획임을 밝혔다. 〈조선일보〉 2009년 10월 19일

6. 이러한 측면에서 지금 공개되고 있는 수능성적 등 고등학교평가와 관련된 자료들을 좀 더 심층적으로 분석할 필요와 새로운 평가방법을 도모할 필요가 있다. 현재 많은 언론에서 소개하는 수능 1등급의 비율, 혹은 성취도 분석 등은 실질적으로는 고등학교평가의 유의한 수단이 될 수 없음에도 무분별하게 소개되고 있다. 미국 Massachusettes 주에서는 교육청과 학교 나아가 학생들을 평가하는데 단순히 성취도로만 판단하지 않는다는 발표를 했다.[13] 이렇듯이 학교평가 등에 대한 보다 유의한 평가를 하기 위하여서도 고등학교와의 연계는 필수적이다. 이러한 평가방법들도 국가가 정책적으로 실시하면 바람직하겠으나 그러기에 시간이 걸린다면 대학교 고등학교와의 연계활동의 일환으로 합의되는 고등학교들 만으로서도 실시할 수 있는 것이다.

7. 고등학교와의 연계활동 영역은 실은 다양하며, 의미 있는 활동이 많이 있을 수 있다. 예를 들어, A 고등학교 졸업 학생이 B 대학에서 공부한 후, C라는 직업을 가지는 것을 지속적으로 추적하여 프로파일을 설정할 수도 있으며, 이렇게 한명 한명의 추적조사 외에도 A 고등학교 졸업생들 중 대학의 진학학생들이 졸업하는 비율, 또 B 대학의 일반 학생들과 비교하여 A 고등학교 졸업학생들이 갖는 성취도 등 고등학교와의 연계를 통하여 입학사정관제를 위하여 축적할 수 있는 다양하고 유의한 정보들은 많이 있다. 또한 고등학교의 사회·경제적 배경 등 배경변인에 따라 고등학교 특성화 측면을 고려하는 것이

13 각각의 학생에 대하여 비교군 학생집단을 선정하여 비교군 학생들의 성취도 배경을 고려하여 평가대상 학생 성취 맥락을 평정하는 것이다. 참고로 Massachusetts에서는 학교평가를 위하여 MCAS*Massachusetts Comprehensive Assessment System* 수학과 영어시험 결과를 바탕으로 4분 척도를 적용하여 왔다. advanced, proficient, need improvement, warning/failing. 〈The Boston Globe〉 2009년 10월 28일

필수적인 입학사정관제에서는 지역적인 변인들, 해당 지역에서 실시되고 있는 교육정책적인 변인들을 파악하는 노력도 함께 고려해야 한다.

언급된 관점들 외에도 고등학교와의 연계에 있어서 다양한 관점들과 방법들은 많다. 다만 개별 대학들이 가진 한정된 자원을 활용하여 효과적인 연계활동을 해야 함으로 어떤 관점을 가지고 접근하는가와 사용하는 방법들은 개별화되어야 한다. 무엇보다도 고등학교와 연계활동을 하는 사람들은 입학사정관이든 교수이든 고등학교에 대한 정확한 정보를 가지고 있어야 한다.

case **A 대학 사례**

한 특수목적고 교장 선생님은 자신의 학교로 대학홍보 및 입학전형 소개를 나온 대학의 교수가 최근 변화된 해당 고등학교 학생선발 방법에 대하여 전혀 모르고 있다는 사실을 알고 무척 놀랐다. 고등학교가 어떻게 학생을 선발하는지도 모른다면 학생을 어떻게 교육하여 배출하는지에도 이 대학은 큰 관심이 없을 것이라 생각했다.

또한 검정고시, 전국 43개 대안학교, 홈스쿨링[14] 등을 거친 지원자에 대한 고려를 해야 하기 때문에 이에 관련된 자료들도 고등학교 연계 중의 하나로 파악하고 있어야 한다.

14 미국이 경우 약 200만명의 학생들이 홈스쿨링을 하고 있으며 우리나라의 경우 약 1000여 가구가 있다고 알려져 있다. 〈조선일보〉 2011년 6월 21일, A8면

제2절 지역과의 연계

과학고등학교는 학생을 지역에서 선발하고 영재고등학교는 전국적으로 선발하는 차이가 있다. 대학들은 전국적으로 지원자를 받고 있기는 하지만 특정 지역에서 많은 지원자들이 있는 경우가 있다. 즉, 입학사정관제에서 특정 지역과의 연계를 추진하는 것이 지원학생들의 배경변인을 고려하거나 입학전형을 홍보하는데 비효율적으로 보일 수도 있다. 그러나 교육자치가 진행되는 현실에서는 시도 교육청의 중등학교 정책[15]이나 유사성을 가진 고등학교들의 집합체로 지역을 고려할 때 대학의 입학사정관 연계에서는 중요한 객체가 된다.

16개 시・도 교육청[16] 단위는 물론이고 나아가 더욱 지역적인 특성이나 동향을 관찰하며, 지역의 교육적 특성[17]을 파악할 수 있도록 연계를 강화해야 한다. 이는 꼭 물리적, 대면적 접촉을 이르는 것만은 아니라, 초기적 형태의 연계, 즉, 다양한 통계, 교육청 평가결과, 지역의 교육 특성화 방향 등 정보*on-line* 연계는 필수적으로 가지고 있어야 한다. 대학의 입학사정관제가 시스템적으로 이러한 기초적 연계를 확보할 수 있도록 교육청, 혹은 보다 작은 단위의 지역사회의 적극적 대응이 요망되고 이런 표준화되

15 2009년 처음 도입한 서울지역의 고교 선택제는 현 상태로는 존치가 어렵다는 전망이 있는 등 시도교육청의 정책에 따라 지원자의 중요한 배경변인이 변하게 된다. 〈경향신문〉 2011년 5월 31일.

16 부산시 교육청은 지역 19개 대학과 교육청이 실시하고 있는 독서인증제를 대학 입학전형에 활용하는 협약을 맺어 학생들의 참여를 유도하는 등 다양한 정책을 펼치고 있어 2005년부터 2009년까지 교육과학기술부의 교육성과 평가에서 최우수 평가를 받고 있다는 등 교육청별 특징 또한 잘 파악하고 있어야 한다. 2011년도에는 대전시 교육청이 매우 우수, 충남과 경북교육청이 매우 우수평가를 받았다.

17 예를 들어 광주광역시의 경우, 다른 지역보다 경쟁력이 있는 사립학교들이 많이 있고, 이는 2002년부터 학교 선택제를 실시하는 경쟁구도가 형성되었다는 등과 같은 지역적 특성을 정확하고 빠르게 파악하고 있어야 한다.

고 효율적인 연계 자료들이 생산[18]될 수 있도록 하는 정책적 배려가 필요하다.

특히 광역 대도시, 농산어촌등 지역적 특성,[19] 사회적 배려 계층 등 계층적 특성 등에 대한 연구를 수행하는 공립, 사립 연구기관들과의 연계도 중요하다.

아울러 공교육 관련 정책의 일선 집행기관인 시도 교육청과의 연계는 입학사정관제에서는 더욱 중요하다. 16개 교육청이 각기 추구하는 교육정책 방향[20]과 이를 수용하는 관내 고등학교들의 효과를 지속적으로 관찰하여 고등학교 교육효과의 의미 있고 신뢰성 있는 자료를 확보할 수 있기 때문이다. 특히 학교 배경변인을 입학사정관제 평가에서는 중요한 결정 요인으로 고려하는데, 이들 학교가 속한 교육청 단위의 일반적 자료들을 학교 배경변인의 바탕으로 고려할 필요가 있다. 대학수학능력시험 결과의 공개로 밝혀진 시・도 교육청별 순위에서 2009년 1위를 한 광주교육청[21]이 추진하는 정책들 중의 하나인 「수업명인 일류교사」 프로그램에 대하여 지속적으로 살펴본다든지, 6위를 한 서울시교육청이 추진하는 고교선택제 도입의 결과에 대하여 자료를 축적한다든지 하는 것들이 예가 될 수 있다. 모집단위 특성을 이유로 특별히 많이 진학하는 고등학교*feeder school*가 있는 교육청의 경우 대학・고등학교 간의 인적인 교류도 확대할 필요가 있다.

18 서울시 교육청이 입학사정관제에 대비한 서울 시내 고등학교의 교육활동 우수사례를 모은 안내책자를 발간하는 것이 이러한 연계활동의 예라고 볼 수 있다.

19 미국의 경우 Washington DC 소재 Urban Institute의 Education Policy Center 등 다양하고 많은 교육정책 연구기관들이 있다. 입학사정관제에서는 이러한 정책 연구기관들과의 연계 또한 도모되어, 입학정책의 수립에 참고할 필요가 있다.

20 예를 들어 서울시교육청은 서술형 문제 비중을 2010년 30%에서 2011년 40%, 2012년 50%까지 늘린다고 작년에 발표했다. 〈조선일보〉 2011년 4월 26일, A14면

21 2011 수학능력시험에서도 2위를 했다. '수능성적 분석 이후' 〈동아일보〉 2009년 10월 21일

또한 지역 연계에 있어서 교육청 등 입학사정관 전형 중심의 연계뿐 아니라 지역의 산업체, 공공기관 등 경제·사회적 주체들과의 연계도 필요하다. 이는 입학사정관제에 의한 학생 선발의 결국은 지역 인재의 육성과 대학교육을 마친 인재들이 지역 발전에 기여하도록 하는 선순환을 이루고 있어야 함이기 때문이다. 그러나 이런 광의의 지역 연계는 입학사정관제 실시 부서와 대학의 다른 행정 부서와 유기적 연결에 의하여 함께 추진되어야 함은 물론이다. 이러한 지역 연계의 관점들은 각 지역의 인력 수급과 취업 희망의 불일치 문제를 완화시키고 고등학교 졸업자의 수도권 집중으로 인한 지역 대학의 공동화를 방지할 수 있으며, 최근의 등록금 경감 해법과도 연결지을 수 있는 가능성을 가지고 있다.

제3절 여론과의 소통

입학사정관제에서는 투명성을 가지고 사회 제반의 여론들과 적극적인 연계를 해야 한다. 언론은 교육에 관련된 주제들을 다양하게 다루고 있으며, 교사를 표창[22]하는 것, 대학수학능력시험 분석, 대학평가 등 다양한 영역에서 입학사정관제와 관련을 가지고 있다. 또한 지역 혹은 전국 기반 시민단체, 학부모 단체 등 입학사정관제에 관한 다양한 의견을 가진 여론들이 있다. 이와 같은 여론들과의 연계는 입학사정관제의 정착을 위하여 필수적이다. 입학사정관제도를 시행하는 고등학교, 대학, 그리고 전담조

22 캐나다 온타리오 주에서는 교원 노동조합과 토론토의 유력 일간지 『Toronto Star』가 세계교사의 날을 맞이하여 2009년 10월 1일 처음으로 우수한 교사 5명을 선정하여 공적하는 기사를 실었다. 우리나라에서는 교육과학기술부, 조선일보, 방일영 문화재단 공동으로 2002년부터 '올해의 스승상'을 교육과학기술부, 한국과학창의재단, 매일경제 신문사가 공동으로 2003년부터 '올해의 과학교사상'을 제정하여 시행하고 있다.

직, 입학사정관 등 모든 수준에서 여론과의 적극적인 소통으로 입학사정관제의 장점을 알리고 개선점에 대하여 수용하는 자세를 가져야 한다고 본다. 대학이 점하는 위치에 따라 여론과의 소통을 위하여 대학 고유의 특징적 방법들이 다양하게 펼쳐져 있어야 한다.

입학사정관제가 정량적 점수계산에 의한 것이 아니다 보니, 무엇보다도 전형의 모든 절차가 공정성과 신뢰성을 극대화하면서 진행되고 있다는 점을 여론이 인정해야 한다. 그러기 위하여 전형절차의 투명한 공개, 입학사정관들의 경험, 경력 등에 대한 홍보 등 여론의 지지를 이끌어 내면서 전형을 진행해야 한다. 이런 인증을 위하여 특정 언론뿐 아니라 모든 전형 이해 당사자들, 다양한 사회여론 주체들에게 형평성 있게 정보를 제공해야 함은 물론이다.

아울러 대학 입학전형에 대한 사회의 관심을 반영해야 하는 언론에서는 자체적으로 분석 · 보유하고 있는 자료와 대학별로는 습득하기 어려운 종합적인 자료들을 보유하고 있는 경우도 있으므로, 입학사정관제에서는 언론과의 상호 유기적인 연계를 가지고 있어야 한다. 언론과의 관계는 대학이 부담을 갖는 면도 있기는 하나 입학사정관제의 출발점이 투명성과 공정성이라고 할 때 대학의 입학사정관제에서는 언론에 정확한 정보를 제공함으로 유용한 정보의 공유를 꾀하고, 다양한 언론 매체들과 폭넓게 소통하는 체계를 갖추고 있어야 한다.

따라서 여론과의 소통이 필수적인 입학사정관제에서는 보다 선진적이고 전문적인 연계를 도모해야 하고 이는 입학사정관제의 중요한 직무의 하나로 설정되어야 한다.

제4절 대학 내 연계체계의 구축

대학의 입학부서는 다른 부서들과 공존하고 있다. 유기체적인 기능들을 함으로 대학 행정체계가 달성하려는 목표를 효율적으로 이루는 데 한 축을 이루고 있는 것이다. 각 대학들마다 입학사정관 관련 예산, 인원들이 증가함에 따라 전체적 대학조직관리가 급변하는 경우도 없지 않다. 입학부서는 대학의 우선고려 대상인 학생들을 모집하고 선발하기 위하여 학내의 제반 부서들과 밀접한 협조체계를 구축해야 한다.

대학 전체 홍보부서, 장학부서, 등록부서, 상담부서 등과의 연계가 필요하다. 아울러 입학 전 교과준비과정*academic bridge program*을 시행하려면 교무부서와도 협조가 필요하다. 이들 중 장학부서 및 등록부서와의 연계를 미국의 경우를 들어보면 다음과 같다.

미국 입학사정관제 전형에서는 합격자의 재정지원 여부를 결정하는데 입학사정관의 역할이 크다. 또한 입학 후 합격생들의 성취*performance*를 종단하는 데 있어 장학부서와의 정보교류가 핵심적 직무[23]의 일환이다. 우리나라의 경우 장학 혹은 재정지원은 신입생을 위한 유인책으로 쓰이거나 교과성취도에 근거하여 사용되어 왔다. 그러나 입학사정관제 전형은 지원자 전체에 대한 총합적*holistic* 평가이므로 장학금이나 재정지원을 결정하는 데, 성취기반*achievement base*만으로 결정할 수는 없다. 이러한 장학금 또는 재정적 지원에 관한 결정에 있어서도 필요 기반*need base*의 결정을 입학사정관이 주도적으로 해야 하며, 합격한 학생들의 지속적인 추적조사 및 분석에 있어서도 장학부서를 통하여 전달받은 정보가 잘 처리되어 축적, 활용하도록 입학사정관의 적극적인 직무수행이 요구되고 있다.

미국 입학사정관제 전형에서는 등록 부서와의 연계를 통하여 합격생의

23 주로 senior level에서 교류되어 축적된다.

등록을 관리하며, 합격생을 입학생으로 만드는 과정에서 입학사정관은 중심적 역할을 할 수밖에 없다. 등록부서는 주로 행정적 준비와 전공학부(과)와의 연결 등을 담당하며, 필요한 경우, 입학사정관, 전공학부, 장학부서의 공조로 원하는 합격생을 등록시키기 위한 협력을 한다. 우리나라의 경우는 입학식 전에는 입학부서, 입학식 후에는 교무부서라는 직무 분할의 불문율 같은 것이 있어, 미국 대학의 등록부서에서 하는 역할을 입학부서에서 수행해야 한다고 할 때 역시 입학사정관제 내에서 그 직무 범위, 수행 규약*protocol* 등을 정립해야 할 사항이라 생각한다.

즉, 입학사정관제는 대학의 제반 행정조직과의 긴밀한 연계를 바탕으로 학생들을 선발하고 나아가 선발된 학생들이 해당 대학에서 잘 적응하며 학업적 성취와 인성적 성장을 하도록 하는 제도임에는 틀림없다. 입학사정관제가 대학 내 여러 정책들의 지렛대*leverage* 역할을 할 수 있음을 알 수 있는데 이에 대한 것들은 11장에서 좀 더 자세히 살펴보기로 하겠다.

이 장에서는 입학사정관제 효율적 실시를 위하여 필요한 사전적 연계로서 고등학교와의 연계를 중심으로, 지역 교육자치 행정기관, 사회여론, 대학 내의 연계 등을 살펴보았다. 여기서 연계의 결과들이 잘 정리되어 평가자료로서 가공되어야 한다. 무분별하게 수집한 자료들은 오히려 평가에 있어 혼선을 초래하고 효율성을 감소시킬 뿐이다. 어떤 고등학교 입학사정관 전형 서류평가서에는 지원자의 학업성취도 등 여러 정량적 자료들은 물론 해당 고등학교에 관한 핵심적인 정보들이 미리 제공되고 있고, 해당 지역의 학업성취도는 물론 사회·경제적 지표들도 정리되어 제공되고 있어 평가자가 일목요연하게 자료들을 볼 수 있도록 했다. 미국의 경우로 UC Berkeley의 오래 전 평가서를 아래 인용하였다. 이 평가서에도 고등학교 자료*profile*은 물론 배경자료*demographics* 등이 잘 정리되어 있는 것을 볼 수 있다.

미국 대학의 평가서 양식(APPLICANT READ SHEET)

Applicant

Name CPID Class Freshman-HS ELC

College L&S(25) Major Film(379) Residency Resident

Last School Venice High School Los Angeles, CA (Los Angeles County)

Parents Income Highest Educ.

Outreach

9-Other

1- EAOP

School Demographics

		vs. State
LEP	24%	Highest
Elig. for Free Meal	51%	Highest
FGC	70%	Highest
	OP 06-07	OUA
Avg. family Income for UC Apps		$68 K
		OP 05-06

Percentile Rankings

		Sch Bk	Pool Bk	Sch UC
A-G Courses	60	97	89	98
GPA				
Unwght'd GPA	3.73	64	59	78
Total Unwght'd GPA	7			
Apps from School				
Weight'd GPA	4.03	51	56	68
Honors (HL/AP/IB/CL)				
Soph-Junior	0	3		6
Senior	7	75	59	83
Est. Semesters Offered	32			
Calendar	SB			

OP 04-05

SAT/ACT Scores

SAT Reasoning		Sch Bk	Pool Bk	Sch UC
Reading	690	82	81	90
Math	480	11	8	20
Writing	690	79	79	88
Total	1860			

OP 05-06

SAT Subject		
High 1	UH	690
High 2	LR	610
High 3		
Other		

OP 05-06

ACT		Sch Bk	Pool Bk	Sch UC
Readi	34	93	97	96
Science	23	33	47	50
Math	24	31	30	48
Eng/Wr	29		78	
EngOnly	29		72	
Comp				

OP 05-06

AP Exams

AP Courses Offered During the Year 27

OP 05-06

All AP Tests >=3 69%

CDB 05

Apps to UCB

Current Fall 49

Previous Fall

Apps 49

Admits 17

Admits/Apps 35%

OUA

School Profile

California API-State Rank (10=High) 4

Setting Type Large City:ge250,00 Public(1)

Enrollment 3209 Yr-Round No

Emergency Creds. 7%
Student/Teacher 24
OP 05-06

Compared to State

Mid to High
OUA

Grade Span 9-12

OP Approved A-G Courses Yes
OP 05-06

<5% Applied to UC No

Disposition

SAT Performance-All Seniors

Spring 06 Testing		Sate Rank Percentile
Mean SAT Reading	510	52
Mean SAT Math	490	44
Mean SAT Writing		

EPS 06 OUA

Seniors Applying to Any UC

Grads Applied to any UC Campus 102

OP 05-06

School Completion Statistics

HS Graduates 436

10th-Grad Attrition 42%
A-G Completed 64%

vs. State
Highest
Mid to High

OP 05-06 OUA

Folder Location

If score 4, recommend for second read(X)?

Score

09

입학사정관제 전형 후속 연구들

대학 입학 후 합격한 재학생들의 적응도와 성취 등은 우리나라에서는 실상 간과되어 왔다. 외국 대학처럼[1] 대학의 교과과정 운영이 철저하거나, 대학 재학 중 많은 활동을 하는 경우가 많지 않아, 대부분이 졸업을 하게 됨으로 굳이 적응도, 성취도 향상 등을 위한 정책을 수립하고 시행하기 위하여 대학의 자원을 투입할 이유가 없었기 때문이다. 그러나 입학사정관제, 등록금, 대학교육 강조를 비롯한 대학에 대한 사회 저변의 관점이 변화하고, 학생들의 학적 변동이 다양하게 나타남에 따라 지속적으로 적응도 및 성취도를 파악해야 할 필요성이 대두되고 있다. 물론 이러한 필요성은 입학사정관제의 타당성을 측정하려는 목적의 대학생활 적응도와 학업성취도, 대학내외에서의 활동성 조사 등이 필수적인 것과 더불어 대학에서 그러한 정책과 연구를 수행해야 하는 절대적인 이유이다. 입학전형의 타당성은 전형의 공정성과 신뢰성을 뒷받침*backup* 할 수 있는 가장 뚜렷한 논리이다.

1 2000~2005년 캐나다 연방 통계국의 자료를 분석한 결과 캐나다 대학 신입생의 16%가 1학년을 제대로 마치지 못하고 학업을 포기하거나 진로를 변경하는 것으로 조사되었다. http://article.joins.com/article/article.asp?ctg=13&Total_ID=3788547

입학사정관제에 의한 전형이 모두 끝난 다음에도 필요한 후속 과제들이 있다. 그중의 하나가 종단연구 및 추적조사다. 일반적으로 당해 연도 입학 전형의 결과들은 모두 잘 분석되어 정리되고 있기는 하나 보다 구체적인 목적을 가진 자료분석이나 축적이 이루어지고 있지는 못하다. 입학사정관제가 활성화되면 이러한 연구 및 조사들에 대해서도 입학사정관들의 역량이 집중되어야 한다. 미국의 고등학교 상담 교사의 경우이기는 하지만 그러한 연구 및 조사들이 전문적 지식이 없거나, 자료분석 결과가 자신에게 불리하게 작용할 염려, 또한 시간이 부족해서 제대로 수행을 못하고 있다고 분석되었다.[2] 사실 분석된 정확한 자료 없이는 변화가 시작되지도 발생하지도 않는다. 입학전형에 대한 자료분석만을 잘해도 차년도 입학전형의 성공적 수행에 필수적인 토대는 준비된 것이나 다름이 없다.

이와 같이 전형 후에 실시한 기본적인 연구 사례로 서울대학교 2005학번 입학전형별 학업성취도를 나타낸 결과를 제시하면 다음 [그림 9-1]과 같다.

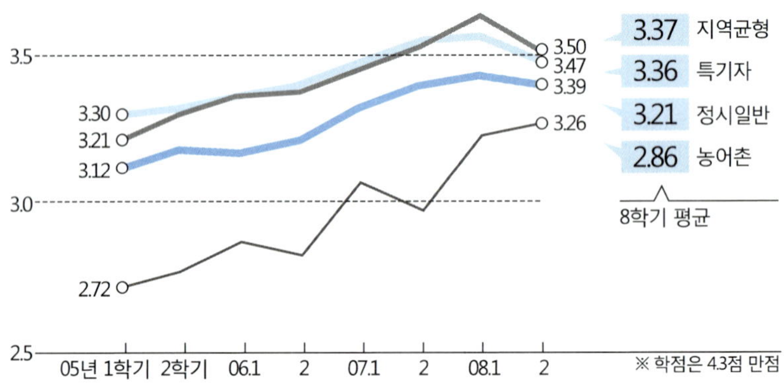

[그림 9-1]

2 Robert Bardwell(2008). Using data in your college admission counselling program. Fundamentals of College Admission Counselling: A Textbook for Graduate Students and Practicing Counselors의 제5장. 이 책은 NACAC에서 2008년 출판되었으며 2nd ed이다.

이 장에서는 입학전형 후 입학사정관들이 직접 행하거나 또는 앞 장에서 기술한 바대로 대학의 상담부서 등과 연계해서 행해야 하는 종단연구 및 추적조사 방법과 이들 자료들의 입학전형에서의 활용에 대하여 살펴본다. 이 외에도 전형 후 입학 전까지 대학 입학 후의 교과적 적응을 위한 브리지*bridge* 프로그램, 학교 적응을 위한 상담 등도 있을 수 있으며, 대학이 입학사정관제로 인하여 취하는 여러 정책적인 면들은 다음 장에서 살펴보기로 한다.

제1절 입학사정관제와 종단연구

현재도 종단연구 및 추적조사가 산발적으로 실시되고 있기는 하나, 주로 1학년의 평점 평균[3]을 조사한 정도이고 이나마 일반에 공개[4]될 경우는 주로 입학사정관제의 정당성을 부여하려는 목적으로 사용되었다. 또한 대학에서 축적하고 있는 상담 결과들도 그 설계 단계에서부터 입학전형과의 관련성을 의식하지 못한 채 시작되어 상담 결과들은 입학전형에는 반영되지를 못하고 있는 실정이다. 즉 이러한 결과들이 반영된 세부적인 절차의 개선이나 평가 기반의 수정 등에 기여하지 못한 채 따로따로 존치하고 있는 실정이다.

물론 종단연구의 단점은 있다. 먼저 편파적 표집*biased sampling*이 있을 수 있다. 현재는 입학사정관제로 입학한 재학생들의 수가 제한적이어 전수

---

3 전형 실시를 오래 한 대학의 경우 전형의 타당성 확보 측면에서 누적된 통계를 사용한다. '2005년 입학한 1기생들의 4년간 평점(3.37)이 같은 해 입학한 정시 일반전형(3.21)보다 훨씬 높았다.' 2009년 9월, 출처 미상 신문기사에서 인용한 문장이나 각 전형의 크기, 4학년 과정 중의 탈락률, '훨씬'이라는 표현의 정확한 의미 등이 없는 유의성 없는 결과를 제시하고 있다.

4 '입학사정관 선발 신입생 4명중 3명 일반고 출신' 〈동아일보〉 2009년 9월 18일

조사가 가능하지만 이 집단의 수가 증가하면 표본추출을 하여야 하는데 이 경우 편파적인 표집이 발생할 우려가 있다. 또한 재학생의 감소로 인하여 선별적 감소*selective attrition*가 발생할 수 있다. 아울러 계속적인 조사로 인하여 대상 재학생들이 학습효과*practice effect*를 가질 수 있다. 물론 동시대 집단 효과*cohort effects*가 긍정적 혹은 부정적 영향을 미칠 수 있다. 종단연구는 4년~6년을 예견하며 설계되어야 하며, 종단연구에서는 혼인변인*confounding variable*[5]들에 대한 세심한 판단이 더욱 필요하다. 이 모든 난제들에도 불구하고 종단연구는 입학사정관제에서는 지속적으로 실시해야 한다.

그동안 선발 학생들의 학교 적응도에 관한 연구들은 다양하게 진행되어 왔다. 이러한 연구들의 기본 자료로서 정량적 입학성적만을 사용하였으나 앞으로는 입학사정관제 전형에서 도출된 각종 평가요소 평정결과 등도 활용되어야 하므로 이러한 연구들에도 변화가 있으리라 예견된다. 재수는 물론 반수생[6] 등이 증가하는 추세여서 대학의 학생 선발과 교육정책은 항상 개혁적 발전을 꾀해야 할 필요성이 있음은 물론이다. 미국, 캐나다의 대학 경우에도 학업지속도*retention rate*를 대학평가의 중요한 잣대로 삼고 있기도 하다. 외국의 많은 연구결과들은 학생들의 학교 적응과 지속은 입학 전까지 학생이 가지고 있던 특성과 입학 후에 경험하는 교육 및 다양한 활동들 사이의 정합성 등과 같은 관계에 따라 결정된다는 것을 보여주고 있다. 아울러 대규모 종단연구 등을 활발히 수행[7]하고 있다. 그러나 그동안 우리나라 대학들의 경우 특히 신입생에 대한 교육과 활동에 초점을

5 혼인변인 : 매우 밀접하게 연관되어 있어서 결과에 대한 이들의 효과가 구별될 수 없는 변인들, 입학사정관제 종단연구에서는 해당 대학의 교수, 학습에 대한 만족도와 학교 적응도등

6 2011년 7월 3일, 〈국민일보〉, 11면의 기사 제목은 '수능 쉽다던데... 상위권대 도전 한 번 더 반수생들 학원가에 몰려든다'이다. 약 15만 재수생 한 명당 연 2천만원의 비용이 들고 이는 사회 진출이 늦는데 따르는 손실을 고려한 연간 6조원의 사회적 비용을 초래한다고 하는 조사가 있었다.

7 대표적으로 UCLA의 Higher Education Research Institute가 있다. http://www.heri.ucla.edu

맞추는 정책을 집중적으로 실행하고 있는 사례들이 많지 않다.

사실 입학사정관제에 의한 학생 선발이 해당 학교에서 잘 적응하여 원하는 성취와 성장을 이룰 수 있는 학생을 선발하는 것이라 할 때, 입학사정관제는 해당 대학이 과연 어떤 정도로 학생의 학업 지속과 적응을 위한 프로그램을 가지고 있는가를 살펴서 학생을 선발해야 하는 절대적 필요성이 있다. 선발하는 학생들이 대학에서의 적응에 영향을 주는 것이 학생 통합*student integration*이라는 관점[8]이 있어 학생의 교과적 · 비교과적 대학 참여를 강조하는 추세들이 있으므로 해당 대학이 입학생들의 적응*engagement*[9]을 위하여 얼마나 자원을 투입하고 있는가를 살펴야 한다. 물론 이에 반하여 학생의 적응능력*student attribution model*[10]을 더 강조하는 연구결과도 있다.

입학전형 평가요소들과 대학 재학 중의 학업성취도 사이의 관계를 나타내는 연구들 중에는 상반된 결과를 제시하는 것들도 있다. 대학수학능력시험 점수는 학생들의 학업성취도에 직접적인 영향을 주지 못하고, 오히려 해당 대학의 만족도 및 교육과정의 만족도 등이 수업태도에 영향을 주고, 궁극적으로는 수업태도가 학업성취도에 결정적인 영향을 주는 것으로 주장하는 연구결과[11]도 있다.

---

8 V. Tinto(1975), 'Dropouts from higher education: A theoretical synthesis of recent research,' *Review of Educational Research*, 45. pp.89~125

9 2009년 11월 9일, 〈USA Today〉에는 NSSE(National Survey of Student Engagement)를 인용한 기사들이 있는데 5개의 중요요소로 꼽은 것은 다음과 같다. level of academic challenge, active and collaborative learning, student/faculty interaction, enriching education experiences, supportive campus environment

10 J. Kahn & M. Nauta(2001), 'Social-cognitive predictors of first-year college persistence: The importance of proximal assessment,' *Research in Higher Education*, 42(6). pp.633~652. 2011년 3월 일련의 KAIST 사고들에 대하여 서남표 총장이 학생들의 학교생활 및 학업 적응력에 관한 언급을 한 경우가 있었다.

11 신정철, 정지선, 신택수(2008), 대학생의 학업성취도와 그 영향요인들 간의 인과관계 분석', 교육

살펴본 대로 입학사정관제에서는 다만 신입생을 대상으로 한 연구뿐 아니라, 고학년은 물론 학생들을 직접 지도하는 교수들을 대상으로 하는 연구까지 실로 다양한 종단연구가 필요한 실정이다. 물론 입학전담부서만이 할 과제는 아니므로 이런 연구들을 협동하여 수행할 수 있도록 하는 보다 높은 차원의 대학 리더십에서의 관심이 필요하다.

제2절 추적조사

입학사정관제 실시 결과 특이한 경력을 가진 학생들을 학교가 소개하고 언론이 다루는 경우가 많이 있다. 이러한 경우 추적조사 역시 필요하지만 그것보다는 입학사정관제에 의하여 선발된 학생들의 집단별 추적조사 또한 필요하다. 추적조사는 지속성이 가장 중요하며, 중도 포기하는 추적조사는 시작할 필요도 없다. 따라서 대학의 입학사정관제가 허용하는 자원 범위 내에서 선별된 대상으로 조사 범위 등에 대한 충분한 사전연구를 거쳐서 시작되어야 한다. 이 추적조사는 종단연구와 더불어 통제변인으로 활용할 수 있으므로 꼭 필요한 조사이다. 종단연구가 입학사정관제 대상 학생 전체를 놓고 필수적 연구만을 수행하는 것이라면, 추적조사는 한정된 대상으로 깊이 있는 조사를 하는 것으로 구분하여 볼 수 있다.

예를 들어 입학사정관제 전형을 통하여 입학한 학생들 가운데는 평가요소 중 특정한 영역의 수월성을 보이는 학생들이 있을 것이다. 단순하게 독서 등과 같은 인문 사회적 소양 분야에서 좋은 평정결과를 받은 학생집단, 사회봉사 혹은 또래 영역*peer sector*에서 좋은 평정결과를 받은 학생들이

행정학연구, 26(1). 287–313. 이 연구에서도 역시 1학년 학생들의 학업성취도를 활용했다. 2010년 12월 8일, 조선일보에도 연합뉴스 기사로 수학능력시험 성적과 학교 평점과는 유의한 상관관계가 없다는 한 대학의 조사 결과를 다루고 있다.

각자의 학업 영역에서 어떤 성취도를 보이는가와 대학생활의 만족도 등을 조사하여 그 결과를 입학전형에 반영*feedback*할 수 있다.

각 집단에서 가장 대표성 있는 학생을 선별하여 추적조사를 시행하기는 단순한 작업이 아니다. 이러한 분야의 동기가 발현되어 자기주도성을 갖는 입학사정관들이 지속적으로 관찰하고 결과를 분석해야만 의미 있는, 적용 가능한 결과를 창출할 수 있다. 사업연도별 계약직 입학사정관들로서는 무리이나 새롭게 정의하는 핵심적인 입학사정관전형평가관이 지속적으로 주도한다면 충분히 실행가능한 조사이기도 하다.

제3절 전형 자료처리의 중요성

입학전형의 평가종료 단계에서도 그러하고, 본 장에서 서술한 종단연구에 있어서도 동일하게 중요한 것은 결과에 대한 분석이다. 주로 통계적 자료처리의 결과로 나타나게 되는 사항들은 모두 객관적이라는 명분을 얻게 된다. 그러나 통계는 그 자료처리의 과정이 재현 가능해야 하는 신뢰성의 전제조건과 자료의 통계처리 결과에 대한 공정한 해석이 엄중하게 요구된다. 실상 통계는 진실을 말하기보다는 자기 자신의 논리를 증명하는 목적으로 사용되는 경우가 빈번하기 때문이다. 본 절에서는 통계와 확률 개념이 부적절하게 적용되는 몇몇 사례를 살펴본다.

예를 들어 입학전형자료에서 많이 사용되는 통계값 '평균'은 입학전형의 결과를 전혀 알려주지 못한다. 평균은 반드시 표준편차와 함께 사용되어야 하며, 그 외의 다른 통계변수들도 제공하면서 다면적으로 설명해야 한다. 전형과 관련된 많은 통계를 만드는 것보다 생산된 통계의 품질을 관리하고 그것을 감독하는 체계를 밟는 것이 더욱 중요하다.

A 대학과 B 대학 사례

A 대학은 입학사정관제로 입학한 학생들의 대학교 1학년 평량 평균이 3.01이고, 일반전형으로 입학한 학생들이 평량 평균은 3.02여서 입학사정관제를 통한 입학생들의 대학에서의 수학능력에 큰 차이가 없다고 밝혔다. 그러나 B 대학은 입학사정관제 및 일반전형으로 입학한 학생 수의 크기를 밝히고, 동시에 표준 편차 및 25%, 50%, 75%의 4분위 측정 결과 및 각각의 전형 입학생의 탈락률 등 자료를 같이 공개함으로 입학사정관제 입학생의 대학교 1학년 수학능력의 결과를 신뢰성 있게 발표했다.

백분율 또한 오도하기 쉬운 성질을 갖고 있다.

C 대학 사례

C 대학은 입학사정관제로 250명을 선발하면서 그중 사회적 배려 계층을 10%인 25명 선발함으로 대학의 사회적 책무성을 다한다고 한다. 그러나 전체 신입생 정원이 2,500명인 이 대학의 경우 실은 1% 정도의 인원을 선발하는 것으로 이에 관한 대학의 사회적 책무성은 실제로 1%의 비중 밖에 안 되는 것이다.

이와 같이 자료의 통계처리 결과의 잘못 의도된 해석의 사례는 비단 입학전형에서 뿐 아니라 일반적 경우에도 무수히 많다. 근래에는 이와 관련된 서적들도 많이 번역되어 소개되고 있다.[12]

통계뿐 아니라 확률적 측면들도 고려해야 한다. 가장 발생하기 쉬운 오류는 무작위성*randomness*이다.

12 발터 그래머 지음, 『벌거벗은 통계』, 염정용 옮김, (서울 : 이순, 2009)

D 대학 사례

D 대학에서는 전형의 제일 마지막 단계로 가장 반영비율이 높은 지원자 면접의 조를 구성함에 있어서 공정성을 위하여 접수번호 순으로 조를 배정했다. 이는 '그동안 면접조의 편성에 따라 합격, 불합격에 큰 영향을 미친다', '결국은 운이다'라는 평이 있어왔기 때문이다. 엄밀한 의미에서 접수번호는 이미 지원자의 특성이 일정부분 반영된 것으로 공정한 것이 아니다.

이럴 경우 컴퓨터에서 쉽게 얻을 수 있는 난수 발생기에 의하여 조를 편성하든가, 지원자로 하여금 직접*blind & black box* 조 선택을 하도록 해야 그러한 불만을 완화시킬 수 있다. 사실 의도를 가지고 면접 조 편성을 하면 대학에서 원하는 결과를 충분히 유도할 수도 있다. 이런 의미에서는 어떤 확률적 의도를 가지고 조 편성을 하였는지가 입학전형의 공정성 요소로도 활용될 수 있다. 이러한 확률적인 오류에 대한 사례들이 설명되고 있는 참고문헌들도 많다.[13] 아울러 면접이 전문성 면접이 아니라면 면접평가자들 또한 무작위로 조가 결정되어야한다. 그럴 경우 공정할 확률은 더 높아지게 된다.

E 대학 사례

E 대학은 2배수 지원자 250명을 대상으로 25개의 조에서 10명씩 면접하는 전형계획을 세우고 각 조에서 반 정도의 확률을 가지고 합격자를 낼 수 있도록 했다. E 대학의 경우 이전평가단계의 결과를 반영하지 않는 면접에 의한 평가를 한다고 입학전형 요강에 발표했었다. 그러나 출신 고등

13 Jeffrey S. Rosenthal. *Struck by Lightning, The curious world of probability*. (Canada: Harper Peremmial, 2005)

학교의 지역균형을 맞추기 위하여 조 편성에서 동일지역 출신을 동일한 조에 배치하여 면접을 실시하여 면접을 본 결과, 지원자의 출신지역 비율과 합격자의 비율을 동일하게 하여 공평한 결과를 얻었다고 발표했다.

E 대학의 경우처럼 전 단계 평가결과를 반영하지 않는 경우 무작위로 조편성을 해야 하며, 전 단계의 평가결과가 영향을 미치는 조편성의 경우 조건부 확률[14] 등을 사용하여 합격할 수 있는 확률이 공평하도록 조 편성을 해야 한다.

위와 같은 사례들에서처럼 중요한 평가단계나, 전형의 결과나 종단연구의 결과를 다루는 데 있어 통계적인, 확률적인 적용과 해석이 올바르지 않으면 과학적 허구성을 내포하게 된다. 거짓말에는 세 가지 종류가 있는데 거짓말과 새빨간 거짓말, 그리고 통계라는 이야기[15]는 유명하다.

무엇보다도 입학전형 관련 자료의 처리와 통계 생산의 핵심적 역할을 하는 입학사정관들의 정직성과 투명성은 입학전형 후의 후속 절차들에 가장 기본적인 요건이라 할 수 있다. 전형 당사자들로부터 신뢰를 확보해야만이 전반적인 입학사정관제의 타당성과 신뢰성에 도움이 되는 종단연구 결과를 갖게 된다. 특히 통계의 생산이 압력을 받거나, 자신의 편견이 들어있거나, 실제와는 다른 그런 통계는 없는 것만 못하게 된다. 특히 단순히 당해연도 내신등급 비율 등 고정적인 통계만을 생산할 것이 아니라, 다년간에 걸친 변화에 중점을 두는 변동적 통계가 항상 수반되어야 한다.

14 조건부 확률의 사용에 관한 쉬운 예는 전 각주 참고문헌 217쪽에도 있다.

15 영국 빅토리아 시대의 정치가 벤자민 디즈레일리의 말.

10

입학사정관제와 대학의 정책

대학 입학전형의 기본적인 목적은 대학의 책무를 다하며 동시에 대학 자체의 이익을 추구하는 것이다. 여기서 대학 자체의 이익추구라는 것은 기존의 기득권[1]을 유지하려는 것이 아니라 대학의 지속적 발전을 위하여 해당 대학에 기여할 수 있는 신입생 선발에 그 목적을 두고 있다는 의미이며, 그것을 통하여 국가 사회 발전에 기여하고자 하는 것이다. 해당 학교의 교육목표에 부합하는 신입생을 선발하고, 그 신입생이 대학과정을 마친 후 국가와 사회의 인재로서 봉사하도록 하는 대장정의 초석을 놓는 입학사정관의 역할은 실로 중차대한 일인 것이다.

그 선발과정에서 지원학생의 교과성적을 포함하는 모든 교과적・비교과적 역량과 그 배경변인, 성장맥락을 살피면서 잠재력을 평가하여 해당 대학교육과정[2]을 성공적으로 마치고, 바른 가치관으로 자신의 행복을 추

1 강준만, 『입시전쟁 잔혹사』 (서울 : 인물과 사상사, 2009) p.312

2 학생들의 잠재력을 깨우고 국가 사회의 인재로 키워내기 위한 노력은 입학전형 이후에도 지속적으로 이루어져야 한다. "대학에 진학한 후, 더 이상 공부하지 않는 기이한 속성은 대학의 정체를 혼란스럽게 만든다", 조명석, 『강릉대 아이들, 미국 명문대학원을 점령하다』 (서울 : 김영사, 2007). p.64

구하며 국가 사회에 공헌할 수 있도록 선발하는 것이 해당 대학에서 입학사정관제를 실시하는 목적이다.

이 장에서는 대학 정책적인 측면에서 입학사정관제가 어떠한 관점으로 이해되고 또한 어떻게 구현되어야 하는지에 대한 몇 가지 논의를 제시하고자 한다.

입학사정관제는 **대학의 재정적 측면을 고려하는 제도**이다

미국의 경우 재정적으로는 신입생 구성에 있어 당해 연도 신입생 집단에서 등록금, 기부금 등으로 대학에 기여해야 할 대략의 할당*portion*이 신입생 구성에 영향을 준다. 물론 많은 대학에서 학생들에 대한 재정적인 지원이 학생들의 재정상태를 고려하여*need base* 결정되며, 지원자를 결정하는 데 있어 재정지원 신청 여부가 영향을 미치지 않은 지원자 재정무관평가*blind screening*의 개념을 채택하고 있다. 그러나 대부분의 대학들에서는 결과적으로는 대학에서 필요로 하는 재정적 기여를 달성하고 있다. 이러한 재정적 관점은 미국 대학들을 특징짓는 중요한 요소이므로 미국 입학사정관제에서도 간과할 수 없는 요인이다. 즉 미국 입학사정관제는 평가과정에 있어서 대학의 재정적 관점이 고려되고 있다는 개념이 있다.

그러나 이러한 개념들은 우리나라의 대학의 현재 실정에 적용할 수는 없는 개념들이다. 일률적 등록금 수입만이 대학 재정에의 기여일 뿐, 기여입학제도[3] 등은 우리나라의 3不정책 중 하나로 금지되고 있으므로 입학사정관제에서 고려 대상은 아니다. 우리나라 사립대학의 경우는 등록금[4] 의

3 시카고 대학은 기여 입학제를 시행하고 있지 않으며 기부금 확충을 위해 노력한다. '로버트 짐머, 시카고 대학 총장 인터뷰에서', 〈매일경제〉 2010년 8월 17일

4 대학 등록금 문제는 2010년 초부터 제기되다가 2011년 본격적으로 논의되고 있다. 2011년 하반기에 등록금 감면에 대하여 정책적인 결정이 있으리라 예견된다.

존도가 평균 80%[5]에 달하는 현실과 재정적 기여 입학제가 엄금되고 있는 현실에서는 입학사정관제 관련 대학의 정책들이 재정적인 면에서는 큰 변수가 되지는 못하고 있다.

또한 미국 입학사정관제는 전형 비용에 민감하다. 미국 대학 내 예산의 우선순위에서 입학부서의 예산은 비교적 높은 우선순위에 있다. 대학에서 원하는 학생들을 등록*enrollment* 단계까지 도달하도록 하는 데에는 적지 않은 비용이 들어간다. 학교의 예산이 허용하는 범위에서 전형의 절차를 진행할 때 발생하는 비용을 통제하기 위한 합리적인 방법들이 사용되고 있기는 하나 고등학교 혹은 지역사회 방문의 비용을 절감하려다 보니 적절한 홍보가 축소되는 경향이 있거나 적은 수의 기간제 초임 입학사정관*reader*들의 고용으로 처리해야 하는 지원자 파일*file*이 많아져 초기 단계의 평가부터 부실화되는 경향이 있기도 하다.

이는 우리나라 대학에서도 입학사정관제 전형이 고비용 전형임이 주지의 사실이다. 비용 통제도 물론 중요하고, 전형 종료 후에 비용정산도 면밀히 하여 전형이 가지는 비용적 측면도 고려해야 하는 것이 입학사정관제에서 필요하다. 지원율이 높은 대학의 경우 지원서 접수비 등 전형관련 수입[6]을 당해 연도에 모두 사용해야 하는 낭비적 요소 규정도 재검토해야 한다. 아울러 전형 수입이 없는 대학의 경우 예산 확보에 어려움을 겪어 입학사정관제 전형절차 전반의 부실화를 초래하여서는 안 된다. 또한 수익자 부담의 원칙으로 전형 비용이 많이 드는 입학사정관제 전형과 일반 전형과의 전형료를 다르게 하는 것도 하나의 방법일 수 있다.

5 2010년도 기준 대형 사립대학의 등록금 의존율은 50%에서 60% 정도였다.

6 2009년 179개 대학의 362만 응시자 전형료 총액은 1,937억, 2010년 182개 대학의 409만 응시자 전형료 총액은 2,295억이다.

입학사정관제는 **대학의 사회적 책무성을 제고하는 제도**이다

미국의 경우 또 다른 하나는 대학이 가지고 있는 사회적 책무성을 다하기 위하여 신입생 선발에 고려되는 몇몇 요소들이 있다. first nation,[7] first generation,[8] 경제적 극빈층, 사회적 소외층, 장애우, 전상자 본인 혹은 가족과 같은 국가 및 사회 기여층 등 지원자 집단*pool*에서 대학의 사회적 책무성을 강화하기 위한 지원자들을 발굴*flag*하여 좀 더 우호적 입장에서 입학사정관이 접근하기 마련이다. 즉, 미국 입학사정관제는 대학이 사회에 대하여 가지는 책무성이라는 요소를 고려하고 있다[9]. 강제되지는 않지만 주립대학, 사립대학 등을 막론하고, 대학의 전통의 틀과 추구하는 인재상을 고려하면서 학생들의 선발에 있어서 사회의 요구에 적극적으로 부응하여 왔다고 본다.[10]

우리나라의 경우도 입학사정관제에 있어서 사회적 책무성은 많은 대학에서 적극적으로 수용하고 있는 개념이다.[11] 사회적 배려 계층, 지역 균형

7 미국 원주민들을 가리키는 용어

8 세대 내에서 처음으로 대학에 지원하는 경우를 말함

9 동시에 미국의 입학사정관제는 배경변인에 대한 고려를 통하여 기득권의 이익을 교육을 통하여 보존하는데도 일조하고 있는 것 또한 사실이다. 2002년 하버드 대학의 동문자녀(Legacy track, 조부모, 부모 중 한 명이라도 하바드 졸업생이 있는 경우) 비율은 39% 예일은 29%, 프린스턴은 35%이며, 미국의 사립고 졸업생의 수가 10%이지만, 하바드 대학의 사립고 졸업생은 37%, 예일대학은 43%, 프린스턴 대학은 47%이다. 2006년 3월 미국 하원은 대학으로 하여금, 동문자녀 여부 등 신입생에 관한 원 자료를 공개하는 법안을 토의하였으나 공화당에 의하여 제안된 법안은 337대 83으로 부결되었다. Daniel Golden (2006). The Price of Admission. New York, USA : Crown Publishers ISBN : 978－1－4000－9796－8

10 고등학교의 예이지만 미국 Phillips Exeter Academy의 경우 신입생 정원의 반 이상이 학교로부터 need base의 장학금을 받고 있다. 부모의 소득이 대략 7만 5000 달러 미만인 경우를 말한다. 이 학교는 학교 운영이 70－80%를 기부금과 기금의 이자로 충당하는 현실이어서 가능하다. 우리나라의 경우 과학고 등 입학사정관 전형에서도 사회적 배려 대상자에 대한 특별한 고려가 있었다.

11 저소득층 대상의 정원 외 전형인 기회균형 특별전형은 2009학년도의 65개 대학 1,943명에서 2010학년도 96개 대학 2,934명을 선발하는 등 대학의 책무성은 확대되고 있다. 2009년 8월 21일, 〈조선일보〉 인용

등은 많은 입학사정관제 특별전형 유형들 중 일부이다. 사교육 시장의 이상 과열이 교육의 뿌리 깊은 문제가 되는 현실[12]에서 입학사정관제를 통한 대학의 사회적 책무성 제고는 필수적이라 할 수 있다. 특히 입학사정관제가 배경변인의 강화를 가져올 수밖에 없는 구조적인 면[13]도 있으므로 입학사정관제에서는 이러한 사회적 책무성과 공공성을 더욱 강화하는 방향으로 발전해야 한다. 아울러 고등학교가 가진 사회적 책무성 수행 정도, 특수학급의 공존 여부 등에 의하여 입학사정관들은 보다 긍정적으로 고등학교 평가에 임하기 때문이다.

Case A 대학 사례

새로 시작하는 학교장 추천전형에서 모집정원의 10%를 저소득층, 10%를 농·산·어촌 출신으로 할당하였고, 이는 전체 정원의 대략 3%에 이른다. 이 A 대학이 국가 과학기술 인재양성이라는 특수목적 대학이어서 이전까지는 사회적 책무성에 대하여 자유로운 면이 있기는 했으나, 이러한 특별한 경우일지라도 이제는 대학이 가진 사회적 책무성을 고려해야 하는 내부적 공감대 및 사회적 요구가 형성되고 있다.

다만 이러한 정책의 바탕색에는 교육적인 색채가 늘 배경이 되어야 한다. 대학이 정책적으로 추진하는 사회적 책무성은 정치적인 것이 아니라

12 소득의 차이가 성적의 차이로 나아가 이것이 미래의 소득 격차로까지 확대 재생산되는 구조를 심화시키지 않도록 많은 정책적 지원이 필요하다. 소득 하위 20%와 상위 20%의 월 평균 사교육비 지출 격차는 1995년 3.2배에서, 2005년 4배, 2009년 4.3배로 벌어지고 있다.

13 입학사정관제 평가요소의 확보를 위하여 지원자들은 배경변인, 즉 해외경험, 수상실적 등의 강화에 투자할 우려가 많이 있고 이는 사교육 시장에 영양분을 공급하는 계기가 될 구조적 우려가 있음 또한 사실이다. 김병채, '선발권한 축소 특목고 불만 잠재우기', 〈문화일보〉 2009년 6월 20일, 사회5면. 그러나 자녀가 사회적 지위를 물려받는 것을 완전히 막을 수는 없으며, 소득과 교육의 불평등은 상존할 수밖에 없다.

교육적이기 때문이다. 즉 입학사정관들을 통하여 사회적 배려 대상 지원자 군을 앞서서*outreach* 살펴보는*care* 교육적인 측면이 강조되어야 한다. 단지 "배려"가 아닌 어려운 여건을 극복하면서 꾸준히 학습할 수 있는 동기를 부여하는, 먼저 다가가는*initiatively outreach* 프로그램의 제시 등이 대학의 정책적인 차원에서 필요하다. 특별히 사회적 배려 대상 지원자 집단을 위한 캠프[14]를 마련하는 등 대학이 적극적으로 대상 학생들에게 다가서는 노력이 필요하고 한국대학교육협의회의 지원평가에 있어서도 사회적 배려 대상자의 인원수와 더불어 지원율 및 이러한 대학의 노력이 함께 평가되어야 한다. 사회적 배려 대상자를 대학 입학전형 당시에만 고려하는 것보다 좀 더 진전되고, 좀 더 활발한 대학의 책무성 이행이 요구되고 있다. 즉 고등학교 1학년, 중학교 3학년 즈음의 사회적 배려 대상 지원 예상 집단 및 개인에게 교과 및 비교과 활동 기회를 지속적으로 제공하는 것과 같은 노력이 필요하다.

입학사정관제는 **대학의 장학제도가 재정 지원 기반으로 변화하는 데 필요한 제도**이다

미국의 입학생들에 대한 장학제도는 우선적으로 재정적 도움이 필요한가에 따라*need base* 결정된다.[15] 지원자가 대학에 어느 정도의 재정적 기여를 할 수 있는지와 더불어 지원자가 합격자로 결정되는 경우 대학이 재정적 지원을 해야 할 정도*amount*를 결정하는 데 입학사정관들의 판단은 유용하게 활용된다. 합격*acceptance* 여부 결정에 있어 지원자의 재정 상태는 고려의 대상이 아니다*blind screening*. 그러나 지원자의 배경변인 등이 미국의

14 영국 케임브리지 대학에서도 실시되고 있다고 한다.

15 우리나라 대학의 장학금은 그렇지 못하다고 알려져 있다. '가난한 학생은 받기 어려운 장학금의 역설 — 학비 버느라 성적 떨어져 부유한 학생만 혜택' 〈조선일보〉 2010년 2월 1일, A12면

입학사정관제에서는 어떤 평가요소 못지않은 중요한 평가요소임에 비추어볼 때 입학사정관제는 학생들에 대한 재정적 지원 정도에 많은 영향을 미친다. 아울러 장학부서에서는 학생들의 입학 후에도 재정 지원의 계속 여부를 판단하기 위하여 입학생들의 자료를 계속 수집하고 이것이 입학사정관 부서로 환류*feedback*하여 입학사정관들의 종단연구와 차년도 학생 선발의 중요한 정보로 활용되고 있다. 또한 입학사정관은 장학부서와 같은 학내 행정조직과 연계되어 학생들의 졸업 후 대학에 재정적 기여 등에 관한 정보를 얻으며, 동문회와의 정보교류로 졸업 후 학생들의 진로 등에 대한 정보를 얻는다.

현재 우리나라의 많은 대학들에서도 이미 이러한 재정적 지원이 필요한 계층을 배려하는 장학정책을 실시하고 있다. 특히 국가차원에서 추진되는 취업 후 상환 학자금 대출제도[16] 등과 더불어 배려적 장학 정책은 앞으로 더욱 활성화되며, 이에 관한 입학사정관제의 역할 또한 크다. 특히 등록금 감면과 더불어 대학의 장학금 정책의 변화[17]가 예상되고 있는 만큼 선발한 학생의 성장맥락과 사회·경제적 배경변인을 파악하고 있는 입학사정관의 역할이 더욱 중요시되고 있다. 즉 입학사정관제의 시행과 등록금[18] 문제는 대학정책의 자율성[19]을 가늠할 수 있는 또 하나의 시험대로 등장했다. 또한 대학은 사회의 각종 장학재단과의 긴밀한 연계를 통하여 장학기금 운영[20]의 자율성을 보장하며 기부금화를 하여 해당 대학 재학생들에

16 찬반의 논란에도 불구하고 대학생에 대한 중요한 재정적 지원이며, 수혜 자격, 운영에 대한 효율적 정책이 요구되고 있다. 2009년 2학기부터는 차상위 계층 대학생들에게 한시적으로 4학기 동안 등록금의 50%를 지원하는 정책도 실시되었다. 도덕적 해이를 부추긴다는 우려와 연간 10조원을 예상하는 재원 조달에 대한 우려도 있는 것은 사실이다.

17 한 대학에서는 2010학년도 수시모집 선발자 중 최근 몇 년 동안 입학한 학생이 없는 고등학교 출신 학생들은 연간 4천만원의 특별 장학금을 주는 제도를 마련했다.

18 서울대 1,741억, 연세대 3,824억, 고려대 3,330억원 등이다. 2009년 기준.

19 이미 많은 대학에서 차등 등록금제 확대 등 대학 자율적으로 많은 정책을 추진하고 있다.

게 좀 더 많은 혜택이 돌아가도록 노력해야 한다.

이러한 방식의 장학제도를 실시하기 위하여 대학에서 선제적으로 준비해야 할 것들이 적지 않다. 현재 단순한 소득분할에 의한 재정상태의 판단을 벗어나 좀 더 세밀하고 실질적인 재정 관련 자료[21]를 취합할 수 있는 준비를 시작해야 한다. 부모의 지원이 없이 학교의 추천으로 등록금 대출을 받는 학생의 경우는, 부모의 재정적 지원이 있는 경우의 소득공제 혜택, 이자 등을 따져보면 실질적 등록금 부담의 차이는 크다고 볼 수 있다.

입학사정관제는 **대학 행정의 통섭적 변모를 꾀하는 제도**이다

전항과 아울러 연계된 중요한 부서가 바로 등록부서*enrollment*이다. 우리나라에서는 미등록 충원의 개념이나 업무로 파악될 수도 있으나, 이 부서는 학생들이 합격*accept*되어 입학을 완전히 결정하고 등록을 마치는 입학생*yield*이 되기까지 관할하는 부서로 합격자들이 입학을 결정하기까지 여러 직무를 수행한다. 합격생 한명 한명에게 접촉하며 지속적으로 관심을 보이는 부서로서 입학사정관들도 참여하고 있다. 특히 입학사정단계에서 합격*accept* 평가 정도가 아니라 신입생 구성에 꼭 필요하다고 생각하는 합격자들[22]에게는 합격 통보를 보냄과 동시에 대학에서 적극적으로 돌보고*care* 있다. 이러한 부서의 직무는 다만 입학부서*admission office*의 영역을 넘어 여

20 효과적으로 운영되는 장학재단의 예로 수혜 학생들에게 사회 · 경제적으로 어려운 가정의 중등학생 학습지도를 맡도록 하는 미래우학재단, 미래국제재단 등이 있다. 〈조선일보〉 태평로, 2009년 10월 16일

21 미국의 경우 재정지원 신청을 하기 위하여 많은 자료들이 필요하다. 부모의 납세증명은 물론이고, 은행의 증명서들, 그리고 칼리지보드*College Board*가 개발한 무척이나 긴 양식인 CSS*College Scholarship Service* 프로파일 등을 작성하여 제출해야 한다.

22 신입생 구성에 꼭 필요한 합격자들, 우리나라의 경우 수시전형의 합격자를 지키기 위한 활동으로 이해할 수 있다. 2009년 12월 3일 〈광주매일신문〉에 의하면, 지역대학은 수시합격자들을 수도권 대학으로 빼앗기지 않으려는 다양한 노력을 하고 있다.

타 다른 부서 및 교양학부들과 밀접하게 연계되어 있고 등록부서는 이들 부서를 이끄는 위치에 있다.

이와 더불어 우리나라의 경우 지금처럼 중앙집권적 행정구조에서는 입학사정관제의 행정적 발전을 이룰 수 없다. 대학이 모집단위별로 특성화하고 대학 전체의 인재상 범위 안에서 그 특성화에 맞는 신입생을 구성하기 위하여 모집단위의 자율이 확대되어야 하고, 그를 위하여 중앙집권적 구조보다는 모집단위와의 긴밀한 소통으로 입학사정관제를 실시할 수 있는 독립적 구조를 가지고 있어야 한다. 즉 대학행정의 많은 권한들이 지금처럼 중앙부서에 집중되어 있는 것이 아니라 대학, 학과 수준으로 분권되어야 한다. 최근 많은 대학들에서 등장하는 특성화 학과는 이러한 흐름을 나타낸다고 본다.

입학사정관제는 **사회 요구 인력 수급의 장기적 안목을 견지해야 하는 제도이다**

국가나 사회가 요구하는 인재상에 대한 철저한 분석을 대학 교과과정에 적극 반영하고 이에 따라 선발하는 신입생의 특징 등을 평가요소로 반영시킬 수 있는 정책이 있어야 한다. 기업에서 대학 졸업생들을 제대로 활용하기에 시간과 비용이 막대하게 소요된다는 기업 측의 반응이 계속되고 있는데[23] 이는 그동안 고착화된 신입생 선발과 바꾸어지지 않는 교육과정에 기인한 바가 크다. 그러나 입학사정관제에서는 유연하게 신입생을 평가선발하고 있으므로 심도 있는 입학사정관제를 통하여 선발하고 해당 대

23 기업 인사 담당자들, 대학 교육에 바란다, 〈조선일보〉 2009년 3월 30일, 아울러 대학교육이 경제사회적 변화나 요구를 따라가고 있는지를 나타내는 대학의 사회 요구 부응도를 조사한 스위스 국제경영개발원*www.imd.ch* 자료에 따르면 한국은 2008년 조사 대상 55개국 중 53위, 2009년은 57개국 중 53위.

학교육을 거쳐서 국가 사회의 중요한 인력으로 배출하는데 보다 적극적으로 대학의 자원을 집중해야 한다. 그럼으로써 생산성을 높이고 국가의 경쟁력을 높이는 데 입학사정관제를 활용하는 미래지향적 입학전형 정책을 구현해야 한다.

물론 산업 부분이 요구하는 현장 교육만을 위하여 대학교육이 근시안적으로 존재하는 것은 아니다. 가장 기본적으로 타 분야에 대한 이해를 도모할 수 있는 교양 교육, 융합적 학문 분야에 대한 열린 마음과 기본 개념의 교육, 통섭적 시야의 훈련 등 10년, 20년 후에도 사회 요구에 능동적으로 대응할 수 있는 능력을 함양토록 하는 교육이 전제되어야 함은 물론이다. 학부나 학과간[24]의 장벽을 넘어 교육을 위한 소통을 마련해야 한다. 특성화가 세부적인 학과를 이르는 말은 결코 아니다. 대학 진학률이 85%에 이르는 우리 사회에서 국가경쟁력의 근본이 되는 우수한 전문 배움인단순 직업인을 넘어서는을 양성하기 위하여 입학생 선발 단계부터 교육의 장기적인 방향을 설정하는 것은 중요하다. 특히 앞으로는 평생 2~3개 이상의 직업[25]을 가져야 한다고 할 때 독립적으로 생각하고 스스로 학습하는 능력을 갖추는 것이 중요하므로 이를 고려하는 장기적인 교육목표가 요구된다.

또한 많은 기업의 채용방식이 단순한 스펙[26]을 추구하는 것보다는 입학사정관제 전형의 여러 평가요소들을 원용하는 추세여서 입학사정관제의 인재상이 대학교육과정을 통해서도 견지되어야 할 필요성이 있다.

---

24 최근 학과간 통·폐합을 추진하는 대학은 전국적으로 18개 단과대학, 77개 학부가 있다.
25 한경구, '첫 취업을 준비할래, 평생을 준비할래?', 〈조선일보〉 아침 논단, 2010년 12월 9일
26 취업에 있어 스펙보다는 심층면접과 전공면접이 중시되는 추세라고 한다. 〈조선일보〉 2010년 1월 11일

입학사정관제는 **대학교육과정의 변화를 끊임없이 추구하는 제도**이다

최근의 자유전공학부[27] 등에서와 같이 특정 모집단위를 위해서나 기존의 모집단위를 위해서 대학은 정책적으로 교과과정에 대한 유연한 변혁을 추구하고 또 강제해야 하며 아울러, 학내 교수 등 구성원의 동기를 유도하여 능동적으로 교과과정의 변화를 주도하도록 하는 정책을 추구해야 한다. 입학사정관제를 통하여 해당 대학이 거시적으로 추구하는 인재상을 구현하기 위하여 시의적절한 교과과정의 변화와 대학생활의 적응 유도가 필수적이기 때문이다. 지금처럼 연구만을 중시하는 교수와 취업만을 중시하는 학생들이 있는 한 대학교육의 부실화는 피할 수 없다. 해당 대학이 대학교육을 통하여 창출할 수 있는 가치[28]를 입학전형 참여자와 사회에 뚜렷하게 전할수록 입학사정관제의 공정성과 신뢰성에 대한 안정감을 부여받게 되는 것 또한 사실이다.

특히 교육과정을 품는 교육의 질을 지속적으로 개선시키기 위하여 교육시설과 환경 등 하드웨어적 투자에서부터, 학생들의 적극적 참여*engagement*를 위한 시스템 개발, 제반 행정 요소 향상 등 소프트웨어적 투자에 이르기까지 대학의 정책적 노력이 필요하다.

그동안 전형방법이었던 교과 성취 우수자만을 일렬로 세워 편리하게 변별해 선발하는 것은 입학사정관제와는 대척점에 있는 제도였다. 대학의 인재상에 부합하는 잠재력과 성장 가능성 등에 의하여 입학사정관제로 뽑

---

27 자유전공 모집단위의 교과과정 운영 방침이 충분히 준비되지 못하다는 지적이 있기도 하다. '정체성 못 찾는 자유전공학부', 〈동아일보〉, 2009년 5월 4일,

28 도쿄대의 경우 다양한 지식을 통합하여 상호관련된 지식을 통합교육 함으로 방대한 지식에 적응하는 능력을 구축도록 하는 지식의 구조화라는 가치를 앞세우고 있다. http://www.u-tokyo.ac.jp/gen03/pdf/200527_hon_e.pdf 또한 세계화 경쟁에 밀리지 않기 위한 133년의 전통으로 지켜온 4월 입학을 9월 입학으로 변경하여 하고 있다. 서울대학교 역시 학문간 벽 허물기를 시도하고 있다는 기사가 있다. 〈동아일보〉 사설, 2011년 7월 8일.

아서 대학의 교육자원*resource*을 쏟아 교육시켜, 한명 한명에게 대학에 대한 자긍심과 성취를 갖도록 하고, 미래를 준비시키는 것이 입학사정관제와 연결되어 있는 대학교육인 것이다.

대학에서 시행하는 입학사정관제의 특성에 따라서는 전혀 새로운 특별한 교육과정을 개설해야 할 필요까지도 있다. 해당 대학의 자원을 고려하여 입학사정관제를 실시하였으므로 이러한 교육과정을 설치하기는 용이하다. 그러나 일부 대학의 경우 학교가 가진 전공분야나 특징에 관계없이 입학사정관제 전형을 통하여 특정분야의 우수성을 고려하여 선발하였으나 정작 그 특성을 심화·발전시킬 교육과정이 부실한 경우도 있었다.

B 대학 사례

B 대학에서는 입학사정관제를 통하여 처음으로 새로운 신입생을 선발했다. 학업성취도에 대한 큰 고려 없이 주로 성장가능성 및 잠재력에 의한 평가를 하였기 때문에 입학 전에 기존 교과에의 적응을 위하여 교과연계과정*Academic Bridge Program*을 개설하여 주요 과목을 강의했다. 적정한 수강료도 있었고, 강제하지도 않았으나 83%의 참여율을 보였다.

대학교육[29]은 자신의 주변 여건의 변화에 따라 비판과 성찰과 배움을 통해 적응하고 발전할 수 있는 역량을 배양토록 해야 한다. 학생 개인이 가지고 있는 소질과 잠재력을 이끌어 내고 발휘할 수 있도록 도와주는 것이 교육*ex+ducere=educate*이다. 또한 GELP*Global Education Leader's Program*에서는 교육의 중심이 학생으로 변화하고 있음을 반영하는 교육*Education* 3.0을 확산시키고 있다. 또한 세계적으로는 기업대학[30]들이 활발히 설립되고 있

29 우리나라의 국가경쟁력을 위해서도 각 대학 간의 교육이 진정한 경쟁을 해야 하는 구조가 조성될 필요가 있다.

기도 하다. 국내에서는 KAIST에서 교수의 대면 강의 자체를 없애는 시도를 하고 있다.[31] 이렇듯 대학교육 자체의 끊임없는 개혁[32]이 요구되고 있다.

입학사정관제는 **대학이 추구하는 인재상, 대학이 국가와 사회에 기여할 수 있는 가치를 끊임없이 발전시키도록 하는 제도**이다

미국 대학의 전형들은 수시*early* 및 정시*regular* 등으로 대별해 볼 수 있으나 모든 전형의 시작 전에 신입생 전체 구성을 고려하는 개념이 있음을 살펴보았다. 우리나라 많은 대학의 경우 입학사정관 전형유형*track*을 수시 등에 별도로 두고 있어서 전체 전형에서 오직 입학사정관제 전형의 목적만을 고려하는 것인지, 전체 전형 모두를 아우르는 전형의 목적과 인재상을 가지고 입학사정관제 전형유형을 실시하는 것인지가 불분명한 경우가 있다. 만일 입학사정관제 전형의 목적을 가진다면 이러한 유형을 거친 신입생들이 전체 신입생들과 어떤 조화를 꾀하려 하는지 등에 관한 전형목적이 먼저 대학 구성원들 사이에 공유되고, 지원자들에게 홍보되어야 한다고 본다. 이러한 전형목적을 통하여 대학은 인재상에 대하여 발전적인 변화를 꾀할 수 있으며, 구체적으로 홍보되는 전형목적을 통하여 대학이 사회에 기여하고자 하는 고유의 가치를 전파할 수 있게 된다. 특히 고등학교 졸업자가 진학할 수 있는 407개의 대학, 전문대학이 있는 등 교육기회의 측면에서는 세계적 수준에 있으므로 보다 중요하게 여겨지는 것은 바로 각각의 대학이 특징적으로 나타낼 수 있는 고유의 가치라 하겠다.

---

30 〈뉴스위크 한국판〉 2010년 9월 22일, p.30

31 〈매일경제〉 2011년 7월 15일, 1면

32 앞서 언급한 핀란드 헬싱키의 알토 대학은 3개의 국립대학이 통합된 것이고, 앞으로 헬싱키 대학과의 통합도 추진할 예정이라 한다. 모두 융합교육을 위한 개혁 중 하나이다.

입학사정관제는 **대학이 중등학교 공교육 체계에 유의한 메시지를 보낼 수 있는 매우 강력한 제도**이다

입학사정관제에 대비하기 위하여 관련 사교육 시장이 팽창하는 것을 막는 정책을 시행해야 한다. 입학사정관제 편의주의로 피상적으로 경기대회 성적, 외국어 성적만을 고려한다거나, 또 외국의 봉사경험 등에 가점을 부여한다면 관련 사교육 시장을 팽배하기 마련이다. 그러나 이러한 사교육 의존의 과도한 준비는 입학사정관들에게는 만들어진 상품으로만 보이고, 그 생명력이 전달되지 않아 아무런 득이 없다는 메시지를 강력하고 일관되게 보내는 정책이 필요하다.

아울러 고등학교 공교육 체계를 기반으로 열정과 독창력으로 교과 혹은 비교과에 몰입하며 대학 입학전형을 준비해온 지원자를 선발하는 입학사정관제 정책 기조를 강화하며 지속적으로 유지한다면 공교육 체계에 미치는 파급효과가 클 것이며, 이는 공교육 체계의 강화를 불러온다고 예견된다. 특히 대학이 입학사정관제를 통하여 고등학교 공교육에서 배양된 전인적인 면, 예를 들면 원만함*well-roundedness* 등과 대학에서의 학업 적응도를 연결시키고자 지속적으로 노력한다면 고등학교 교육현장에서 전인교육이 강화되는 기대효과를 얻을 수 있다. 또한 공교육 현장의 권위 제고를 꾀함으로 공교육의 내실화에 기여해야 한다.

따라서 대학은 입학사정관제를 통하여 고등학교와의 연계를 정책적으로 강화해야 하는 것이 제도 성공의 필수적인 요소이다. 그동안의 대학 입학전형에서는 고등학교와 대학의 연계가 매우 제한적이었던 것이 사실이고, 이러한 틈새에 사교육 시장이 형성되었다고 해도 과언이 아니다. 고등학교와의 연계가 지속적으로 이루어져 상호 신뢰가 형성이 된다면 입학사정관제는 선순환 모드*mode*로 들어서게 되고 그 효용성은 가속화된다.

이러한 연계는 학교 알리미, 교육행정정보 시스템[33] 등을 통한 시스템적 접근*distance approach*부터 직접 방문까지 지속적 교류를 통하여 추진되어야 하고, 이를 위한 대학의 정책적 지원이 필요하다. UCLA의 입학부서의 명칭이 Undergraduate Admissions and Relations with Schools라는 것은 앞서 언급이 되었다.

특별히 입학사정관제를 위한 정부 지원이 고등학교에도 확대 적용 지원될 필요가 있으며, 이와 더불어 대학이 고등학교와 밀접한 연계를 맺을 수 있도록 입학전형 자료 등을 제공하려는 노력이 필요하다.[34]

입학사정관제는 **대학이 입학전형 참여자와의 소통에 있어서 변화를 요하는 제도**이다

전형 당사자들이 모두 참여할 수 있는 소통에 유의하여 입학전형이 학교에서 지원자로 가는 일방통행이 아닌 공동창출*co-creation*의 개념에 바탕하고 있어야 한다. 이 경우 다양한 지원자를 가진 입학사정관제이니 만큼 소통의 채널대상자 또한 다양할 수밖에 없으며, 따라서 대상자의 다양한 맥락을 이해하는 가운데 소통을 해야 한다. 사람마다 고유의 정보습득 지문[35]이 있는데다가 입학전형에 참여하는 다양한 배경이 있기 때문이다.

대학에 대하여 전형자료의 공개를 요구하는 학부모 개인의 요구에서부터 법원의 판결에 이르기까지 향후 다양한 종류의 소통을 주도적으로 이끌어 나가야 한다.[36] 이 경우 입학사정관제는 학생선발결정 과정에 있어

---

33 교육 행정의 27개 업무 영역, 98종의 학생정보를 담고 있는 NEIS는 입학사정관제에서 활용해야 하는 필수적 정보들을 다수 포함하고 있다.

34 최근 몇몇 대학과 전국진학지도협의회를 통한 입학전형 자료의 공유가 이러한 정책의 하나의 예이다.

35 media consumption fingerprint, 〈조선일보〉 2009년 7월 18~19일, 〈weekly Biz〉의 Cover Story에서 인용한 용어

정량적 평가에 의한 것이 아니므로 전형 자료의 축적에 더욱더 주의해야 한다. 정량적 점수로 최종 당락을 결정하는 것은 입학사정관제가 아니기 때문이다.

C 대학 사례

입학사정관제 전형을 실시하는 C 대학은 최종 합격자를 결정하는 회의에서 소수점 이하 3자리로 합격선을 결정했다. 서류 및 면접평가에서 취합된 평정결과를 단순히 가중 처리한 결과만을 사용하였기 때문에 소수점을 사용할 수밖에 없었다.

위의 사례는 입학사정관제의 최종 선발과정이 그 취지에 맞도록 구현되고 있지 못한 사례이기도 하다. 이런 전형을 진행할 경우 이 전형에 대한 대·내외적 소통은 불가능하다. 2012학년도 입학전형부터 실시할 예정인 수시모집 미등록 충원[37]은 입학사정관제 전형에는 매우 바람직한 방향이다.

또한 입학사정관제로 말미암아 우려되는 입학사정관제 관련 사교육 시장의 확산을 막기 위하여 대학은 보다 적극적으로 입학전형 관련자들과 소통을 해야 한다. 앞에서 기술된 바와 같이 고등학교나 지역사회와 적극적인 연계를 통하여 입학전형 부담자*stake holder* 모두에게 지속적으로 소통을 해야 한다. 과시용이나 일회성 소통으로는 결과를 얻을 수 없다고 본다.[38] 특히 최근 실시되는 대학정보공시제[39]를 통하여 정확성과 신뢰성 있

36 '주요 사립대 대입 환산점수 비공개… 당락 불신 팽배' 〈한겨레〉 2011년 5월 9일, 9면

37 2011년 12월 15일~19일까지가 그 기간이다.

38 최근 한국대학교육협의회에서는 입학사정관제 상담전화를 설치했다. 대학, 한국대학교육협의회, 혹은 고등학교 등 어떤 주체라도 소통과 상담은 가치 있는 내용을 가지고 있어야 사교육 시장보

는 정보뿐 아니라 풍부하고 다양한 분석정보를 제공하도록 해야 한다.

입학사정관제는 **대학 자체적 감시, 자정, 발전 능력을 요구하는 제도**이다

입학사정관제에서는 전형기획의 단계에서부터, 전형실시 사후적, 차년도 대비, 입학전형절차 중간 중간에 개입*intervene*하는 대학 자체의 관리(감독, 감사)위원회의 역할이 필요하다. 위원회의 구성을 학·내외 인사로 실질적, 전문적으로 구성하여 이런 위원회의 활동결과를 통하여 전체 전형에 대한 평가뿐만 아니라 이를 공개할 수 있도록 해야 한다. 전형 관련자 및 책임자들의 의견*stake holder's opinion*을 구하고 유효한 개선사항을 제시함으로 의례적이며 형식적 위원회가 아님이 알려질 때, 대학입학사정관제에 대한 신뢰는 증대되고 제도의 발전을 꾀할 수 있는 것이다.

이러한 이유들에서 보듯이 입학사정관제는 향후 대학정책의 중요한 부분을 차지하는 제도임에 틀림없다. 모든 종류의 평가에서 그렇듯이 입학사정관제의 평가에서도 전문가가 필요한 실정이므로 대학에서는 입학사정관의 전문성을 높이는 데 많은 관심과 투자를 아끼지 않아야 한다. 특히 입학사정관제가 우리나라에 잘 정착되기 위하여 우리 식에 맞게 다듬어 가는 노력이 필요하고[40] 대학의 특성과 자원에 적합한 제도가 되어야 한다.

다 우위에 있을 수 있다. 공신력이 있으므로 충분히 가능하다.

39 대학알리미*www.academyinfo.go.kr*

40 심화진 성신여대 총장 인터뷰 기사에서 귤화위지橘化爲枳와 같이 언급된 것을 인용하였다. 〈한국일보〉 2010년 6월 9일, 29면

11

입학사정관제 정착을 위한 거시적 요소들

새로운 입학전형방법인 입학사정관제에 대하여 비판적 시각[1]이 있음은 주지의 사실이다. 또 그러한 비판이 이미 고착화되어 버린 우리나라의 사회・문화적 현상에 기반하고 있어 일면 설득력이 있음도 또한 사실이다. 그러나 지금과 같은 교육정책의 변화만으로는 공교육의 불안정성 및 사교육비 부담이 심화될 뿐 해결될 수 없다. 따라서 오랜 시간이 걸리더라도 변화를 모색해야 하는 임계점에 다다른 현실이다. 이런 의미에서 입학사정관제를 다루는 정책의 손길[2]은 좀 더 세밀*fine-tuning*하고 주의 깊으며 멀리 보는 시선과 제반 주변의 범주적 정책들을 아우르는 폭넓은 시야를 가지고 있어야 하며 일관된 정책기조를 유지해야 한다.[3] 입학사정관제가 착

1 강준만, 『입시전쟁 잔혹사』 (서울 : 인물과 사상사, 2009) p.316

2 한국대학교육협의회를 통한 지원 등, 정책의 개입 범위와 정도 속도 등에 관한 이견이 있다. '입학사정관제 속도 조절 필요' 〈동아일보〉 2009년 3월 10일

3 2009년 7월 28일, 대통령의 임기 내 입학사정관제 100% 실현을 놓고 많은 논란이 있다. 대통령은 2008년 8월 9일, '대통령과의 대화－질문 있습니다'에서도 '앞으로 3년 정도 되면 입시제도가 바뀐다'라고 언급했고, 지속적으로 입학사정관제를 거론함으로 일관적 정책기조를 표방하고 있다. 이를 불가능하게 보는 시각도 있으며, 가능하다고 언급하는 경우도 있다. 백성기, '입학사정관제 100% 가능하다', 〈조선일보〉 편집자에게, 2009년 8월 3일, 또한 2011년 6월, 교육과학기술

근되고, 그것이 새로운 교육 세대에게 받아들여지고, 고착화된 사회·문화적 병리현상들이 자연스럽게 근본적으로 치유되려면 정말 백년이 걸릴지도 모르는 일이다. 그것도 제반 사회 문화적 현상들이 모두 박자와 장단을 맞추어 순방향으로 향해야 한다는 전제를 가지고 있다.

이 장에서는 입학사정관제의 성공적 안착을 위한 보다 확산적·거시적*macro* 논점을 제기하기 위하여 전술한 사항들에 기초하여 몇 가지를 발제하도록 한다. 기본적으로 입학사정관제를 통하여 달성하고자 하는 목적과 일견 불분명해 보이는 전체적인 이익*general interest*이 전형 이해 당사자들은 물론이고 국민 모두에게 명쾌하게 느껴져야 한다. 즉, 입학사정관제를 통한 입학전형의 개혁과 이를 포함하는 교육개혁이 가져다주는 혜택과 이익이 분명해지도록 소통[4]에 주력한다는 것을 기본적인 전제로 하고 있다.

1절에서는 입학사정관제의 성공적 안착을 위하여 확실히 보장되어야 하는 밀착요인들과, 2절에서는 입학사정관제 자체와 관련은 있으나 거리를 둘 수 있는 보다 넓은 범주적 요소들로 나누어 살펴본다.

부는 대학 입학정원의 10%선에서 입학사정관제를 운영하도록 하겠다고 설명하고 있다. 그러나 그동안 입학사정관제 평가방식은 교육, 기업, 정부 분야에서 활용하는 선발방식으로 확산되고 있다.

4 입학사정관제의 성공을 위하여 국민들에게 좀 더 와 닿을 수 있는 이야기, 구체적인 이야기를 지속적으로 말해야*story telling* 한다. 전 국민이 될 수 있는 교육 이해 당사자들의 입장에서의 경제·사회적 맥락*context*, 개인적·집단적인 이해들을 포용하며 소통하는 것이 중요하다. 교육 현실이라는 사실*fact*과 교육에 대한 감정*feeling*, 그리고 정책의 의도*intention*를 구성요소로 하는 지속적인 정책소통이 입학사정관제에서도 당연히 필요하다.

제1절 입학사정관제를 위한 필수적인 밀착요인들

입학전형의 목적에 부합하는 대학 신입생을 선발하고, 그 신입생이 대학과정을 거쳐나간 후 국가와 사회에 핵심인재로서 봉사하도록 하는 대장정의 초석을 놓는 입학사정관의 역할은 실로 중차대하다. 그 선발과정에서 지원학생의 교과성적을 포함하는 모든 교과적・비교과적 역량과 그 배경변인, 성장맥락 등을 살피면서 잠재력을 평가하여 해당 대학과정을 성공적으로 마치고, 바른 가치관으로 자신의 행복을 추구하며 국가 사회에 공헌할 수 있도록 선발하는 것이 입학사정관제의 취지이다. 이는 공교육의 내실화와 사교육비 감소라는 정책적 목적 보다 더 근본적인 입학사정관제의 목적이다. 일견 쉽지 않은 이러한 입학사정관제의 목표를 위하여 입학사정관제와 밀착하여 동행하는 요인들을 살펴보자.

입학사정관제는 **대학교육의 변화를 수반하고 있어야 한다**

입학사정관제의 정착에 장기적인 추동력을 제공하는 것은 해당 대학의 교육의 변화이다. 해당 대학이 가진 고유의 특성에 따라 대학이 입학사정관제를 통하여 지원자와 나아가 사회에 제공하고자 하는 가치가 명확히 밝혀져야 한다. 어떤 교육을 어떻게 시킬 것인지가 명확한 대학이 바로 입학사정관제를 성공적으로 정착시켜 대학의 발전을 꾀하고 국가 사회에 기여할 수 있는 대학이다.[5] 대학의 가장 기본적인 임무인 교육에 대한 투자가 그동안은 소홀했던 것이 사실이다. 대학원 중심의 대학에서는 연구[6]

5 다양하게 뽑았으나 다양하게 가르치지 않는 대학, 입시는 다양화 취업은 획일화 등으로 표현하는 입학사정관제와 대학교육, 취업에의 연계성을 강조한 기사, 〈조선일보〉 사회이슈, 2009년 8월 27일

6 오세정 한국연구재단 신임 이사장이 교육전념교수 지원방안을 찾아보겠다는 기사이다. 〈한겨레〉 2011년 2월 7일, p.28

에 치중하다보니 학부교육이 등한시된 면이 있고, 수월성 없는 대학원 과정이 있는 대학에서도 연구업적 중심의 평가를 하다 보니 대학 학부교육과 학생 가이던스*guidance*의 부실을 심화시켜 왔다. 이에 대한 우려를 표하는 논의들이 일어나고 있음은 다행한 일이다.[7] 이는 우리나라에만 국한되었던 현상은 아니며, 또한 많은 국가[8]에서 대학교육의 질적 강화에 대한 여러 목소리들이 나오고 있는 현실이다. 학생들은 더 창의적이고 적극적인 공부를 원하는 경우가 많지만 교수들은 과거 방식 그대로 수업[9]을 하는 경우가 많다는 서울대학교 인문대 조사결과가 있었다.

입학사정관제는 **전형절차에 대한 보다 엄격한 감독을 수반하고 있어야 한다**

각 대학 입학사정관제 실행에 대하여 한국대학교육협의회 및 다른 감시 감독 주체들의 보다 적극적인 감독과 나아가 전형절차에 대한 공신력 있는 인증 등이 필요하다. 대학의 자율을 침해한다는 반론이 있을 수도 있으나 대학 입학전형의 공정한 실시를 위한 개입은 공공의 영역에 속하는 바이다. 따라서 각 대학이 실행하고 있는 입학사정관제를 통한 입학전형의 절차, 실행조직, 입학사정관의 구성 및 자체 감독위원회의 활동 등에 대한 지침은 충분히 정당하다고 하겠다. 한국대학교육협의회가 인정하는 입학사정관제를 운영하는 대학에서 진행되는 입학전형과 그렇지 않는 대학에서의 입학전형의 차이를 실감할 수 있는 예산이 지원 등이 수반되어야 함은 물론이다.

---

7 한경구, '입학사정관제 도입보다 더 중요한 것', 〈조선일보〉 아침논단, 2009년 6월 25일

8 연구 업적 중심의 보상체계나 인센티브 제도에서 벗어나 교수들이 교육에 더욱 관심과 시간을 가질 것을 주장하고 있다. "Want to know why professors don't teach?" 〈캐나다 The Globe and Mail 신문〉 2009년 9월 29일

9 대학교육의 창의적 발전이 요구된다. 김철, '대학교육, 잘 가르치는 것이 시작과 끝이다', 〈동아일보〉 시론, 2011년 6월 28일

입학사정관제는 **사전 인증, 사후감사 등 평가에 있어서도 정성적 평가[10]를 도입해야 한다**

이미 많은 경우에 대학의 자율화가 진행되고 있으므로 입학사정관제를 통한 학생 선발에 대하여 사전 인증과 사후적 감사를 병행함으로 책임 있는 자율화가 되도록 유도해야 한다. 이때 사용하는 평가방식에도 입학사정관제 평가의 철학이 있어야 한다. 지금처럼 선도대학을 중심으로 선택과 집중을 지속하는 한편, 선도 대학의 수를 더 축소하고 퇴출과 재진입을 통하여 경쟁력을 확산해야 한다. 아울러 입학사정관제를 실시하는 대학에 대한 감사기능이 대폭 확충될 필요가 있다. 예산 지원의 유무에 관계없이 이 제도가 실행되는 과정에서 발생할 수도 있는 제도적 맹점 등에 대하여 책임 있는 정책기관의 적극적 개입이 필요하다. 이는 입학사정관제 전체의 공정성과 신뢰성을 확보하기 위함이다.

입학사정관제는 **대학에 대한 평가관점의 변화를 수반해야 한다**

대학을 바라보는 사회의 시선이 변화되어야 입학사정관제를 성공적으로 정착시킬 수 있다. 또한 각각의 대학들이 특성화된 교과과정과 교육내용과 환경을 제시해야만 전체적으로 입학사정관제가 성공할 수 있으며, 또 역으로 입학사정관제가 성공적으로 정착되어야만 대학에 대한 천편일

10 국가 재원으로 교육과학기술부가 한국대학교육협의회를 통하여 각 대학에 지원하는 입학사정관제의 선정 및 지원금 배분은 입학사정관제를 통한 학생수, 등록률, 입학사정관의 인원 등 정량적 자료를 사용하여 공식*formula*으로 정해지는 바 이는 공정성을 위하여 타당한 면을 가지고 있다. 그러나 정성적 평가를 주요 평가수단으로 삼는 것이 입학사정관제이고, 각 대학의 입학사정관제를 지원하는 평가방식에서도 정성적 평가가 도입됨이 바람직하다고 본다. 즉, 절차와 평가의 공정성, 신뢰성, 입학사정관제의 조직, 대학의 정책적 지원 정도, 대학이 입학사정관제를 통하여 사회적 책무성을 고양하기 위하여 기울이는 노력 등 대학의 입학사정관제에 대한 정성적 평가요소를 정의하여 평가하고 자원을 배분함이 더 합리적이다.

률적 시선을 변화시킬 수 있다. 이러한 변화를 유발하는 한편 입학사정관제를 정착시키기 위하여 대학 내부 혹은 외부적으로 대학평가의 패러다임을 변화시켜야 한다.[11] 현재 거의 모든 대학에 적용되는 대학에 대한 연구결과 중심적 평가는 교수업적평가의 왜곡을 가져오고 이는 필연적으로 대학 학부교육의 부실로 연결되어 국가 사회가 필요로 하는 인재를 육성하기에 대학교육이 항상 시대에 뒤쳐질 수밖에 없다. 최근 OECD에서 대학학부 교육의 질적인 평가[12]를 위한 노력을 기울이고 있는 것도 변화하는 시대에 부응하기 위한 적절한 평가방법의 제시를 위해서이다.

입학사정관제는 **대학수학능력시험 성적 등 교육 관련 정보공개를 전제하고 있다**

대학수학능력시험의 결과들은 1994년에 대학수학능력시험이 도입된 이래 2009년부터 공개되는 추세 가운데 있다. 대학수학능력시험은 이제 우리나라에서는 정형화된 국가적 시험으로 견고한 위치를 점하고 있는 훌륭한 제도이다. 입학사정관제에서는 이러한 공신력 있는 정보의 활용이 필수적이다. 입학사정관제의 목적과 그 전형절차 등이 이 책에서 전술한 바처럼 공정하고 신뢰성 있게 그리고 투명하게 진행이 되도록 하는 데는 적확한 교육정보의 활용은 필수적이기 때문이다.[13] 이러한 교육정보의 공개

---

11 2009 대학 총장 세미나에서 교육과학기술부 장관은 교육 부분에 대한 비중을 강화하겠다고 발표했다. 입학사정관제의 성공적 구현을 위하여 필수적인 것으로 바람직한 정책적 변화라 할 수 있다.

12 OECD의 Directorate for Education(http://www.oecd.org/department/0,3355,en_2649_33723_1_1_1_1_1,00.html)의 연구, OECD Feasibility Study for the International Assessment of Higher Education Learning Outcomes (AHELO)

13 입학사정관들에게 이러한 성적들이 공신력 있는 기관으로부터 전달되지 않으므로 일부 대학 입학사정관들은 고등학교 진학교사 협의회 등으로부터 자료를 수집하고 있는 실정이다. 이러한 자료들은 편향되어 있을 우려가 전혀 없지 않다.

가 학교간 · 지역간 과열 경쟁과 서열화를 가져오는 부정적 요인이 우려되는 바도 있으나 잃는 것 보다는 얻을 수 있는 것이 확연히 많은 것이 교육 관련 정보의 적극적 공개이다. 특히 수학능력시험 성적을 입학사정관제에서 전적으로 활용할 수 있으면, 절대평가 등으로 나타나는 고등학교 학업 성취도까지도 입학사정관제에서 신뢰성 있게 받아들일 수 있어서 고등학교 교육에 의미 있는 변화를 유도할 수 있다.

정보의 공개 정도 역시 중요하다. 예를 들어 학교 알리미[14]에서도 단순히 대학 진학률뿐만 아니라 학교의 사회 · 경제적 배경 등 다양한 변인들과 더불어 제시함으로 단위학교 교육의 정성적 질, 투입 대 산출의 효과 등을 파악할 수 있도록 해야 한다. 특히 정보의 공개는 단순한 통계의 공개여서는 안 된다. 공신력 있는 교육 관련 국가연구기관에서 이러한 정보를 충분히 가공하여 누구나가 그 의미를 용이하게 습득할 수 있도록 해야 한다.[15]

제2절 입학사정관제를 위한 범주 요소들

입학사정관제가 정착하기 위한 주변 요건들의 성숙과 동반 추진은 필수적인 것이다. 일반적 정책 실현의 경우에서와 같이 범주 요인들에 대한 동반 성숙 없이 입학사정관제 홀로 정착하기는 난망한 일이다. 이 절에서는 입학사정관제의 성공적 정착을 위하여 입학사정관제 범주에 속하는 몇몇 요소들에 대한 논의를 몇 가지만 개략하도록 하겠다.

---

14 www.schoolinfo.go.kr

15 공개된 수학능력성적을 아전인수 격으로 해석한 자료가 발표되는 등 정보의 왜곡을 가져올 수 있는 사례가 있으므로 원자료와 더불어 객관적으로 공신력 있게 가공된 자료를 연구방법상의 한계를 제시하며 함께 제공해야 할 필요가 있다.

2009 개정 교육과정(미래형 교육과정)

5년마다 개편되던 교육과정이 2003년 수시개편 체계로 바뀜에 따라 부분적인 교육과정 변화가 있어 왔다[그림 11-1] 참조.

수시개정체제 도입 이후 교과과정 개정 일지	
2003년 10월	수시개정체제 도입
2004년 11월	특목고 교육과정 편성 운영 지침 개정
2005년 12월	공업계고 2-1 체제 및 국사교육과정 개정
2006년 8월	주5일제 대비 수학 · 영어 교육과정 개정
2007년 2월	2007 개정 교육과정 발표
2008년 9월	보건교육과정 신설
2008년 12월	초등영어교육과정 개정
2009년 1월	10학년(고1) 사회교육과정 개정
2009년 6월	학교교육과정 자율화
2009년 12월	2009 개정 교육과정 발표
2011년 1월	2011 교과교육과정 개편 방향(2009 교육과정에 따른 교과서 개편)
2011년 4월	고교 한국사 필수과목 지정

〈한국일보〉 2011년 4월 27일. p.7

[그림 11-1] 교육과정의 개편 내용

최근의 변화 중에서 2009 개정 교육과정은 입학사정관제의 정착과 나아가 교육개혁이라고 지칭되는 정책을 구현하기 위해 필수조건 격인 교육과정 개편 내용을 담고 있다. 단위학교별 과목별 이수 시간을 20%까지 자율적으로 결정하게 하는 등 고등학교 교과과정에 많은 자율성을 부여하는 본 제도에서는 수준별 학급, 방과 후 프로그램의 다양화, 학교 기반 봉사, 공교육 기반 대학 입학전형 준비 등을 가능하게 하는 바탕이 된다. 결정하기에 촉박하며, 진행과정의 이유로 많은 찬반[16]이 있어 2009 개정

교육과정을 전체적으로 실현하기 어렵다면 하위적·부분적 요인들이라도 단위학교에서 적용할 수 있도록 하여 학교마다의 특성을 드러나게 함으로써 입학사정관제의 중요한 자양분인 평가 변별력을 공급하도록 해야 한다. 이런 토대가 없는 입학사정관제에서는 공교육과정을 거쳐 생성되는 실력과 전인성에 대한 평가가 어려워지게 된다. 결국은 지원자의 배경변인이나 성장맥락에 대한 공신력 있는 정보가 없으므로 상대적 점수에 의존하는 위험스러운 입학사정관제 밖에 만들 수 없다. 즉, 2009 개정 교육과정과 입학사정관제는 상호보완적 제도[17]이며, 선순환이 일어나도록 조심스러우면서도 확고한 추진이 요구되고 있다.

고급 *hi-end* 교육 서비스

입학사정관제 성공을 위한 요소들 중의 하나는 지원자들과 장래의 지원자들이 모두 대학교 입학전형을 교육과정 중의 하나로 받아들임으로 대학입학전형의 후에도 평생에 걸친 계속적 학습[18]이 이루어져야 하고 또 그럴 수 있는 보편적 교육 서비스가 잘 제공되고 있음을 인지하고 있을 때 입학사정관제의 성공 확률은 더 높아지고 완성도 또한 증대될 수 있다. 지속적인 자기개발과 다양하며, 개인적인 교육수요에 부응할 수 있는 교육공

16 2007 개정 교육과정안 등이 실제 적용되어 타당성 등의 결과도 파악하기 전에 촉박하게 진행되고 있는 점, 도구과목 중심으로 교과과정을 구성할 수밖에 없다는 점 등이 있다. 68시간의 특별활동시간과 204시간의 재량활동 시간 연계 등 학교 자율화와 다양한 교육을 위하여 긍정적 결과들이 많이 나타나도록 교육과정 주체들의 노력이 필요하다.

17 입학사정관제에는 2009 개정 교육과정을 이끌어 갈수 있는 동력이 있다는 생각이 교육 현장의 현실과 간격이 있을 수 있다. 그러나 학교 등의 교육 주체 평가, 학생 평가방식의 변화등과 더불어 우리나라 교육 현장에서 꼭 이루어내야 할 교육과정의 변화인 것만은 틀림이 없다.

18 계속적 학습을 받아들이는 경향은 이미 우리나라에 광범위하게 시작되고 있으며, 직장과 학업생활을 병행하는 샐더던트(샐러리 맨*salaried man*과 학생*student*의 합성어), 인생의 제 2, 제 3의 변신을 꾀하는 리세터 resetter라는 트렌드가 있다. 김난도, '공한족. 샐러던트, 리세터, 대한민국을 업그레이드 시킬 신조어', 〈조선일보〉 2009년 8월 1~2일

급 시스템이 존재한다는 인식이 널리 확산된다면 입학사정관제를 바라보는 관련 이해 당사자들은 좀 더 유연하게 입학사정관제를 받아들일 수 있게 된다. 즉 대학 입학전형 하나로 일생의 모든 학습이 매듭지어지고, 배움을 위한 도전은 평생에 걸쳐 오로지 대학 입학전형 하나뿐이라는 인식[19]이 있는 한 입학사정관제에 대한 무리한 압력은 사라지지 않을 것이기 때문이다.

현재도 평생교육[20] 체계 등이 정책적으로 활성화되고 있으며, 특수대학원,[21] 사이버 대학과정 등 다양한 학습의 기회가 있다. 그러나 이들 교육 기회들이 기존의 교육 수요자들로부터도 외면을 받고 있으며, 오히려 전문적인 사교육 기관에 더욱 의존하고 있는 실정에서는 이러한 교육공급 시스템이 대학 입학 지원자들의 관심을 끌기에는 많이 부족하다. 학점 은행제 등도 좀 더 활성화되고 활용될 수 있는 방향으로 변화가 있어야 한다. 이러한 상황에 이르게 된 많은 이유들 중의 하나가 역시 비슷하고 특징 없는 프로그램들이 너무 많이 펼쳐져 있기 때문이다. 선택과 집중에 의한 고급 교육 서비스와 접근이 용이한 보편적 교육 서비스들을 정리하는 정책적 배려가 필요한 시점이다.

---

19 이러한 인식은 점차 변하고 있기는 하다. 개인의 행복 추구라는 측면에서 폭넓은 세대에 거쳐 다양한 배움의 과정에 적극적으로 참여하는 인식이 확산되고 있으며, 다양한 형태의 학습모델을 활용하고 있다. 또한 지식의 수명주기가 점점 짧아지는 등에 따라 배움은 평생 계속되는 것이라는 권고들이 점점 많아지고 있다. 문권배, '지겨운 공부해야 하는 이유', 〈한국일보〉 아침을 열며, 2011년 7월 19일

20 우리나라 성인들의 평생학습 참여도는 OECD 평균의 20% 수준이다.

21 예를 들어 2009년 현재 우리나라의 MBA 과정은 모두 67개 대학에서 개설되어 있으며, 149개 대학이 일반대학원을 운영 중이다.

대학 자율화

대학 자율화를 위한 많은 과제들이 추진되고 있지만 입학사정관제의 성공적 정착을 위한 과제들도 추진되고 새로운 과제들이 발굴되어 추진되어야 한다. 예를 들어 교원 확보율만 기준에 맞으면 대학이 자체적으로 정원 조정을 할 수 있는 제도 등이 입학사정관제를 위하여 바람직한 제도이다. 물론 해당 전공의 반발이 있을 수 있으나 전공의 재구성*remodelling*, 혁신*innovation*[22] 등을 통하여 달성해야 하는 과제이다. 또한 다른 대학에서 수강한 학점만을 인정하였으나 한 번에 두 대학에서 학위를 받을 수 있는 제도도 도입[23]되었고, 이러한 제도는 입학사정관제에서도 유용하게 활용할 수 있는 제도이다. 국내 대학의 교수가 외국 대학의 교수로 채용되면 국내 대학을 사직해야 하는 것도 대학의 장의 허가로 겸직할 수 있도록 하는 등, 전반적인 자율화 대책이 광범위하게 준비되고 실시되고 있음은 바람직한 일이다.[24] 아울러 입학사정관제를 통한 대학 입학전형의 선진화를 위한 보다 심도 있는 정책 과제들이 개발되고 추진되어야 한다. 무엇보다도 각각의 대학들이 자율성과 다양성을 가지고 입학전형을 실시할 수 있도록 하며, 그 대학 전형에 대한 철저한 평가, 그리고 그에 따르는 책임을 지도

---

22 혁신에 대한 적정한 정의는 새롭고 창의적인 아이디어가 성공적으로 상품화와 제도화가 되는 일련의 연속성을 지닌 과정이다. 서남표, '융통성의 미학', 〈조선일보〉 아침 논단, 2009년 8월 6일

23 우리나라 대학들은 외국의 많은 대학들과 공동학위제를 적극적으로 실시하고 있다. 그 실효성보다는 학교의 홍보용으로 많이 활용되고 있는 측면도 없지 않으나 외국과의 공동학위제와 아울러 국내 대학들 간의 공동학위제 및 공동 입학전형이 입학사정관제의 발전을 위하여 유용하리라 예상된다. 외국과의 공동학위*dual degree* 등에 관하여 사례 등이 간단히 언급된 참고문헌: Edited by Nam P. Suh & Yong-Taek Im(2009). *2008 International Presidential Forum on Global Research Universities*, KAIST Press: Daejeon의 part 2. Dual−Degree Programs: Future Potential & Challenges

24 2011년 7월 현재, 대학 자율화 1, 2단계에서 55개 과제가 발굴되어 대부분이 시행되고 있으며, 법 개정 등에 따라 지속적인 추진이 이루어지고 있다.

록 하는 좀 더 과감한 자율화가 필요하다.

지역 대학 선택에 대한 지원

학생들의 대학 선택에 대한 적극적 지원이 있어야 한다. 몇 개의 대학에 합격할 경우 학생들은 가고자 하는 대학을 선택하게 된다. 우리나라의 경우 학생들과 학부모들은 대부분 대학의 명성 위주로, 의학 계열 등 특정 선호 전공 위주로, 수도권 등 지역 위주로 대학을 선택한다. 이 경우 전공에 대한 지원자 자신의 흥미, 동기, 기타 배경 요인들은 모두 무시하게 된다. 아울러 이런 선택에 이르게 되는 경제적 측면·심리적 측면의 분석이나 조사도 많이 진행되고 있지 못한 실정이다.[25] 예를 들어 크게 관심은 없는 전공이지만 수도권 대학에 합격한 학생이 자기가 원하는 전공이 있는 출신 지역 대학에도 합격한 경우 이 학생이 지역 대학을 선택하도록 하는 동기가 제공되는 정책 등이 필요하다. 현재는 대학 자체적으로 정원 충원을 위하여 이러한 노력을 기울이는 경우가 많다. 미국의 각 대학의 등록부서에서 하는 합격생 유치 활동은 우리나라의 경우 수시전형의 합격자를 지키기 위한 활동으로 이해할 수 있다.[26] 이러한 학교의 노력과 더불어 합격자들을 연고 지역 대학에서 수학할 수 있도록 하는 유인 요인이 정책적으로 지원될 필요가 있다.

---

25 미국의 경우는 이 분야에 대하여서도 꾸준한 연구가 있어왔다. 대학 선택의 요인을 경제적인 면, 심리적인 면, 사회적인 면으로 구별하고 대학의 선택에 이들 요인들이 복합적 영향을 미치고 있음을 설명하고 있다. Don Hossler, Mergan Palmer(2008). Why understand research on college choice? Fundamentals of College Admission Counselling: A Textbook for Graduate Students and Practicing Counselors의 제3장. 이 책은 NACAC에서 2008년 출판되었으며 2nd ed이다.

26 2009년 12월 3일 광주매일신문에 의하면, 지역대학의 수시 합격자들을 수도권 대학으로 빼앗기지 않으려는 다양한 노력을 하고 있다.

전공선택 등의 진로교육에 대한 인프라

전공에 대한 선택에도 지원자가 활동할 미래의 직업 수요 예측이나 국내적 전망, 국제적 동향 등이 전문기관과 국가의 주도로 공신력 있게, 솔직하고 적절하게 제공되는 노력이 있어야 한다. 교과내용 속에도 교육적인 내용을 자연스럽게 포함하거나*implicitly*, 명확히 나타나도록*explicitly* 포함시켜 진로에 관한 교육이 교과 교육 속에서 이루어지도록 하는 것이 중요하다. 교과 교육만으로도 과중한 상황에서 진로교육을 지속적으로 한다는 것이 어려울 수 있기 때문이다. 중학교 시절부터 지속적으로 자기 특성을 탐색하도록 하는 국가적 지원, 전공 선택과 직업 선택을 위한 국가적인 인프라 제공 등이 입학사정관제의 성공을 위한 주변적 정책 요소의 하나이다. 이는 적극적 진로교육을 통하여 개인의 삶의 질을 향상시키며, 전공과 진로에 대한 만족도를 높일 수 있어 삶의 행복을 증진시킬 수 있을 뿐 아니라 국가의 경쟁력과 생산성 확보에 필수적 요소라는 것이 정책 당국자 및 교육 관련자들에게 폭넓게 인식되어야 한다. 대학 전공학과의 선택이 수능점수 1~2점 차이로 세분화된 사교육 기관의 배치표에 의하여 결정되는 현실이 지속된다면 우리나라의 미래 경쟁력은 확고한 우위를 점할 수 없다고 본다.

국가적으로 필수 인재양성을 위하여 입학사정관제 활용

미래 우리나라에서 필요로 하는 인력들이 대학을 통하여 적절한 시기에 우수하게 육성되어야 하므로 입학사정관제에 대한 국가적 차원의 접근이 필요하다. 우리나라의 경우 이공계 인력양성 정책이 지속적으로 논의되고 있으며, 미국[27]의 경우는 2007년 「미국경쟁력확보법*The America Competes Act*」

27 '대학은 미국의 비밀 무기다', 〈뉴스위크〉 한국판, 2010년 3월 3일, p.32

이 발효되어 STEM[28]으로 불리는 이공계 인력 분야의 집중 육성을 법제화하기까지 이르렀다. 이러한 국가적 요구에 부응하기 위하여 미국의 입학사정관제에서는 STEM 전공자들이 대학에서 낙오하지 않도록 하기 위하여 대학별, 주별로 연방정부에서 협력하여 노력하고 있으며, 그 하나로 입학사정관제에서도 STEM 분야에 재능이 있는 잠재적 학생을 발굴하고, 지원자의 전공을 적극적으로 상담하며, STEM 관련 잠재력, 수월성을 보이고, 성취가 있는 우수 인재들을 대학으로 유인하고, 더 나은 교육을 하기 위하여 세심한 노력을 기울이고 있다.[29] 결국 대학이 국가발전에 필수적인 인력과 국가 핵심 인재[30]를 위한 수월성 교육을 추진할 수 있도록 지원하고 이의 첫 관문이 되는 입학사정관제에 대한 전폭적인 지원이 요청된다.

대학 구조 조정[31]

부실 사립대학 퇴출

전국 200개 4년제 대학 중 10여 곳이 학생 정원의 70%도 채우지 못하는 대학의 한계 상태를 보이고, 이러한 추세는 갈수록 가속화될 것이다. 이런 한계 대학들은 입학사정관제를 구현할 여건도 안 되고 있을 뿐더러 오히려 우리나라 입학사정관제의 부담이 될 수도 있다. 정원 축소 등을

---

28 Science, Technology, Engineering, and Mathematics

29 Timothy P. Scott, Homer Tolson and Tse-Yang Huang (2009). Predicting Retention of Mathematics and Science Majors. *The Journal of College Admission*, Number 204, Summer 2009, pp.20~24

30 우리나라의 평균 IQ는 106으로 세계 2위이고, 영재급 인재가 2만 명이나 된다는 자료는 우리나라가 평준화의 한계를 극복하고 수월성 교육을 통하여 국가의 핵심 인재에 대한 조기 발굴과 투자가 있을 때 소기의 성과를 거둘 수 있음을 나타내고 있다. 〈조선일보〉 사회이슈, 2009년 3월 30일

31 대학 학령 인구 감소로 인한 대학 구조조정의 필요성은 많이 언급되었고, 600개의 2~3년제 단기대학이 불과 15년만에 400개에도 못 미치는 일본의 사례는 시사하는 바가 많다. 〈조선일보〉, 2011년 7월 11일, A3면.

유도하여 자발적인 구조조정을 꾀하는 한편, 재정지원 등 정책적 수단을 동원하여 한계 대학을 폭넓게 퇴출시킴으로 대학의 정원을 대폭 줄여나가야 한다. 현재도 대학 등록금 등과 맞물려 대학구조개혁위원회를 통한 사립대학교 구조조정이 진행되고 있으나 더욱 빠르게 진행되어야 할 필요성이 있다. 사립대학을 구조조정하는 것이 용이하지 않으므로 학내의 모집단위 조정이나 통합, 전용 등의 모든 정책적 유인 수단을 동원해야 한다.

현재와 같은 보편적 교육공급시스템을 유지하는 한편, 수월성 있는 평생교육, 전문교육이 이루어지는 시스템이 정책적 지원 아래 제공되어야 한다. 결국은 시장의 메커니즘에 의하여 도태되는 한계 대학 등과 같은 부실한 교육 공급 프로그램의 안락사를 촉진하는 출구 전략을 정책적으로 제공[32]해야 하고, 선택과 집중에 의하여 특정 프로그램, 특정 공급 주체들에 대한 정책적 지원과 활용방안 등이 시급히 제시되어 대학 입학전형만이 일생을 결정하는 유일무이한 전형으로 바라보는 일반의 시각에 대한 변화를 모색해야 한다.

각 지역 국립대학 통합[33]

42개의 국립대를 동일 권역 내 3개 이상의 국립대를 묶어서 하나의 연

32 최근 등록금 감면 문제와 더불어 부실 사립대학 퇴출을 위한 일련의 정책들이 좀 더 가속화되고 있다. 교육과학기술부에서는 2009년 12월 경영 부실 대학 13곳을 발표한 바 있다. 2011년 7월 대학구조개혁위원회는 9월초 204개 4년제 대학과 146개 전문대에 대해 상대평가를 실시해 하위 15%에 대하여 내년부터 재정지원을 제한한다고 발표했다. 2011년 하반기에는 퇴출되는 대학들이 나올 것으로 보인다.

33 광범위한 예이지만 EU 회원국을 비롯한 45개국이 가입한 볼로냐*Bologna*협약은 1999년 6월 19일 유럽 29개국 교육부 장관들이 협약을 맺어 고등교육의 통합 노력을 하고 있다고 한다. 학생 선발의 인증을 통하여 고등교육의 질 제고를 위해 공동작업을 추진하는 등의 국제 고등교육 교류 활성화에 나서고 있다고 한다. 조상식, '볼로냐 프로세스와 우리 대학', 〈한국일보〉 아침을 열며, 2009년 12월 8일

합대학으로 만드는 구조조정 정책이 시도되고 있다.[34] 2009년부터 대상 학교를 선정하는 정책을 추진하여 가시적 성과도 있었으나 아직 미흡한 상황이다. 특히 국립대의 통합은 입학사정관제를 통하여 그 통합과정을 가속화시킬 수 있어 다른 방향에서의 입학사정관제의 효용성을 보일 수 있다. 즉 연합대학이 하나의 입학사정관제를 운영하면서 모집단위의 조정 등을 꾀함으로 실질적 통합의 효과를 가시적으로 나타낼 수 있다. 물론 중복 모집단위, 연구중심 캠퍼스, 구조조정 등의 연합대학을 위한 구조가 결정될 수 있도록 강력한 유도정책이 전제된다. 아울러 이렇게 형성된 국립 연합대학에는 과감한 자율권을 부여해야 한다. 최근 프랑스[35]가 국립대에 자율권을 보장하면서 경쟁력을 요구하는 것처럼 국립대가 가진 장점을 십분 활용하여 자율과 경쟁의 열매를 얻을 수 있도록 해야 한다.

대학수학능력시험 과목 축소 방안 등 거시 교육정책

고등학교 현장에서는 교과과정 상의 비주요 과목을 주요과목 자습시간으로 활용하는 일은 당연한 것으로 되어 있다. 자기 과목을 열정으로 강의할 수 없는 선생님들의 무력감과 이로 인한 자기계발의 등한시는 교육현장 전체의 분위기를 침체시킨다. 수능 과목의 축소는 이런 현상을 심화시켜서 공교육 현장의 왜곡을 초래할 뿐이다. 오히려 고등학교 2학년 말에 실시하는 비 도구 과목 중심의 제 2 수능[36]을 두어 고등학교의 모든 교육

---

34 부산대－밀양대, 제주대－제주교대의 통합은 성과가 뚜렷하게 나타나고 있는 반면, 충남대－공주대－공주교대의 통합은 무산되었다.

35 2010년 까지 전체 대학의 60%를 자율대학으로 하여 운영의 자율성을 보장함으로 자율과 경쟁을 유도하는 프랑스 니콜라 사르코지 정부의 정책

36 2016학년도부터 대학수학능력시험의 영어 과목을 대체할 것으로 예상되는 국가영어능력평가시험은 2번 이상 볼 수 있다. 복수 수능제는 우리나라에서는 포기되었지만 핀란드에서는 3회 응시할 수 있다.

과목이 진지한 학습이 이루어지도록 하여 전인적 교육을 추구하는 수학능력시험의 확대가 필요하다. 오히려 다양화된 수능이 있을 때 고등학교에서는 절대평가로 전환하고 고등학교의 학업성취도와 정성적 추천을 폭넓게 수용함으로 입학사정관제가 공교육 기반의 입학전형을 실현할 수 있는 것이다.

대학 졸업자의 취업 대책

우리나라의 경우 대학교육과 고용시장[37]과의 심각한 불일치가 그 정도를 더하여 가고 있다. 청년실업도 결국 잘못된 교육정책 탓이라는 언급[38]이 있을 정도로 대학 졸업자의 취업과 대학교육은 밀접한 관계가 있다. 물론 정책적인 면보다는 기업에서 해야 하는 일이지만 현재와 같이 취업시장에서 자격증이나 어학연수를 선호하는 경향이 없어져야 대학교육 현장이 치열한 학점 경쟁이나 취업 준비에서 자유로울 수 있다. 이는 정상적 대학교육에 필수적이어서 결과적으로는 입학사정관제의 타당성을 높일 수 있다.[39] 창의성, 잠재력 등의 평가요인의 우수성을 가지고 입학사정관제로 선발된 학생들이 대학교육과정에서 많은 취업 사교육 비용[40]을 지불해가면서 TOIEC 등 어학점수, 2~3개의 각종 자격증 등 '스펙'[41] 준비에 내

37 취업에 대한 부담은 어느 대학 학생에게나 가장 큰 현실적 문제이다. 서울의 유명 사립대에서는 자연과학대학 3학년 300명 중 90명이 6년제 약학대학 진학을 위하여 자퇴했다고 한다. 〈조선일보〉 2011년 4월 16일, A12면

38 〈조선일보〉 2010년 2월 11일, A12면

39 과도한 입학전형도 명문대학을 나온 사람을 더 대우해주는 사회 인센티브 시스템에 있다는 진단들은 새로운 것이 아니다. '이종탁이 만난 사람 : 안철수 KAIST교수', 〈weekly 경향〉 845호, 2009년 10월 13일, p.40

40 잡코리아가 매년 실시하여 오고 있는 취업사교육 비율은 대학생을 대상으로 한 조사에서 2003년 53%에서 2009년 62%로 증가하고 있다.

41 사례는 2009년 8월 14일, 〈중앙일보〉 '혹시라도 도움 될까' 취업 사교육 딜레마에서 찾을 수 있다.

몰린다면 입학사정관제의 의미를 찾을 수 없다. 즉 대학졸업자 취업 평가에 있어서도 대학 교과과정의 충실한 몰입과 대학 기반 활동의 결과를 판단하는 것을 주요한 방향으로 삼아야 한다. 예를 들어 지역 소규모 대학에서도 그 교과과정을 성실히 수행하고 대학생활을 통하여 적극적으로 봉사하고, 취업을 위하여 대학에서 제공하는 프로그램과 과정을 지속적으로 준비해온 지역대학 졸업자에게 취업의 기회가 가시적으로 주어져야 한다. 그러한 대학의 입학사정관제 또한 활성화되는 현상이 확산되어 간다면 우리나라 입학사정관제의 정착에 큰 도움이 될 것임이 자명하다. 따라서 정책적인 수단이 강구되어 취업 전형에서도 어학 점수, 자격증 등에 의존하는 경향을 완화시켜야 할 필요가 있다. 이를 위하여 노동시장 진입 전 단계에서 다양한 진로탐색의 기회를 모색하는 종합적 인프라 구축[42] 간편한 직장체험 기회 제공, 지역 단위 및 글로벌 노동시장에의 참여 권장[43] 방안이 강구되어야 한다.

아울러 전문계 고등학교와 전문대학이 주로 수행하는 직업교육에 국가재원이 더욱 투자되어 대학 졸업자가 겪는 구직 피로도걸리는 시간, 준비하는 비용 등가 훨씬 더 심할 수 있음을 알리는 것도 좋은 방법이다. 특히 고등학교 및 전문대 졸업자의 경력과 대학 졸업자가 대학에서 습득한 지식이 직업 현장에서는 임금 등에서 등가가 되도록 기업에서는 교육에 더 많은 투자[44]를 해야 한다고 본다. 기업의 경쟁력은 그 기업이 보유한 인적 자원의 경쟁력이라고 볼 때 이는 해당 기업에게도 장기적인 이득이 되는 투자이다.

42 경기도 여성능력개발센터의 '온라인 커리어코칭시스템', 국가적인 종합진로정보망*www.career.go.kr* 등이 예가 될 수 있다.

43 '일자리 영토를 넓히자', 〈매일경제〉 기획기사, 2011년 1월 3일

44 우리나라 기업의 교육 투자는 미국 기업의 1/10 정도인 매출액의 0.3% 정도라고 한다. 조영탁, '기업교육투자, 미국의 10분의 1', 〈조선일보〉 아침논단, 2011년 7월 11일

교육 정보화 확대

입학사정관제를 비롯한 많은 교육 관련 정책들을 효율적으로 체계성을 가지고 실현하기 위한 핵심적 수단은 '정보화'이다. 특히 많은 논란을 필연적으로 수반할 수밖에 없는 교육정책은 특별히 과학적으로 접근해야 할 필요성이 있으며, 이를 위한 기반이 바로 '교육정보화'[45]이다. 신뢰성 있게 수집된 통계를 기반으로 공정하게 현상을 진단하고, 정책추진 과정과 해결방안을 모색하는 것에서부터 입학사정관제에 필요한 각종자료를 정보화[46]하는 것까지 교육정보화의 영역은 다양하며, 또한 실효성 있는 정보화를 유도하는 과정 또한 많은 정책적 자원이 투입되어야 하는 분야이다. 미국 학교, 행정기관의 경우 상용시스템[47]들을 활용하거나, MS Access, FileMaker Pro 응용시스템을 사용하거나 자체적으로 개발하여 사용하고 있다.

결론적으로 입학사정관제의 성공적 정착을 위하여 대학의 교육에 대한 변화를 유도하고 이끌 수 있는 추동력이 지속적으로 있어야 한다. 또한 입학사정관제의 의미가 타당하고 설득력 있도록 하기 위하여 대학졸업 후의 진로를 위한 입사시험 등에도 지속적으로 입학사정관제의 철학이 적용되도록 정책적인 인도가 필요하다. 이 장의 요소들을 도식화하면 다음 [그림 11-2]와 같다.

---

45 한국교육학술정보원*KERIS*에서 유용한 교육정보화를 추진하고 있다. 2011년 7월 NEIS 프로그램 오류로 인하여 안정된, 정확한, 교육정보화의 중요성을 다시금 인식하고 있다.

46 2010학년도에 각급 학교에 보급된 창의적 체험활동 종합지원시스템이 그 한 예이다. 이 시스템에는 진로체험활동, 동아리 탐구활동, 봉사활동, 수상경력, 기타활동 및 자기소개서 등을 자신이 기록할 수 있도록 하여 자기주도적 관리를 돕고, 교육행정정보시스템*NEIS*과도 연계되어 비교과 활동을 체계적으로 관리할 수 있도록 하고 있다.

47 Naviance*www.naviance.com* 혹은 inResonance*www.inresonance.com*

[그림 11-2] 입학사정관제 정착을 위한 요소들

12

고등학교 입학사정관제 이해

[1]중학교 과정에서 학생들은 그들의 삶에 있어서 의미 있는 변화를 겪게 되고 이는 청소년기의 여러 발달과정과 더불어 추후 청년기 진입의 중요한 요인으로 자리 잡고 있다. 현재처럼 특수한 고등학교 진학을 위한 과도한 학습 부담과 경쟁 아래에서는 유의한 청년기를, 나아가 행복한 삶을 설계하는데 긴요한 중학교 과정을 흩날리게 된다. 경쟁에서 살아남아 특수한 고등학교에 진학한 승리자들도 많은 상처를 안고 있으며, 접전 끝에 패한 패배자들 또한 그 상함의 깊이는 말할 수 없으며, 그 접전에 끼지도 못한 관전자들 또한 실패감을 맛보기는 동일하다. 이런 행복하지 않은 무의미한 승리와 책임도 없는 불행이라는 상흔들이 그들의 성품에 내재되어 고등학교, 이어서 청년기, 이어서 그들의 삶 전반에 걸쳐서 알게 모르게 영향을 미친다는 점이다. 물론 이러한 중학교 과정의 중요성을 가정에서도 나름대로 잘 이해하고 다루어 나가는 지혜가 필요하다.[2] 부모는 분명한

1 자기주도학습 전형, 자주 전형, 관찰 및 면접 전형 등 다양한 명칭이 사용되고 있다.

2 많은 사례들이 있겠으나, 그중 하나를 소개한다. 안연필, '내 인생의 공범이 되어준 어머니, 이제는 내 차례,' 〈중앙선데이〉 98호, 2009년 1월 25일, p.34

지침과 흔들리지 않는 원칙을 정해 자녀들이 과잉된 야성적 충동[3]에 사로잡히지 않도록 해야 하지만, 그 정도가 너무 심하여 아이들이 가진 독립성과 창의성을 헤쳐서도 안 된다. 고등학교 입학을 위한 입학사정관제 또한 이러한 중학교 과정의 학생들이 지나는 경로에 대한 깊이 있는 이해를 바탕으로 하고 있어야 하며, 나아가 초등학교 및 중학교 교육에 의미 있는 메시지를 전파해야 하는 책무가 있다. 아울러 다음 세대에서 경쟁력[4] 있는 국가 인재의 확보를 위하여서도 수월성을 보장하는 고등학교 입학전형제도의 확립은 필수적이다.

중학교 3학년을 대상으로 하는 고등학교 입학사정관제가 대학의 입학사정관제와는 다른 큰 이유는 청소년기의 발달단계 때문이다. 평가에 있어서 성격·기능들이 좀 더 복합적으로 작용하는 시기여서 고등학교에서의 학업 수행에 대한 예측타당도가 훨씬 떨어진다. 직관, 자율성, 융통성, 개방성, 민감성 등의 여러 요소들을 분별하여 평가하기 어려울 뿐더러 평가결과가 고등학교 과정을 지나면서 유지되는 지속성 또한 가변적이라 예측타당도를 확증할 수도 없다. 이러한 어려운 점에도 불구하고 고등학교 입학사정관제가 실시되어야 하는 이유는 전술한 바와 같이 특수한 고등학교 입학을 위한 초등학교 및 중학교 과정 전반에 걸친 과도한 경쟁과 과열때문이다. 교육 참여자의 생태계가 지금처럼 고착화된다면 앞으로의 세대에서는 점점 더 그 경쟁과 과열에 따른 열상들이 더욱 심하게 나타날 것이기 때문이다. 즉 특수한 고등학교 입학전형의 체계 변화가 시급히 필요한 실정이다.

---

3 예일 대학의 로버트 실러 교수가 공저한 책의 제목 *Animal Spirits*의 표현으로, '사람을 움직이는 활기찬 정신'이라는 뜻의 라틴어 spiritus animalis에서 나온 말, 〈조선일보〉 Weekly Biz, 2009년 6월 13일

4 경쟁력과 인구를 생각하면 우리 외교관이나 상사직원들은 중국의 10배, 일본의 3~4배의 경쟁력을 갖추어야 한다는 주장도 있다. 〈조선일보〉 사설, 2009년 10월 27일

이 장에서는 현재 시도되고 있는 고등학교 수준의 입학사정관제에 대하여 일견[5]하며, 대학 수준의 입학사정관제와 구별되어야 하는 몇 가지 특징들과 방법론에 대하여 논의하도록 한다.

제1절 특수한 고등학교의 입학사정관제 실시

2009년 6월 19일, 교육과학기술부는 특수목적 고등학교의 입학사정관제 전면 도입을 밝혔다. 이미 KAIST 부설 한국영재학교, 경기외국어고등학교, 하나고등학교 등 일부 학교에서는 입학사정관제를 도입하여 실시하고 있었으며, 확대할 계획을 세우고 있었다. 물론 외국어고등학교의 경우도 입학사정관제가 실시되고 있다.[6] 사례를 통하여 입학사정관제의 제반 준비에 필요로 하는 요소와 절차 등을 파악한다.

5 고등학교 다양화가 추진되어서 많은 종류의 고등학교들이 존재하고, 추첨으로 학생을 선발하는 자율고등학교가 있는 등, 입학전형의 차이가 있다. 이 장에서는 소정의 입학사정관제를 도입하고자하는 고등학교의 경우를 염두에 두고 기술한다.

6 2009년 10월 17일, 국정감사의 외국어고등학교 사교육 유발 지적에 대한 대책으로 영어듣기평가의 폐지와 입학사정관제의 도입 등을 고려하는 외국어고등학교의 입학전형 변화에 대하여 보도한 언론들이 많이 있다. 추첨을 통한 선발보다는 입학사정관제를 통하여 중학교 공교육의 강화와 사교육 배제를 유도하며 사회적 책무를 고려하고 잠재력 등을 기반하여 학생을 선발하는 것이 더욱 교육적이다. 외국어고등학교, 국제고등학교 등에서 입학사정관제가 올바로 확립되어 협의회 공영제 등으로 적합하게 운영된다면 학생선발권을 행사하면서도 입학전형에서의 부정적 효과는 많이 불식시킬 수 있다. 다만 기존의 교육과정과 교수학습방법을 유지하려는 현상유지경향 혹은 매너리즘*mannerism*을 개혁할 수 있는 정책적 지원이 필요하다.

A 고등학교의 입학사정관제

A 고등학교는 정원의 30%를 입학사정관제를 통하여 선발하기로 하고 입학사정관제 전형관리위원회 및 실무위원회 등을 구성하고 제반 준비에 착수했다. 기존의 입학관리부가 중심이 되어 실무적 준비와 국·내외 대학 입학사정관제의 경험이 있는 전형위원 등을 중심으로 필요한 절차 및 평가방법 등을 개발하고 수차의 워크숍을 통하여 A 고등학교가 추구하는 인재상에 대한 공유에서부터 평가방법론에 이르기까지 각 단계별 연수를 실시했다.

많은 지원자가 있었음에도 개별화된 검토와 중복평가 그리고 토론적 종합평가라는 입학사정관제의 전형적인 평가절차를 충실하게 따르면서 입학사정관제를 통하여 선발하고자 하는 전형목적을 이루어 냈다. 전형결과도 바람직하다고 판단하였으며, 선발한 학생들의 초기 적응 등을 예의 주시하면서 차년도 입학전형에서 입학사정관제 전형 인원을 확대할 계획을 세우고 있다.

전형 종료 후 전체 전형 평가를 통하여 전형자료의 전산화, 위원회의 효율화, 전형절차 및 평가서의 개선 등의 미흡한 점을 도출하여 차년도 입학사정관제를 위한 즉각적인 준비에 들어갔다. 입학사정관제의 지속적 확대를 위해 추적연구 및 종단연구를 위한 인력확보와 기존 전형자료의 분석, 중학교 자료축적 등, 다각적 노력을 기울이며 입학사정관제의 정착에 많은 자원을 투자하고 있다.

사례에서 보듯이 고등학교 수준의 입학사정관제는 대학의 입학사정관제 못지않게 많은 준비와 자원의 투입을 필요로 하고 있다. 사실 고등학교 수준의 입학사정관제는 입학사정관제의 정책적 목표, 즉 사교육 감소와 공교육 활성화에 좀 더 극적인 효과를 빠른 시간에 가져올 수 있는 파급효과가 큰 제도이다. 따라서 좀 더 정교하고 적극적인 제도의 시행이 요구된다고 하겠다. 이런 점들을 잘 인식하고 있는 A 고등학교의 경우 처음 실시하는 입학사정관제를 성공적으로 이루어낸 가장 큰 요인들은 일정, 가용자원 등의 효율적 운영과 초기의 적극적인 몰입, 그리고 A 고등학교 구성원들의 열린 마음의 참여가 있기에 가능했다. 성공요인에 대해 좀 더 자세한 기술을 함으로 고등학교 입학사정관제의 제반 준비에 필요로 하는 필수 요소와 절차들을 가늠하여 본다.

1. **일정, 자원의 효율적 운영** : 기존의 학사 일정과의 중복 등을 피하면서 전체적인 입학사정관제 일정을 계획하고 진행하는 것이 중요하다. 고등학교가 가진 제한적 자원을 최대로 활용하지 못한다면 입학사정관제의 투입할 수 있는 자원은 한정적일 수밖에 없으며, 그것은 전형의 부실로 이어지기 쉽기 때문이다. 따라서 전형의 기획에서부터 학사일정 등에 따른 가용자원의 적극적인 활용을 위한 계획을 세우며, 중요한 분야에는 예상되는 경우의 수를 파악하는 차선적 준비 계획까지 설정해야 한다.

2. **초기 단계의 적극적 몰입** : 많은 제도들의 운영에서도 그러하겠으나, 운영의 준비를 위한 집중적 준비가 초기에 필요하다. 즉 전형 기획의 단계에서부터 직무 분장에 따른 준비에 양적으로나 질적으로나 적극적인 준비가 필요하다.

3. **구성원들의 참여** : 입학사정관제의 실행 조직이 대부분의 고등학교에서는 별도로 조직되어 있으나 전술한 바대로 재직 교사들의 평가 참여 등이 필요하다. 공정한 평가를 위한 워크숍 참여 등 준비에 있어 구성원들의 적극적인 참여가 필수적이므로 이를 위한 참여 동기유발이 있어야 한다. 기획 단계에서부터, 각각의 실행 단계에 이르기까지

전형진행에 대한 것들을 구성원들과 공유하는 것이*stay on the same page* 필요하다.

2009년 9월부터 과학고등학교 입학사정관제 실시에 따른 교육훈련이 KAIST 부설 과학영재교육원에서 진행되었다. 총 600시간이라는 대학원 석사과정 크기에 못지 않은 적지 않은 시간의 연수를 실시하는 이유는 고등학교 입학사정관제가 그만큼 복합적이고 여러 구인을 갖고 있음이다. 이 연수 프로그램의 내용은 제6장 '입학사정관 교육 및 훈련'에 첨부되어 있다.

제2절 고려해야 할 특징

우선 사춘기 등의 청소년기 발달 과정 상의 특징이 있겠으나 이는 관련 발달심리 혹은 교육심리 영역으로 남긴다. 다만 중학교에 진학하면서 심리적으로 편안했던 초등학교에서 변화된 환경의 중학교 적응에 실패하거나 어려움을 겪을 수 있어 교과수행 능력이 떨어질 수 있다든가, 새로운 도전의 기회로 삼아 교과성취도가 향상한다든가 하는 일련의 변화를 지나온 점들을 간과하지 않고 평가요소 개발이나 평가의 배경변인들로 활용해야 한다.

학제의 변화

7차 교육과정이나 2009 개정 교육과정 모두 6－3－3제를 근간으로 하기 때문에 중학교 교과과정의 변화폭은 가장 크다고 보겠다. 이러한 교과과정의 급격한 변화는 중학교 진학이라는 피상적 변화보다 더 깊다는 특징이 있다. 미국의 경우 이러한 변화에 따른 충격을 흡수하고자 K－12의 5－3－4 학제 대신 K－8 학교라 불리는 초등학교－중학교 과정의 통합 과정을 추진하는 교육 자치구[7]들이 증가하고 있다.

교과과정의 심화와 다양화

중학교 교과과정의 변화는 그 내용의 깊이에 있어서나 다양성에 있어서나 학생들에게 많은 적응력을 요구하고 있다.[8] 교과과정에 대한 변화를 수용하고 주도적으로 적응하는 경험을 통하여 교과적 성취 경험을 갖는 것이 중요하다.

복합적 상태

평가에 있어서 성격기능들이 좀 더 복합적으로 작용하는 시기여서 고등학교에서의 학업 수행에 대한 예측타당도가 떨어진다. 즉 평가요소를 구분하여 적용하는 경우 보다 밀접한 상호관련성과 일관성에 대한 타당도 확인이 필요하다.

균형적 발달

정서적, 인지적, 지적 발달의 균형성을 추구해야 하는 특징이 있다. 수학과학, 전문교과 등의 특수목적 고등학교라 하더라도 그 균형성이 심각하게 어긋나는 경우는 다가오는 시대의 통합적 지식과 간학문적 발달을

---

7 필라델피아 교육구 http://www.phila.k12.pa.us에서 많이 시행되고 있다. 관련 연구들도 많이 진행되어 오고 있으며, 예를 들어 수학 학업성취도가 K-8 체계에서 더 우수했다는 연구가 있다. Offenberg, Robert M. The Efficacy of Philadelphia's K to 8 Schools Compared to Middle Grades Schools. *Middle School Journal*, vol.32 no.4 p.23~29 Mar. 2001.

8 자세한 교과과정 및 내용, 평가는 교육과정 제반 참고서적을 참고하기 바란다.

도모하기에 미흡하다. 이러한 균형성을 입학전형 기반과 평가요소 구성에 반영하여야 하는 특징이 있다.

경쟁의 격화

학업적인 면 외에도 외모 등에서 경쟁적 상태로 돌입하게 된다. 타인과의 경쟁은 물론이려니와 자기 자신과의 내면적 경쟁 또한 격화되는 시기이다. 경쟁 상태에 놓이게 되는 이유와 경쟁의 목적을 이해해야 하고, 교과적 경쟁에서의 낙오가 존재적인 패배와는 다르다는 분별력도 필요한 시기이다.

이밖에도 가정적으로 경제활동에 바쁜 부모의 사각지대에 놓일 수 있으며, 사회적 위해 환경에 쉽게 노출되는 시기라는 특징 등이 있다. 특히 초등학교 고학년과 중학교 과정을 통하여 정체성*identity*이 확립되는 시기에 있다. 사춘기라는 혼돈의 시기를 겪으면서 구체화되는 정체성은 큰 고려의 대상이 되지는 않는다. 자신의 지나온 궤적과 그 여건에 대한 수용과 앞으로의 진로에 대한 도전 등을 통하여 갖추게 되는 협의의 지극히 개인적인 정체성 토대를 갖추는 시기라는 특징이 있다.

제3절 고등학교 입학사정관제의 정착을 위한 방법론들

고등학교 입학사정관제가 중학교 및 초등학교에 의미 있는 변화를 주고, 현행 교육 생태계를 선순환적으로 바꾸기 위한 몇 가지 방법론들에 대한 논의를 제기하도록 한다.

교과과정의 변화

가장 근본적이고 시급한 것은 특수한 고등학교의 교과과정으로 인해 선행학습이 불가피한 상황을 극복하는 것이다. 지금처럼 고등학교 입학 전에 이미 고등학교 교과의 50%~75% 이상을 요구하는 현행 특수목적 고등학교의 중요 교과목 및 교과과정이 우선 변해야 한다. 교과내용의 수준을 낮추는 것이 아니라 적어도 교과목의 출발점을 중학교 교과목표에 맞추어 변화시키고 입학사정관제로 입학한 학생들의 잠재력에 바탕을 두어 심화학습을 시행하는 방향의 선회가 있어야 한다. 이러한 의지들이 천명되고 한번에는 불가능하겠지만 빠른 시간 내 특수목적 고등학교의 교과과정들이 변화되어야 입학사정관제가 의미 있는 정착을 할 수 있는 것이라 본다. 그렇지 않고 특수한 고등학교의 교과과정의 변화가 없는 한 고등학교 입학사정관제의 효과는 기대하기 어려울 뿐더러 오히려 사교육 시장의 다변화와 고급화를 가져올 뿐이다.

case B 고등학교 사례

B 고등학교는 그동안 선행학습을 기반으로 한 입학전형을 실시하였으며 이는 B 고등학교가 실시한 그동안의 교육과정에 비추어는 합당한 것이다. 그러나 2010학년도에 처음 입학사정관제를 도입하고 앞으로 3년에 걸쳐서 입학사정관제 정원을 100%로 확대하기로 함에 따라 교과과정 개편에 착수했다. 고교 진입 교과의 출발 지식수준을 지속적으로 중학교 졸업 수준으로 낮추는 한편 입학사정관제로 입학한 학생들의 창의성과 잠재성을 발현시켜 심화학습과 창조적 학습결과를 도출할 수 있도록 하는 새로운 교수학습 모형개발에 재직교사들이 많은 노력을 기울이고 있다.

이 사례에서도 볼 수 있듯이 사실 선행학습은 장기적인 학습에 결코 바람직하지 않으며 전체적으로는 득보다 실이 많아 학업성취도의 향상에 오히려 해가 될 수도 있음은 여러 조사 연구결과에서도 밝혀지고 있다. 특히 수학 교과목의 선행학습이 교과내용의 급격한 확대에 따라 성행하고 있으나 궁극적으로는 무익한 것으로 조사되기도 했다.

고유한 평가도구의 개발

대학교 입학사정관제와는 다른 평가기법들이 도입되어야 한다. 지필평가 등을 금지하고 있으며, 영어듣기평가의 난이도 등이 언론에 언급된 경우도 있는 것처럼 고등학교 입학사정관제의 평가기법은 일면 더욱 난해한 면이 있다.

예를 들어 평가요소의 하나인 외국어 평가의 경우를 보자. 입학사정관은 지원자의 외국어 수준을 단순 시험점수로만 평가할 것이 아니다. 시험점수가 있든지 없든지 평가결과에는 영향을 안 미친다는 메시지를 보내는 것이 중요하다. 시험점수가 있다고, 혹은 외국거주 경험이나 체험이 있다고 그대로 평가할 것도 또한 아니다. 점수[9]나 경험이 있어서 평가에 부정적 영향이 있어서도 안 되는 것처럼, 그러한 점수와 경험들이 평가에 절대적 영향을 미쳐서도 안 된다. 결국 중학교 배경의 지원자의 외국어 학력 정도는 고등학교 입학사정관들의 신뢰성 있는 주관적 평가에 의한다.

- 외국어 습득의 지속성
- 적극성

[9] 고등학생이라면 자신의 외국어 능력을 시험을 통하여 검증받고자 하는 것은 청소년기 발달단계상 자연스러운 일이고, 외국어에 관심과 잠재력 및 능력이 있는 고등학생이라면 사교육에 의존하지 않고도 외국어 공인성적을 얻을 수 있을 것이나, 중학교 단계에서는 그러한 공인성적을 인위적으로 마련하는 것이 꼭 바람직한 것은 아니다.

- 외국어 선택과 학습의 동기
- 자발성
- 앞으로 진로와의 연계성

등의 하위 구성요소들에 의하여 평가하며,

- 외국어 독해력
- 대화
- 외국어를 수단으로 하는 비판적 사고력

등에 대한 자연스러운 대면 대화를 통하여 평가할 수 있다.[10]

평가요소의 개발

전술한 청소년 전기의 발달 특징에 의하여 정형화된 평가요소를 중학교 수준의 지원자에게 적용할 수는 없다. 즉 대학의 입학사정관제에서 보다 더욱 종합적 평가*holistic review* 혹은 통전적 평가*comprehensive review*에 의하여 고등학교 입학전형의 평가요소를 확보해야 한다.

예를 들어 대학교 입학사정관제에서 빈번히 활용하는 역량 면접 등은 고등학교 수준 지원자에게 직접 적용하기는 적합하지 못한 면접방식이다. 이 경우 면접의 관점이 잠재된 재능에 대한 지원자의 흥미, 관심도를 파악하는 것이 더 유효할 수 있다. 논어 『옹야』 편에는 '아는 것은 좋아하는 것만 못하고, 좋아하는 것은 즐기는 것만 못하다'知之者 不如好之者, 好之者 不如樂之者라는 구절이 있는데, 이런 구절이 대학교 입학사정관제의 평가에서도 적용되겠지만 고등학교 수준에서는 더 적극적으로 고려되어야 하는 개념이다. 물론 흥미가 지속 가능한 것인가와 창의적 특장으로 연결될 수 있

10 이러한 평가요소들의 평정을 위한 입학사정관들의 보다 세심하고 보다 다양한 능력이 요구된다.

느냐는 좀 더 관찰해야겠으나 홍미[11]는 중요한 평가요소임에는 틀림없다.

평가요소의 개발에 대한 평가기준의 개별화에 대한 예를 들어보자. 선행학습을 한 지원자들의 경우 무조건적으로 불이익을 주어야 한다는 것이 아니다. 선행학습이 지원자의 자기주도적 동기유발이라면 그 선행학습은 특별히 교과적 성취를 위한 선행학습이라는 특별히 수반되는 이유가 있기 마련이다. 예를 들어 물리의 특정 부분을 위하여 수학의 적분을 선행학습 한다든가, 논리적으로 연관성 있는 이유들로 지속적인 선행학습이 다른 교과 분야들이나 자신의 홍미 진전에 맞추어 진행되어 왔다든가의 의미를 부여할 수 있다면 그 선행학습은 나름 가치가 있는 것이다. 이렇듯이 평가요소 및 평가기준 설정에서도 적절한 개별화 과정이 필요하다.

이제 고등학교 입학사정관제 평가에서 필수적으로 고려해야 할 몇 가지에 대하여 살펴보기로 한다.

독서

인지적 분화가 심화되고 지식적 토양이 고형화되기 전 단계에서의 독서는 창의성과 융합적 지식체계 구축에 필수적이다. 특별한 분야 혹은 전반적 분야에 대한 독서력은 고등학교 입학사정관제에서 가장 심도 있게 고려해야 하는 평가요소이다. 특히 독서의 동기가 지적 호기심 등과 연결되고 있는지를 판단하는 것이 필요하다. 이의 평가를 위하여 토론적 평가가 필요하므로 평가자 또한 독서의 내용에 대하여 인지하고 있어야 하며, 평가하고자 하는 바를 측정할 수 있도록 평가서가 잘 준비되어 있어야 한다.

11 2006년 수학의 노벨상인 필즈상을 받은 Terence Rao 교수도 역시 홍미를 강조하고 있다. 〈중앙선데이〉 2009년 12월 13일

정서적 안정

고등학교 및 대학교 과정을 지나기 위하여 필수적 토양이 바로 정서적 안정감이다. 이는 독서력이 교과적 잠재력의 바탕이라고 한다면 정서적 안정은 대인관계 역량과 소통능력의 기본이 되는 것이다. 이는 가정적 배경이나 사회 · 경제적 배경을 통하여 평가할 수 있는 것이 아니라 면대면의 면접과 관찰을 통하여 입학사정관이 깊이 있는 관찰을 해야 한다. 이때 성장맥락 등에 대한 평가자의 편견이나 선입관을 배제해야 한다.

창의성

창의성의 증거로 일컬어지는 각종 우수성 입증자료들이 입학사정관제 전형을 위해 사교육 등을 통하여 만들어진 것인지를 가려야 한다. 맥락을 관찰하고 지속적 결과물 등을 파악함으로 주장하는 성취에 대한 진정성을 평가할 수 있으며, 전형의 목적에 정합하는지를 살펴볼 수 있다. 사실 중학교 수준의 우수한 학업성취도도 기억력과 이해력을 바탕으로 한 경우가 많아 평범한 학업성취도를 보이는 학생들 중에서도 창의력이 좋은 학생들이 있을 수 있다. 고등학교 수준에서는 학업성취에 대한 부담 혹은 몰입으로 창의성이 매몰되기 쉽기 때문에 중학교 수준에서는 더욱 열린 관점으로 창의성을 파악하도록 노력해야 한다. 창의성의 구조를 연결, 질문, 관찰, 실험으로 꼽는 경우가 있는데 이러한 관점이 중학교 수준의 창의성을 정의하기에 적합하다고 보아, 교과 및 비교과 활동들이 이러한 맥락을 견지하고 있는지를 파악하는 것이 필요하다고 본다.

호기심

중학교 지식수준을 바탕으로 고등학교 나아가 관심 학문 분야에 대한 지속 가능성의 추동력은 호기심이다. 호기심의 발견과 이를 해소하려는 노력 및 관심 분야와의 연관성은 호기심을 평가하는 데 필수적 요소들이다.

체력

입학전형에 대한 부담과 경쟁이 우리나라 못지않은 일본 고등학교의 경우 '부카쓰'라는 동아리 활동이 방과 후 활동으로 활성화되어 있다.[12] 중학교 과정은 우리나라 대부분 학생들이 사춘기를 겪는 시기이고 이 시기의 건강한 정신세계 구축을 위해서 교과적 훈련뿐만 아니라 체육 중심의 비교과적 활동의 적극적 참여가 필요하다. 공교육 기반의 이러한 여러 교과외 활동을 고등학교 입학사정관제를 통하여 장려함으로 바람직한 또래*peer* 관계를 형성하게 하고 협동심을 고양하도록 하는 것이 필요하다. 고등학교 입학사정관제에서 체육[13] 관련한 비교과 활동과 사례를 평가요소로 삼아야 한다.

수학의 중요성

수학이 가장 사교육을 유발하는 과목으로 조사된 경우가 말하듯이, 수학은 고등학교 교과과정에서 필수적인 교과이다. 아울러 수학에 대한 종합적인 능력과 고등학교 교과성취도와의 상관관계는 많은 연구에서도 알려지고 있는 바대로 높은 상관관계를 보이고 있다. 2012학년도 대학 입학전형을 위한 대학수학능력시험에서도 수리영역의 시험범위가 확대되는

12 김도형, '부러운 일본고교의 부카쓰', 〈한겨레〉 특파원컬럼, 도쿄에서, 2009년 9월 29일

13 한국교총이 2011년 2월 전국 초중학교 585곳을 대상으로 설문조사한 결과, 한 학년에 31.9시간의 체육시간을 축소한 중학교도 있었다. '2009 개정 교육과정'에 따라 도입된 집중이수제로 1년에 체육수업을 한 번도 하지 않은 학교도 있었다. 〈조선일보〉 2011년 7월 21일, A2면

것은 이러한 상관관계를 나타낸다고 하겠다. 따라서 중학교 수준에서의 수학에 대한 흥미 및 성취, 자신감등이 입학사정관제 평가요소의 중요한 축이다.

문화 개방성

비슷한 외국어 성취도를 보이는 학생이라 하더라도 외부 문화에 대한 자세는 차이를 보인다. 외국문화에 노출되었는지의 여부를 다투어 보며 평가하고자 함이 아니라 다문화에 대한 긍정적이고 자주적인 관점을 견지하고 있는가는 중요하다.

예술적 관심과 소양

음악적 지각이 과학적 창의성과 밀접한 관계가 있다는 것은 잘 알려져 있다. 특히 중학교 과정 중에 자발적이고 내적 동기유발에 의한 예술활동의 관심과 참여는 향후 교과적 발전이나 창의성 발현에 중요한 지표가 된다.

이밖에도 교과 학습에 필요한 집중력, 기억력과 이해력, 학습 태도 등은 고등학교에서의 성취도와 지속적 학습능력에 필수적 요소로서 중요한 평가요소로서 고려되어야 한다.

중학교 학교평가의 유의점

고등학교에 비하여 다른 변인들의 수가 비교적 적음으로 인하여 공교육의 투입 산출 효과를 용이하게 관찰할 수 있는 중학교 경우 학교 교육 효과와 교육환경의 수월성은 고등학교보다 더 극명하게 드러날 수 있다. 다양한 방법에 의하여 학교 배경변인을 판단하고 입학사정관제 전형에 활용할 필요가 있다. 그중 하나로 학교장 등 학교 리더십들에 관한 평가도 필요하다. 많은 경우 학교장에게 포상[14]과 인센티브가 많이 주어지는 것도 학교의 사소한 학습 분위기에서부터 큰 맥락의 개혁적 조치를 강구할 수 있는 경우까지 학교장의 역량이 가장 큰 요소이기 때문이다.

결론적으로 중학교 및 초등학교에 이르기까지 공교육 시스템에 고등학교 입학사정관제는 중요한 영향을 미친다. 예를 들어 25개 대학 부설 영재원 수료자 등 다양한 학생들이 특수목적 고등학교들의 잠재적 대상이라고 할 때 어떤 입학사정관제를 실시하느냐에 따라 중학교는 물론이고 초등학교, 영재교육원 등에 의미 있는 영향을 줄 수 있다. 입학사정관제가 공교육 기반으로 실시되면 초등학교 때부터 영재교육원 진학[15]을 위한 과열되고 왜곡된 흐름을 교정할 수 있다고 본다.

이 장에서는 대학 입학사정관제를 원용할 수 있는 고등학교 입학사정관제가 고려해야 할 몇 가지 특징들과 차이점, 방법들에 대하여 살펴보았다.

---

14 이는 비단 중학교뿐만 아니라 고등학교의 경우도 적용되며, 외국의 경우도 이러한 리더십의 중요성을 인지하고 있다. 캐나다의 경우 전국의 31개 초중고 교장들이 학생들에게 헌신하고 지역사회에 기여한 공로를 인정받았다. 〈Toronto Star〉 2009년 2월 4일,
'교장은 CEO처럼, 교사는 핵심인재가 되어야', 〈이코노미스트〉 1006호, 2009년 9월 29일자, p.44

15 일부 교육청 영재교육원에서는 2009년 한국교육개발원 출제 문제로 전국 동시에 시험을 치루는 대신 영재교사의 추천으로 영재를 선발하는 방식을 도입했다. 약 6만명 중에서 5,681명이나 의미 있는 출발이다. 이후 관찰・면접평가제도로 정착되어가고 있다.

13

맺음말

대학의 입학전형의 목적에 부합하는 대학 신입생을 선발하고, 그 선발 과정에서 지원학생의 교과성적을 포함하는 모든 교과적·비교과적 역량과 그 배경변인, 성장맥락 등을 살피면서 잠재력을 평가하여 해당 대학과정을 성공적으로 마치고, 바른 가치관으로 자신의 행복을 추구하며, 국가와 사회에서 핵심인재로서 공헌할 수 있도록 선발하는 것이 입학사정관제의 목적이다. 이는 공교육의 내실화[1]와 사교육비 감소[2]라는 정책적 목적보다 더 근본적인 입학사정관제의 목적이다.

이 책에서는 이러한 근원적 목적을 가진 입학사정관제가 우리나라의 특별한 사회 문화적 환경에서 잘 착근하기 위한 필수적인 요소들에 대하여 소개했다. 이는 현재와 같은 학생들 간의 교과적 점수 위주의 경쟁구도를 완화시키고 그 대신 대학 특성화의 경쟁, 대학의 교육의 질에 대한 경쟁,

1 고등학교 공교육 내실화라는 것이 고등학교 교육에서 대학 입학에 관련한 교육을 배제함을 뜻하는 것은 아니다. 다양한 비교과관련 교육과 교과 외 활동, 전인교육과 더불어 오히려 대학교 입학전형에서 성공을 위한 목적의 교육도 충실히 이루어져 사교육 시장의 팽창을 막아야 한다.

2 입학사정관제가 사교육비 감소에 기여하지 못한다는 주장도 있다. 〈시사IN〉 2010년 9월 11일, p.35

대학이 제공하는 가치의 경쟁 등 전향적 경쟁과 고등학교들의 경쟁, 교사들의 경쟁, 고등학교 교육이 제공하는 가치의 경쟁 등 공교육 배경 경쟁으로 사회의 시선과 정책의 의도를 전환하고자 하는 것이다. 따라서 개인적으로는 행복한 일생을 준비하도록 하는 한편 국제사회에서도 활용되는 경쟁력과 창조적 생산성을 증진하도록 하는 데 대학 입학전형방법이 결코 적지 않은 비중을 차지하고 있기 때문이다.

사실 입학사정관제에 대한 여러 우려와 비판들이 있으며, 대안[3]들도 자주 언급되고 있다. 이미 몇 가지 비판들은 실증적 자료[4]로써 불식되고 있기도 하다. 그러나 우리나라의 현 교육 사슬구조의 취약성과 공교육의 부분적인 부족,[5] 사교육 시장의 비이성적 과대 증상[6]들을 치유할 근본적인 대책과 장기적인 대책으로는 이 입학사정관제가 유일한 실정이다.[7] 물론 학령인구의 감소와 현 정부 및 앞으로의 정부들에서 지속적으로 추진할 교육개혁 정책 등으로 현 교육 상황들은 점점 더 개선되겠지만 자연적 치

---

3 '입학사정관제, 사교육 부추길 우려', 〈조선일보〉 27563호, 2009년 8월 8일

4 '입학사정관 선발 신입생 4명중 3명 일반고 출신'에서 보듯이 입학사정관제가 특수목적고 졸업생들에게 유리할 것이란 우려를 어느 정도 불식시키고 있다. 그러나 전체 지원자 중에서 특수목적고 졸업자가 차지하는 비율과 합격자 중에서 차지하는 비율, 그리고 다른 전형유형과 비교하여 좀 더 깊이 있는 분석을 실시한다면 각 대학마다 좀 더 명확한 입증결과를 보일 수 있다. 〈동아일보〉 2009년 9월 18일

5 미국의 경우 대안학교 KIPP*Knowledge Is Power Program* 등이 공교육 개혁의 도화선이 되고 있다. 많은 성과를 내고 있는 KIPP의 핵심은 교사이다. KIPP 학교 교장에게는 교사를 선발하고 해고할 수 있는 전권이 있다. 또 스템*STEM(Science, Technology, Engineering and Mathematics)*과 같은 융합교육을 강화하고 있다. 우리나라도 융합 교육 중의 하나로 스팀*STEAM(STEM + art)*을 추진하고 있다.

6 그동안의 대학 입학전형과 고등학교의 실질적 교육체계 틈새에 있는 왜곡이나 불필요한 경쟁 탓에 사교육 시장이 누리는 초과이윤들이 있어왔다. 이를 경제학에서 사용하는 렌트*rent,* 地代라는 용어로 표현할 수도 있겠다. 원론적으로는 이러한 렌트를 없애는 것이 입학전형 관련, 나아가 전체 교육 생태계의 효율과 건전성의 극대화를 위하여 바람직하다. 사교육 시장이 그동안 구축한 해자*moat*로 인하여 쉽게 그 지대를 포기시키기는 물론 어렵다.

7 입학사정관제가 국영수 편중 학습의 폐해를 줄이는 유일한 방법이라는 주장도 있다. 〈주간동아〉 2010년 10월 19일, p.23

유만을 기다리고 있을 수는 없는 상황임에 틀림이 없다.

입학사정관제의 성공 가능성은 매우 높다고 본다. 위에 서술한 제도에 대한 당위적 기반 외에도 사회 문화의 변화에 따른 필연적 요구 또한 점차 강력해지기 때문이다. 즉, 카리스마 등에 의한 지도력이나 단순히 추종만 하는 구성원을 벗어나, 팀플레이와 사회적 지능을 가진 리더와 구성원을 필요로 하는 시대로 진입하고 있다. 또한, 성취 지향적 삶의 방식에서 행복 추구의 삶의 방식으로 사회가 변화되며, 문화의 소비자이며 생산자 역할을 동시에 하거나 스포츠에 적극적인 소비자 계층, 프로에 못지않은 실력을 지닌 다양한 아마추어가 등장하고 있다. 자신의 직업보다 행복과 직결된 취미활동에 더 몰입하는 것과 같은 삶과 문화, 사회의 패러다임이 변화하는 변곡점을 지나고 있다. 이러한 사회 문화적 시대상의 변화는 필연적으로 학습방법의 변화와 지향점의 변화를 유도할 수밖에 없으며, 대학, 고등학교 입학전형 또한 이러한 큰 틀의 변화를 외면[8]할 수 없기 때문이다.

이 장에서는 입학사정관제가 우리나라의 교육사회 문화환경에서 잘 착근하기 위하여 전술한 필수적 요소들을 정리하고, 입학전형에 관한 몇몇 사항 발제하고 입학사정관제의 확대 필요성 등을 논함으로 이 책을 맺는다.

제1절 중요 요소들의 정리

입학사정관제의 핵심인 그 평가에 중점을 두면서 일반적 사항들을 전반적으로 살펴보았다. 그 모든 요소들이 입학사정관제의 필요충분요소는 아

8 논술 등을 활용하는 서구 전통과는 달리 한국, 중국, 일본은 시험을 보는 전통이 있어 입학사정관제 정착이 어렵다는 전망도 있으나, 큰 틀의 변화를 적극적으로 수용해야 할 필요가 있다.

니지만 고려해야 할 사항들임에는 틀림없다. 살펴본 여러 요소들을 입학사정관제가 전제해야 하는 특성이라는 관점에서 다시 조합하여 보면 다음 그림과 같다.

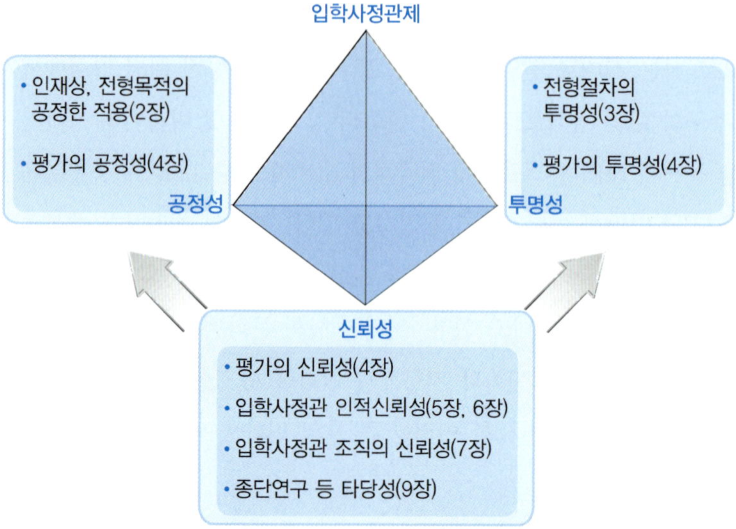

[그림 13-1] 입학사정관제 중요 요소들

위의 요소들이 잘 정립되어 입학사정관제가 공정성 있게, 신뢰성 있게 추진되기 위하여 고등학교 및 내외 기관과의 효율적 연계(8장), 그리고 대학과 보다 큰 관점에서의 정책들(10장, 11장)과의 조화로운 추진이 필수적이다. 또한 입학사정관제 방식의 학생 및 인재 선발이 확대되고 있고, 대학입학 전형과 밀접한 관계를 가지고 있는 고등학교에서의 학생 선발(12장)에 대하여 특별히 살펴보았다.

제2절 대학 입학전형 관련 몇몇 발제들

우리나라의 사회 문화적 환경에 효율적으로 적용되며, 효과적으로 인재를 선발하기 위해 입학사정관제에 대하여 몇 가지 사항을 살펴보도록 한다.

1. 먼저 대학 전형의 지원자격에 관한 것으로 지원자격에 아무 제한이 없는 경우에서부터, 최저 학력기준 등의 제한 있는 경우, 특별한 성취 결과를 필수조건으로 하는 경우, 고등학교의 추천[9]을 받는 경우 등으로 나누어 볼 수 있다.[10] 이 지원자격은 대학마다 대학교육의 수월성 및 대학교육 후 진로 등에 의하여 평정되는 대학의 서열화에 많이 의존하고 있다. 충원률 등으로 보았을 때 기존의 전형 방식을 변경할 필요가 없는 대학의 경우와 중등학교 교육에 미치는 영향이 큰 주요 대학들의 입학전형의 경우는 입학사정관제를 도입/구현하는데 있어 차별화가 필요하다. 특히 지원자들이 선호하는 주요 대학의 경우는 공교육의 효과성 유지라는 측면에서는 보다 과감하게 고등학교에서 제공하는 평가 관련 정보의 활용을 확대할 필요가 있다.[11]

9 이 경우 입학사정관제에서는 고등학교에서 어떤 절차를 거쳐서 추천하였는가. 그 과정의 증거자료는 있는가 등등이 필수적 확인 사항이다.

10 현재 몇몇 대학의 입학사정관제에서 실시하고 있는 지원 자격에 관한 것들도 그 타당성 등에 대한 고려를 필요로 한다. 지방자치단체의 추천을 받는 것, 장기간 관찰을 통하여 지원 자격을 부여하는 것 등이 과연 공교육 기반의 대학 입학전형이며, 교육적이고 효율적인지를 다투어 봐야한다.

11 대학에서 행하는 사실상 짧은 시간의 평가를 통하여서는 입학사정관제의 본래의 취지인 지원자의 잠재력, 창의성, 문제해결능력 등을 모두 평가하는데 한계가 있다. 모든 지원자가 공통적으로 이러한 한계 상황에 놓인다는 의미에서 평가의 공정성은 있으나, 보다 신뢰성 있는 평가를 위하여 고등학교의 추천을 적극 확인하고, 고등학교 지표에 의한 학업성취도를 확인하는, 그래서 그 것을 인정해야 할 필요가 있다.

2. 현재와 같이 1단계 전형결과를 발표하고 2단계 전형에 이은 최종 합격자를 발표하는 방식에서 입학사정관제의 목적에 부합하도록 하는 총합평가를 실시할 필요가 있다. 이 전체적 평가를 위한 대학의 자원 동원을 미리 예측하여 평가대상 지원자의 크기를 정하는 것이 중요하다. 입학사정관 각자는 정해진 평가서에 사실에 근거한 평정과 이를 해석하여 성장 가능성, 잠재력, 또한 창의성, 리더십과 같은 정성적 평가요소에 대한 의견 및 이 모두를 종합한*case holistic* 평가 의견을 합격, 긍정적 합격 유보, 불합격 등의 정해진 척도에 따라 결론을 내어 평정을 한다. 최종 평가결과가 정량화되는 것은 입학사정관제의 바람직한 적용이 아니다.

3. 연석회의 종합평가를 위한 회의를 통하여 확연한 합격자로 해당 대학 인재상에 비추어 꼭 입학시켜야 할 합격자를 빨리 가리는 것도 필요하다. 등록 단계*yield*까지 지원자가 확실한 입학 의지를 유지하도록 대학에서 노력하기 위하여 일정 부분 합격자는 조기 발표하는 방안이 필요하다. 해당 대학이 원하는 학생들이 최종적으로 해당 대학에 입학하도록 하기 위하여 대학이 대학 교과과정을 통하여 학생에게 제공할 수 있는 여러 가지 가치, 학생과 대학이 동반하여 성취해야 할 여러 가지 목표 등을 제시하는 등 대학의 노력이 뒤따라야 하기 때문이다. 또한 확연한 불합격자도 빠른 시간 안에 통보하며, 보다 심도 있는 논의가 필요한 합격, 불합격의 경계 지원자 군*grey area*에 대하여는 충분히 시간을 가지고 종합적*broad holistic* 평가를 시행한다. 이 연석회의 종합평가는 입학사정관이 작성한 평가보고서의 사실적 평정과 그를 해석한 의견 및 총합*case holistic* 평가의견을 바탕으로 하되 필요한 경우는 입학사정관이 직접 설명을 하는 방식이어야 한다.

이러한 연석회의 종합평가결과가 그대로 대학의 결정이 될 수 있도록 하는 권한 위임이나 내규 개정 등의 수반되어야 하는 행정적 절차도 필요하다. 이 연석회의 종합평가에는 투명성 제고 등을 위하여 외부전문가 혹은 감사자*audit* 에 의한 의결권 없는 참관*observer*을 허용하든지 하는 방법으로 투명성 및 공정성 확보에 대한 의지를 표명할 필요가 있다.

4. 현재 각 대학이 최종 합격자 발표 후 얼마만큼의 합격자가 실제로 등록을 하는지와, 충원 합격자의 비율 등은 전혀 알려져 있지 않다. 사실은 이 수치가 입학사정관제 입학전형에서는 민감한 지표들 중의 하나일 수 있으며, 정원보다 얼마나 더 합격자를 준비하는지가 그 학교 혹은 전공의 선호도를 나타낸다고 할 수 있다. 이는 한 대학 안의 모집단위별로도 큰 차이가 있다.[12]

5. 종단연구 등 전형의 후속조치에 대한 지속적 연구와 새로운 전형 개발, 평가요소의 점검, 전형 타당성 연구, 공정성 신뢰성의 제고 방안 등 지속적 연구가 입학사정관제를 통하여 이루어질 수 있도록 환류 시스템을 만들어야 하고, 이는 입학사정관제의 마지막 단계인 동시에 대학 전형목적의 인재상 등을 다시금 가다듬는 차년도 전형의 첫 단계인 것으로 고려되어야 한다. 이를 위하여 대학 내에서 입학전형 전담부서의 직무 영역을 확대하고 통합화하는 노력과 많은 자원을 집중하는 것이 요구된다.

12 캐나다 Ryerson 대학의 경우 2008년 입학전형 결과 모집정원의 최대 9.79배수 까지 합격자를 발표한 모집단위부터 최소 1.33배수 정도만 합격자를 발표한 모집단위까지 있다. 물론 이 최소배수 모집단위 경우 입학하기 가장 어려운 학과 중의 하나이나, 그렇다고 지원 크기와 일치하는 것은 아니다. 이 모집단위의 경우 경쟁률은 8.08 : 1이었으나, 최대 경쟁률 35.85 : 1에서부터 최소 경쟁률 4.09 : 1까지였다.

제3절 입학사정관제 확대

학생 선발에 있어서 현재 진행되고 있는 입학사정관제에 대한 검토와 더불어 점진적 확대가 필요하다. 전술한 바와 같이 앞으로의 세대를 생각하거나, 국가나 개인의 경쟁력을 위한 창의적 인재상 개발에 중요한 지렛대가 될 수 있는 선발 방법의 변화가 필수적이기 때문이다.

1. 사실 입학사정관제는 우리나라 입학전형에 도입된 이래 많은 오해를 낳았다. 대표적인 것이 입학사정관제는 창의성, 리더십, 잠재력 있는 학생을 선발하는 방법으로, 혹은 사회적 배려 대상자를 선발하는 방법으로 잘못 알려져 왔다. 그러한 오해를 가져온 이유들 중의 하나가 전형유형을 입학사정관제 특별전형으로 하여 기존의 수시전형 절차 속에서 시행해왔기 때문이다. 이는 해당 대학의 입학부서가 일반전형을 시행하는 직무 담당과 입학사정관제별 전형을 실시하는 입학사정관들로 분리*segregation*하는 결과를 가져오고 있으며 지금도 이런 현상은 심화되고 있다. 이는 전체적으로는 입학전형의 공정성이나 대학 행정 효율성에 부정적 영향을 끼칠 수밖에 없다. 이러한 입학사정관제가 지속되는 한 대학 입학전형에 있어 전반적 입학사정관제 시행은 불가능할 뿐더러 이는 입학사정관제로 인하여 기대하는 효과를 얻는데 극히 제한적이며 피상적일 수밖에 없다. 아울러 이러한 입학사정관제의 지속성*sustainable*을 보장하기도 힘들다.

   현재 실시되고 있는 특별전형 형태의 입학사정관제는 그 첫 단계 평가를 고등학교 추천에 과감히 의존하여 입학사정관들의 초기 평가 부담을 해지해야 한다. 입학사정관들의 구성을 앞서 제5장에서 언급한대로 실시한다고 하였을 때 현재와 같은 입학사정관들의 직무는 달라져야 하기 때문이다.

아울러 이러한 특별전형을 모두 입학전형절차의 일반적 절차 안에 흡수하도록 이전하는 것이 필요하다. 입학사정관제를 위하여 특별한 전형을 만들수록 그것에 맞추려는 노력을 하게 되며 결국은 입학사정관제 컨설팅 등 사교육 시장에 자양분을 제공하게 되며, 급조한 특이점*hook*을 제시하려 하거나, '스펙'을 만들기 위한 윗세대의 부와 정보력에 의존하는 불평등성을 심화시키게 된다.[13]

전형유형이 복잡해질수록 정보가 부족한 지원자와 고등학교는 불공정을 당할 수밖에 없으며, 사회 각 계층의 기회균등이라는 공정성 또한 훼손을 입을 수밖에 없으므로 입학전형의 일반적 절차 안에 흡수하는 것이 절대적으로 필요하다. 이는 현재 10명 중 6명가량[14]을 수시에서 뽑는 현실에 비추어 보았을 때, 수시와 정시의 통합운영은 타당성이 있다고 하겠다. 아울러 이는 대학으로 하여금 현재 9월부터 시작하는 수시전형과 1월에 끝나는 정시 입학전형을 통합하여 입학사정관제를 위한 충분한 평가기간을 부여함으로 신뢰성 있는 평가를 도모할 수 있도록 하며, 이는 안정적으로 고등학교 과정을 운영하는 데 일조할 수 있다.

2. 해당 대학의 입학전형을 모집단위별로 설정하고 각 모집단위의 구성을 위하여 특별한 지원자를 모집단위의 테두리 안에서 모색해야 한다. 즉 전체 모집단위 속에서의 잠재력 있는 지원자, 리더십이 있는 지원자, 성장 가능성이 있는 지원자, 어학능력 우수자, 특별한 성취

13 〈주간경향〉 2009년 9월 29일, p.25에 동일한 취지의 사례가 있음

14 2010학년도 대학 입학전형의 수시모집은 총 194개 대학에서 22만 7,092명을 선발했다. 이는 전체 모집인원 38만 4,659명의 59%에 해당한다. 입학사정관제는 총 87개 대학에서 실시하며 선발인원은 총 2만 2,787명이다.

자 등을 가려내야 한다. 목표가 명확하지 않은 창조성, 성장 가능성 등은 지향점을 잃게 되어 모호할 수밖에 없다.

모집단위별 전체적 전형이 되어야 대학교육의 질에 대한 책임을 모집단위와 대학에 물을 수 있다. 이는 대학 모집단위에서도 모집단위가 주체적으로 선발하고 구성한 신입생 집단을 위한 양질의 교육을 제공하기 위하여 교과과정 개편, 학생지도 등 특성화 및 가치창출에 동기유발이 있게 된다.

다만 모집단위의 극히 세분화는 현재로서는 바람직하지 않다. 지금의 현실에서 지원자가 어느 세부전공이 자신에게 적합한지를 확신있게 결정하기가 쉽지 않다. 고등학교 공교육 현장에서 지속적 적성관찰과 진로지도나 전공탐색의 여유가 있을 때까지 대학은 비슷한 선호도의 중규모 광역 모집단위를 운영하여 학생들이 추후에 전공을 정하도록 하는 것이 바람직하다. 추후 지원자들이 고등학교 교육과정을 통하여 실질적 전공탐색이 이루어지면 모집단위를 세분화하여 세부 모집단위별 입학사정관제 실시가 가능하다. 또한 모집단위를 통한 입학사정관제이지만 입학사정관제 평가는 전체적으로 행할 수 있으며 동일한 평가요소를 통하여 차별화된 반영을 꾀하면 모집단위의 특성에 부합하는 평가틀을 구현할 수 있다.

3. 이미 몇 년에 걸친 입학사정관제의 실시로 인하여 대학 나름의 경험이 축적되어 있어 큰 편차 없이 모집단위별학부 혹은 광역전공별 입학사정관제로 이전할 수 있다. 그러나 모든 모집단위에 입학사정관제를 동시에 적용하기 보다는 지원율이 높은 대표적 모집단위에 우선 실시하는 등 점진적 실시로 개선사항들을 도출하며 제도적 안착을 도모한다. 이 기간은 대학의 역량에 따라 단축될 수도 있으며, 결국에

는 입학전형의 전반적 입학사정관제화를 이룰 수 있다. 이 이전 기간 동안은 기존의 특별전형 형태의 입학사정관제 입학전형을 유지하면서 고등학교에 초기 평가의 많은 부분을 의존함으로 고등학교와의 신뢰적 연계 관계를 구축할 수 있으며,[15] 이는 입학전형의 전반적인 입학사정관제화의 중요한 기초가 될 수 있다.

4. 입학사정관제를 대학 입학전형에 전반적으로 도입하기에 앞서 언급한 여러 가지 요소들로 입학사정관제의 공정성과 신뢰성을 공고히 하는 방향으로 움직여야 한다. 이를 위하여 한국대학교육협의회 등의 거시적, 외부적 조건들의 동반 변화 및 입학전형을 바라보는 사회의 새로운 시선, 그리고 대학 내부의 많은 준비도 필요하다. 대학 규정, 내규 개편과 더불어 입학부서 조직의 변화 등 물리적 변화부터 입학사정관제에 대한 구성원들의 인식 변화, 특히 전임, 위촉, 혹은 교수 입학사정관을 막론하고 평가에 참여하는 인적 자원들의 경험 축적 및 전문화가 필수적이다. 이를 유도하기 위한 대학 내 정책의 세밀한 접근이 필요하다.

5. 입학전형에 있어 입학사정관제 전반적 실시에 대학교육의 강화가 뒷받침되어야 한다. 국가 경쟁력[16] 확보에서도 이는 필수적인 요소임에 틀림이 없을뿐더러 당위적 요소이다. 입학사정관제를 통한 소기의 목적이 이루어지려면 대학교육을 강화하는 재정적 지원이 필수적으로 있어야 한다. 입학사정관제를 실시하는 학부의 경우는 아니지

15 신뢰적 연계에 대한 판단은 입학사정관제에서 추천받은 입학생들을 대상으로 행하는 종단연구, 배경변인 분석 등의 과학적 실질적 결과에 의하여 수립되는 것이다.

16 에너지, 환경, 수송 시스템, 정보기술, 융합산업, 바이오, 지식 서비스 등 22개 신성장동력 사업을 설정하였으며 이를 추진하기 위한 대학교육을 통한 우수한 인재의 양성은 절대적 필요 요소이다.

만 재정적 지원이 교육에 주는 파생*impact* 효과는 홍콩[17]등 여러 사례에서 찾아볼 수 있다. 재정적 지원의 선택과 집중[18]을 요구하는 의견도 강력하게 있으며 교육과 연계되어야 하는 연구 지원 시스템*coupled system*의 효율성[19]을 다투는 의견도 있다. 그러나 대학교육에 대한 재정적 지원[20]이 보다 강화되어야 대학원 연구에서도 보다 창의적인 결과물을 얻을 수 있으며, 이 대학교육의 시금석이 되는 입학사정관제가 성공할 수 있다. 이는 국가경제와 국가 미래의 과학기술 발전에 매진하고자 집중적인 R&D 재정지원을 요구하는 대학원 중심 이공계 특성화 대학에서조차도 학부교육을 위하여 많은 노력을 경주하고 있는[21] 것으로 보아 잘 알 수 있다.

6. 입학사정관제의 평가 반경을 좀 더 넓힐 필요도 있다. 현재는 고등학교 학업성취도와 비교과 활동을 평가대상으로 하지만 특히 교과적인 면에서는 중학교 3학년[22]의 교과 성취나 태도를 살펴야 할 필요도 있다. 또한 비교과 활동의 지속성, 일관성을 보기 위해서도 중학교 과정의 활동을 살펴볼 이유도 있는 것이다. 즉, 대학의 입학사정관제가 중

17 '홍콩 대학들이 앞선 까닭', 〈조선일보〉 특파원 칼럼, 2009년 9월 24일

18 의대의 경우 연구중심 대학과 진료중심 대학으로 특화시킬 필요가 있는 것과도 비유될 수 있다. 미국 하버드 대학을 예로 들면 의학분야 경쟁력 평가에서 연구부분은 1위지만 진료부분에서는 10위권 밖이다.

19 서남표, '균등하게 분배하면 모두 꼴찌 된다' 용어 인용, 〈조선일보〉 아침논단, 2009년 9월 11일

20 2007년 자료에 의하면, 우리나라의 국민총생산*GDP* 대비 고등교육 재정부담률은 0.6%로 경제협력개발기구*OECD* 국가 평균인 1.1%의 절반 수준이다. 다만 초·중등교육은 OECD 국가 평균인 3.5%에 근접하고 있다. 또한 국립대는 학생 1인당 500만원을 정부에서 지원받는 것에 반해 사립대는 10만원이 고작이다. 〈중앙일보〉 2010년 4월 14일

21 KAIST가 학부 크기를 늘려서 대학원 과정과 연계된 학부교육을 강화하고, 울산과학기술대학(2009년), 광주과학기술원*GIST*(2010년), 대구경북과학기술원*DGIST*(2014년 예정)에서 새로 학부과정을 개설하여 경쟁력이 있는 학부교육 모델을 만들려는 시도를 하고 있다. POSTECH은 입학정원 전체를 입학사정관제로 선발하는 등 학부교육과정에 대한 지속적 투자를 해왔다.

22 '중학교 3학년 성적이 SKY대 진학률에 직결', 〈중앙일보〉 2009년 4월 15일, S9면

등학교의 교육과 청소년기 활동에 미치는 영향력을 확대할 수 있다.

무엇보다 중요한 것은 이 책에서 살펴본 입학사정관제의 각각 요소들을 다루는 '3i'에 관한 것으로 내부적 · 외부적으로 정보*information*의 소통과 입학 전형 이해 관계자*interest*들의 적극적 참여, 그리고 입학사정관제 이슈*issue*[23]에 대한 지속적 관심이라 할 수 있겠다. 입학사정관제의 공정성과 신뢰성 그리고 투명성을 높이려는 노력과 더불어 이러한 소통, 참여, 관심들이 입학사정관제를 지속적으로 확대, 발전시킬 수 있다.

23 근래 강조되는 이야기*storytelling*가 있는 제도, 혹은 제도의 맥락 등을 이야기로의 전환*narrative turn*한다고 하는 문화심리학에서 말하는 시대사적 변화들이 있다.

후기

필자는 입학사정관제가 우리나라에 꼭 성공적으로 정착되어 앞으로 우리나라 전체 교육에 중요하고 의미 있는 영향을 가져와야 한다고 생각한다. 이 입학사정관제가 불완전 연소하거나 왜곡되어 추진동력 없는 메케한 매연만을 남기거나, 손실은 사회에 전가하고 이익은 소수의 사교육 시장이나 혜택자만이 챙겨가는 짝퉁*ersatz* 제도가 되어서는 안 된다. 예상할 수 있는 역기능을 방지하고, 혁신을 거듭하며 이 제도가 지속적으로 추진되기 위하여 입학사정관들은 물론, 고등학교, 대학과 국가, 교육자치단체 모두의 협력적 노력과 냉철한 비판과 건설적 대안 제시가 꼭 필요한 상황이다.

물론 입학사정관제에 대한 확신이 없을 수 있다. 사교육 없이 잠재력을 입증해야 하는 방법을 잘 모르는 학부모에게는 입학사정관제가 신기루처럼 보일 수 있다. 자녀들을 사교육 시장에 맡겨 지식기능 교육만을 받게 하는 학부모에게는 혼돈스러운 제도일 수 있다. 또한 끝없는 스펙을 쌓아야 입학사정관제를 정복할 수 있다고 생각하는 학부모에게는 왜곡된 사교육 시장의 먹잇감일 수 있다. 매너리즘으로 학생을 지도해온 교사들에게는 부담스러운 또 하나의 제도일 수 있다. 본고사 몇 문제로 간편히 학생을 뽑으려는 비교육적 선발방법을 고집하는 대학에게는 고비용 저효율의 선발방법일 수 있다. 입학사정관제를 정략적으로 이용하려는 사람들에게는 자신에게 불리하면 버리는 일회용 제도일 수도 있다.

입학사정관제는 이제 막 싹틔우는 새싹일 따름이다. 입학사정관제가 입학전형 이해관계자들의 생각을 바꾸고, 인재양성을 통한 국가발전이라는 목표에 부합하는 제도가 되려면 이 제도의 DNA에는 신뢰성, 공정성, 투명성, 진정성*authenticity*이 있어야 하며, 입학사정관제의 모든 참여자들이 신뢰의 선순환 모드[1]에 들어가야 한다. 시간이 걸리더라도 모두가 신뢰의 구조에 참여해야 하는 것이다.

이 졸저를 통하여 생각을 정리하는 가운데 입학사정관제는 '예술'*art*이라고 언급한 외국 대학 입학부서장의 언급이 적절한 표현이라는 생각이 들었다. 모든 평가요소를 종합하여 살펴보는 안목, 그것을 다루는 논리적 기술[2], 그리고 입학전형의 기획, 실질적 선발결과 등에서 맛볼 수 있는 기쁨과 안타까움의 감정적 흐름 등 예술이라는 표현이 전혀 어긋나지 않다고 느낀다. 부족하고 부끄러운 졸저가 입학사정관제의 전도에 오히려 누가 되지 않기만을 간절히 바란다.

1 김철, '입학사정관제 성공을 위한 조건', 〈조선일보〉 편집자에게, 2010년 2월 25일

2 Art는 원래 기술을 의미하는 라틴어 단어 Ars에서 유래한다고 한다.

지은이 김 철

1959년 서울 출생, 경복고등학교(53회 졸업), 연세대학교 수학과 이학사(78학번), 1984년 8월, 미국 North Carolina 주립대학으로 유학, 1989년 12월, 응용수학으로 석사 및 박사학위 취득, 1988년 9월, 미국 Shaw University에서 전임강사로 강의를 시작한 이래, 미국 North Carolina 주립대학 강사, University of South Dakota 조교수, 광운대학교 조교수·부교수·교수, 캐나다 Ryerson University 계약 조교수·조교수 및 광주과학기술원(GIST) 지스트 대학 설립 부교수로 재직. 캐나다 University of British Columbia 수학 및 전자계산학과 방문교수 및 한국과학기술원(KAIST) 입학처 첫 입학사정관 역임. 관심분야는 수학의 응용으로서 암호학과 정보통신 보안 기술 및 보안성 평가 등을 연구·개발하며, 입학사정관제 평가 등의 각종 선발 평가 모형 연구 등.

성공을 위한 조건
입학사정관제의 이해

초판 인쇄 / 2011년 9월 28일
초판 발행 / 2011년 10월 5일

지은이 / 김 철
펴낸이 / 오판근
펴낸곳 / 교우사
출판등록 / 1994년 3월 24일 제6-0256호
주소 / 서울특별시 동대문구 제기2동 148-19
전화 / 02)925-2861(대표전화), 02)925-2825(편집부)
팩스 / 02)925-2860

kyowoo@kyowoo.co.kr
http://www.kyowoo.co.kr

ISBN 978-89-8172-897-7 13370

가격 16,000원